EBS 교육방송교재

인터넷 강의
검스타트
www.gumstart.co.kr

KB028143

2025 고졸 검정고시
영어

검정고시 합격을 위한 최적의 교재!

- 기본이론 정리와 예상문제 분석을 한번에!
- 2024년 1·2회 기출문제 수록!

시험 안내

고졸 검정고시는 부득이한 이유로 정규 고등학교 과정을 마치지 못한 사람들을 대상으로 실시하는 국가 자격 시험으로, 고졸 검정고시에 합격한 자는 고등학교를 졸업한 자와 동등한 자격을 인정받습니다.

※ 자세한 사항은 각 시 · 도별 공고문을 참고하십시오.

❶ 시행 기관

- 시 · 도 교육청 : 시행 공고, 원서 교부 및 접수, 시험 실시, 채점, 합격자 발표
- 한국교육과정평가원(KICE) : 문제 출제, 인쇄 및 배포

❷ 시험 일정*

구분	공고 기간	접수 기간	시험일	합격자 발표
제1회	1월 말 ~ 2월 초	2월 초 ~ 중순	4월 초 · 중순	5월 초 · 중순
제2회	5월 말 ~ 6월 초	6월 초 ~ 중순	8월 초 · 중순	8월 하순

※ 상기 일정은 시 · 도 교육청 협의에 따라 변경될 수 있습니다. 반드시 해당 시험 공고문을 참조하세요.

❸ 시험 과목 및 시간표

구분	1교시	2교시	3교시	4교시		5교시	6교시	7교시
시간	09:00~ 09:40	10:00~ 10:40	11:00~ 11:40	12:00~ 12:30	중식 12:30~ 13:30	13:40~ 14:10	14:30~ 15:00	15:20~ 15:50
	40분	40분	40분	30분		30분	30분	30분
시험 과목	국어	수학	영어	사회		과학	한국사	선택 과목

※ 필수 과목 : 국어, 수학, 영어, 사회, 과학, 한국사(6과목)

※ 7교시 선택 과목은 '도덕, 기술 · 가정, 체육, 음악, 미술' 중 1과목(따라서 총 7과목 응시)

❹ 출제 형식 및 배점

- 문항 형식 : 객관식 4지 택 1형
- 출제 문항 수 및 배점

구분	문항 수	배점
고졸	각 과목별 25문항(단, 수학은 20문항)	각 과목별 1문항당 4점(단, 수학은 1문항당 5점)

❺ 합격자 결정 및 취소

- 고시 합격 ➔ 각 과목을 100점 만점으로 하여 결시 없이 평균 60점 이상을 취득한 자(과락제 폐지)
- 과목 합격 ➔ 과목당 60점 이상 취득한 과목
- 합격 취소 ➔ 응시 자격에 결격이 있는 자, 제출 서류를 위조 또는 변조한 자, 부정행위자

❻ 응시 자격 및 제한

◆ 응시자격 및 응시과목

응시자격	응시과목
중학교 졸업자 중학교 졸업학력 검정고시 합격자 초·중등교육법시행령 제97조·제101조 및 제102조 해당자 보호소년 등의 처우에 관한 법률 시행령 제69조 제3호의 규정에 의한 자	• 국어, 수학, 영어, 사회, 과학, 한국사【필수 : 6과목】 • 도덕, 기술·가정, 체육, 음악, 미술【선택 : 1과목】
3년제 고등기술학교 및 고등학교에 준하는 각종학교 졸업자 또는 졸업예정자 3년제 직업훈련과정의 수료자	국어, 수학, 영어 【총 3과목】
3년제 고등기술학교 및 고등학교에 준하는 각종학교 졸업자 또는 졸업예정자, 3년제 직업훈련과정의 수료자 해당자로서 '89.11.22 이후 국가기술자격법에 의한 기능사 이상의 자격 취득자	국어, 수학 또는 영어 【총 2과목】
3년제 고등기술학교 및 고등학교에 준하는 각종학교 졸업자 또는 졸업예정자, 3년제 직업훈련과정의 수료자 해당자로서 '89.11.21 이전 국가기술자격법에 의한 기능사 이상의 자격 취득자	수학 또는 영어 【총 1과목】
만 18세 이후에 평생교육법 제23조 제2항에 따라 평가인정한 학습과정 중 고시 과목에 관련된 과정을 교육부장관이 정하는 바에 따라 과목당 90시간 이상 이수한자	국어, 수학, 영어【3과목】와 미이수 과목

◆ 응시 자격 제한

- 고등학교 또는 초·중등교육법 시행령 제98조 제1항 제2호의 학교를 졸업한 자 또는 재학 중인 자(휴학 중인 자 포함)
- 공고일 이후 중학교 또는 초·중등교육법 시행령 제97조 제1항 제2호의 학교를 졸업한 자
- 고시에 관하여 부정행위를 한 자로서 2년이 경과되지 아니한 자
- 고등학교 또는 초·중등교육법 시행령 제98조 제1항 제2호의 학교에서 퇴학된 사람으로서 퇴학일부터 공고일까지의 기간이 6개월이 되지 않은 사람(다만, 장애인복지법에 제32조에 따라 등록한 장애인으로서 신체적·정신적 장애로 학업을 계속하는 것이 불가능하여 퇴학된 사람은 제외)

❼ 제출 서류

◆ 응시자 전원 제출 서류(공통)

- 응시원서(소정 서식) 1부(현장 접수 시, 온라인 접수 시는 전자파일 형식의 사진 1매만 필요)
- 동일한 사진 2매(탈모 상반신, 3.5㎝×4.5㎝, 응시원서 제출 전 3개월 이내 촬영)
- 본인의 해당 최종학력증명서 1부(아래 해당 서류 중 한 가지)
  - 중졸 검정고시 합격자 : 합격증서 사본(원본 지참)
  - 고등학교 재학 중 중퇴자 : 제적증명서
  - 중학교 졸업 후 상급학교 미진학자 : 상급학교 진학 여부가 표시된 '검정고시용' 중학교 졸업(졸업 예정)증명서, 미진학사실확인서

◆ 과목 면제 대상자 추가 제출 서류
- 과목합격증명서 또는 성적증명서, 평생학습이력증명서 등(이상 해당자만 제출)

◆ 장애인 시험 시간 연장 및 편의 제공 대상자 제출 서류
- 복지카드 또는 장애인등록증 사본(원본 지참), 장애인 편의 제공 신청서

8 출제 수준, 세부 출제 기준 및 방향

◆ 출제 수준
- 고등학교 졸업 정도의 지식과 그 응용 능력을 측정할 수 있는 수준

◆ 세부 출제 기준 및 방향
- 각 교과의 검정(또는 인정) 교과서를 활용하는 출제 방식
  - 가급적 최소 3종 이상의 교과서에서 공통으로 다루고 있는 내용으로 출제 (단, 국어와 영어 지문의 경우 공통으로 다루고 있는 교과서 종수와 관계없으며, 교과서 외 지문도 활용 가능)
- 문제은행(기출문항 포함) 출제 방식을 학교 급별로 차등 적용
  - 초졸 : 50% 내외, 중졸 : 30% 내외, 고졸 : 적용하지 않음.
- 출제 난이도 : 최근 5년간 평균 합격률을 고려하여 적정 난이도 유지

9 응시자 시험 당일 준비물

◆ 중졸 및 고졸

(필수) 수험표, 신분증, 컴퓨터용 수성사인펜
(선택) 아날로그 손목시계, 수정 테이프, 도시락

※ 수험표 분실자는 응시원서에 부착한 동일한 사진 1매를 지참하고 시험 당일 08시 20분까지 해당 고사장 시험 본부에서 수험표를 재교부 받을 수 있다.

※ 시험 당일 고사장에는 차량을 주차할 수 없으므로 대중교통을 이용해야 한다.

10 고졸 검정고시 교과별 출제 대상 과목

구분	교과(고시 과목)	출제범위(과목)
필수	국어	국어
	수학	수학
	영어	영어
	사회	통합사회
	과학	통합과학
	한국사	한국사
선택	도덕	생활과 윤리
	기술・가정	기술・가정
	체육	체육
	음악	음악
	미술	미술

나이스 검정고시 서비스 ×
http://kged.sen.go.kr

검정고시 온라인 원서 접수, 이렇게 해요!

※ 사전 준비 : 본인의 '공동인증서' 발급 받기

1. 온라인 접수 기간에 시 · 도 교육청의 검정고시 서비스 사이트에 접속

   http://kged.sen.go.kr

2. 검정고시 전체 서비스 메인 화면에서, 화면 왼쪽의 **검정고시 온라인 접수** 클릭

3. 왼편의 검정고시 온라인 접수에서 해당하는 '시 · 도 교육청'을 선택하여 이동

4. 상단의 〈온라인 원서 접수〉 메뉴에서 본인이 희망하는 자격의 검정고시 선택
   ☞ 해당 자격의 **원서 접수하기** 버튼을 클릭하면 '온라인 원서 접수 페이지'로 이동

5. 성명과 주민등록번호(또는 외국인등록번호)를 입력하고, 원서 접수 허위 사실 기재에 관한 안내 및 서약서와 개인식별번호 처리 동의에 체크(✓)한 뒤, **인증서 로그인**을 클릭한 후 본인의 공동인증서를 통해 로그인

6. 응시자 정보 → 학력 과목 정보 → 고사장 선택 → 접수 완료 순으로 작성
   (1) 응시자 정보에서 본인의 기본 신상 정보와 검정고시 응시 기본 정보를 입력한 후 **저장** 버튼을 클릭하여 저장 (*표시는 필수 입력 항목으로, 미입력 시 다음 순서로 진행되지 않음) → **다음** 버튼 클릭
   - 사진 파일은 100kb 크기 미만의 jpg와 gif 파일만 저장 가능

   (2) 학력 과목 정보에서 응시자 본인의 학력 정보와 과목 응시 정보를 등록, 관련된 서류를 첨부한 후 **저장** 버튼을 클릭하여 저장 → **다음** 버튼 클릭
   (3) 고사장 선택에서 금회차의 고사장이 조회되며, 고사장별 수용 인원이 도달할 때까지 응시자가 신청할 수 있음 → **다음** 버튼 클릭
   ※ 고사장을 변경할 시에는 상단의 〈원서 조회〉 메뉴에서 '3. 고사장 선택 입력 단계 화면'에서 수정
   (4) 접수 완료에서 이전 단계에서 등록했던 주요 항목을 다시 한번 확인한 후, **제출** 버튼을 클릭하여, 최종적으로 원서 제출
   ※ 입력을 완료하였으나 제출을 하지 않을 경우 오프라인으로 재접수를 해야만 응시 가능
   ※ 제출 완료한 응시원서에 수정이 필요한 경우, 〈수정후제출〉 버튼을 클릭하여 수정

7. 상단의 〈원서 조회〉 메뉴를 통해 본인이 응시한 검정고시 원서 조회 가능(공동인증서로 로그인)

8. 상단의 〈수험표 출력〉 메뉴에서 수험표 출력 가능(해당 자격의 '**수험표 출력하기**' 버튼 클릭)
   ※ 식별이 가능하도록 가급적 컬러프린터로 출력하여 시험 당일 소지할 것

이 책의 구성과 특징

알찬 개념 정리

개정 교육과정 완벽 반영!

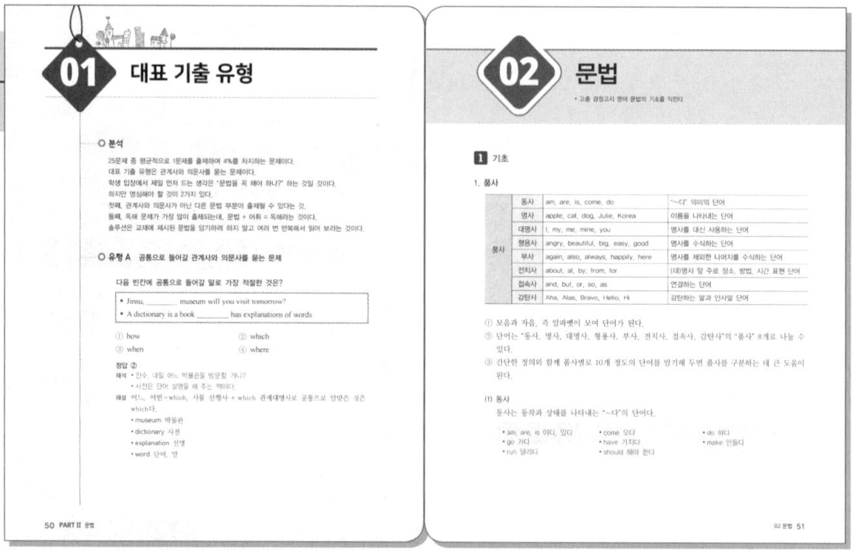

- 최근 기출문제를 분석하여 '대표 기출 유형'을 정리 · 제시
- 필수 어휘, 문법 핵심 사항 제시
- 생활영어 필수 포인트, 독해 솔루션으로 바뀐 교육과정 완벽 대응

실전 감각 UP

'대표 기출문제' ➜ '실전 모의고사'로 실전 감각을 최상으로 UP!

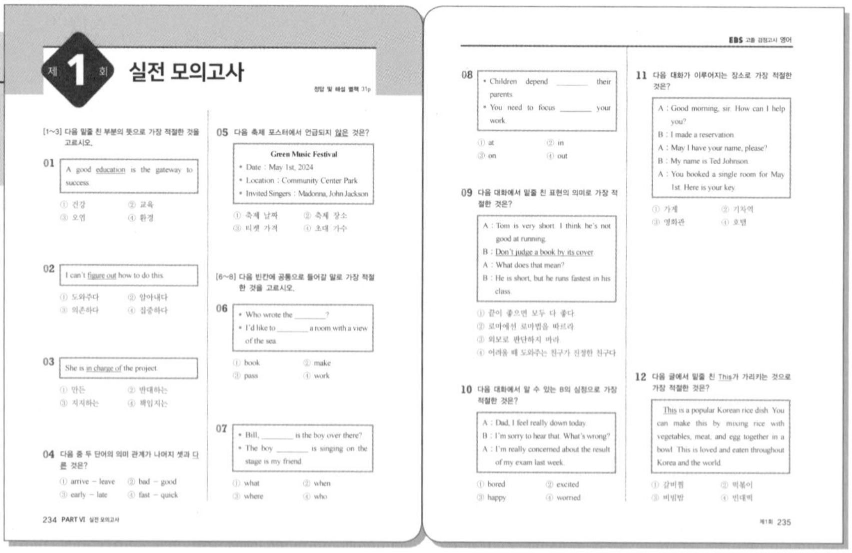

- 각 단원별 대표 기출 유형을 살펴보고 대표 기출문제를 직접 풀어본다. 그 다음 최종 점검 실전 모의고사로 마무리

최신 기출문제(2024) 수록

기출을 보면 합격이 보인다!

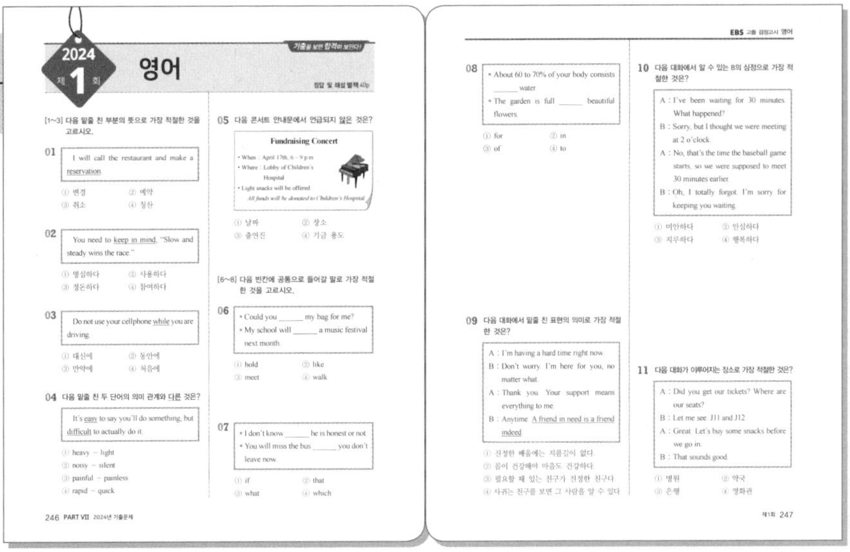
2024 제1회 영어

기출을 보면 합격이 보인다

정답 및 해설 별책 42p

[1~3] 다음 밑줄 친 부분의 뜻으로 가장 적절한 것을 고르시오.

01 I will call the restaurant and make a reservation.

① 변경 ② 예약 ③ 취소 ④ 청찬

02 You need to keep in mind, "Slow and steady wins the race."

① 명심하다 ② 사용하다 ③ 청소하다 ④ 참여하다

03 Do not use your cellphone while you are driving.

① 대신에 ② 동안에 ③ 만약에 ④ 처음에

04 다음 밑줄 친 두 단어의 의미 관계와 다른 것은?

It's easy to say you'll do something, but difficult to actually do it.

① heavy – light ② noisy – silent ③ painful – painless ④ rapid – quick

05 다음 콘서트 안내문에서 언급되지 않은 것은?

Fundraising Concert

• When : April 17th, 6 – 9 p.m.
• Where : Lobby of Children's Hospital
• Light snacks will be offered.
All funds will be donated to Children's Hospital.

① 날짜 ② 장소 ③ 출연진 ④ 기금 용도

[6~8] 다음 빈칸에 공통으로 들어갈 말로 가장 적절한 것을 고르시오.

06 • Could you ______ my bag for me?
• My school will ______ a music festival next month.

① hold ② like ③ meet ④ walk

07 • I don't know ______ he is honest or not.
• You will miss the bus ______ you don't leave now.

① if ② that ③ what ④ which

246 PART VII 2024년 기출문제

EBS 고졸 검정고시 영어

08 • About 60 to 70% of your body consists ______ water.
• The garden is full ______ beautiful flowers.

① for ② in ③ of ④ to

09 다음 대화에서 밑줄 친 표현의 의미로 가장 적절한 것은?

A : I'm having a hard time right now.
B : Don't worry. I'm here for you, no matter what.
A : Thank you. Your support means everything to me.
B : Anytime. A friend in need is a friend indeed.

① 정정한 배움에는 지름길이 없다.
② 몸이 건강해야 마음도 건강하다.
③ 필요할 때 있는 친구가 진정한 친구다.
④ 사귀는 친구를 보면 그 사람을 알 수 있다.

10 다음 대화에서 알 수 있는 B의 심정으로 가장 적절한 것은?

A : I've been waiting for 30 minutes. What happened?
B : Sorry, but I thought we were meeting at 2 o'clock.
A : No, that's the time the baseball game starts, so we were supposed to meet 30 minutes earlier.
B : Oh, I totally forgot. I'm sorry for keeping you waiting.

① 미안하다 ② 안심하다 ③ 지루하다 ④ 행복하다

11 다음 대화가 이루어지는 장소로 가장 적절한 것은?

A : Did you get our tickets? Where are our seats?
B : Let me see. J11 and J12.
A : Great. Let's buy some snacks before we go in.
B : That sounds good.

① 병원 ② 약국 ③ 은행 ④ 영화관

제1회 247

• 2024년 제1회, 제2회 기출문제를 수록하여 최신 기출 유형을 정확하게 파악

친절하고 상세한 해설

정답으로 직행하는 명쾌하고 알찬 해설 수록!

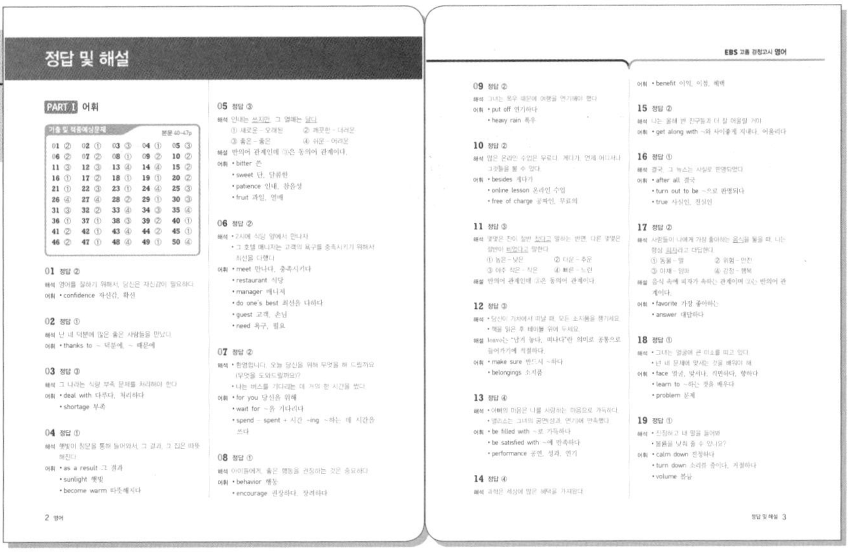
정답 및 해설

PART I 어휘

EBS 고졸 검정고시 영어

2 영어

정답 및 해설 3

• 정답이 왜 정답인지, 오답이 왜 오답인지를 정확하게 알 수 있도록 명쾌하게 해설
• 중요하거나 이해가 잘 안 될 수 있는 부분은 선생님이 알아서 콕, 더 상세하게 해설

고졸 검정고시 영어 출제 경향 분석

단원별 출제 빈도

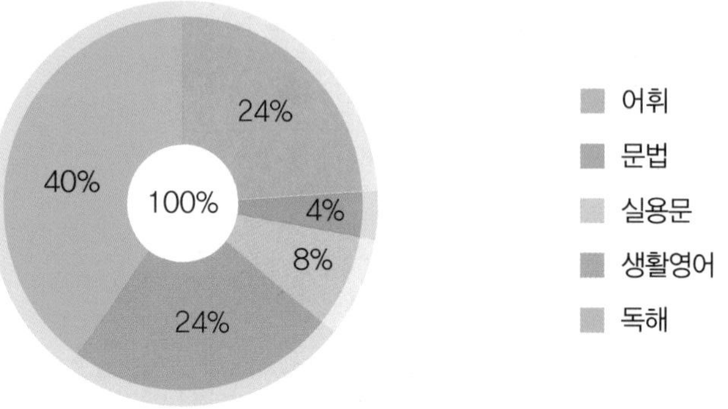

영어 출제 경향

최근 고졸 검정고시 영어는 위의 분석표에서 볼 수 있듯이 '독해 > 생활영어 > 어휘 > 실용문 > 문법' 순의 출제비중과 구성이 기존의 문제들과 동일하다는 것을 알 수 있습니다. 하지만 출제되는 어휘와 독해 지문의 난이도가 조금씩 상승하고 있고, 문법 문제의 경우 그동안 출제가 되지 않던 부분이 문제로 출제되는 경향이 있었기 때문에 이에 대한 대비가 필요합니다.

기출 분석에 따른 학습 포인트

❶ 어휘

어휘는 합격을 좌우하는 가장 중요한 학습 포인트입니다. 어휘 문제는 기존 출제 유형과 동일하게 [단어의 의미] [빈칸에 들어갈 단어] [두 단어의 관계]를 묻는 문제 유형이 출제되었습니다. 어휘 학습은 어휘 문제를 풀기 위해서만이 아니라 독해, 실용문, 생활영어 등 모든 유형의 문제를 풀 때 기본이 되는 능력이기 때문에 꾸준한 암기가 필요합니다. 매일 일정한 양의 어휘를 암기하고 테스트하면서 단어 실력을 확인하고 점검해야 합니다.

❷ 독해

매년 독해 문제의 지문 길이나 사용되는 어휘의 수준이 조금씩 올라가고 있지만 출제되는 문제의 유형과 구성은 그대로 유지되고 있습니다. 목적, 요지, 제목, 주제를 찾는 [중심 내용 파악], 내용 일치 · 불

일치나 언급되거나 언급되지 않은 내용을 묻는 [세부 내용 파악], 글의 흐름을 파악하는 [문장 삽입] [이어질 내용 파악] 그리고 [빈칸 넣기] [지칭 추론] 유형이 출제되었습니다.

독해 문제를 학습할 때 가장 중요한 것은 문제를 많이 풀어보는 것입니다. 기출문제, 예상문제를 충분히 학습하면 출제되는 문제 유형에 익숙해지게 되고 답을 찾는 요령이 생기며, 문제를 푸는 시간도 단축할 수 있게 됩니다. 또한 문제를 풀면서 지문 속에 나오는 모르는 단어와 숙어는 꼭 정리하고 암기해야 합니다.

❸ 문법

문법은 특정 부분(의문사, 관계사, 시제, 비교 표현)에서만 주로 출제가 되어왔지만 최근 출제되지 않았던 파트에서도 간혹 문제가 출제가 되고 있습니다. 게다가 독해 문항이 점차 길고 복잡해짐에 따라 빠르고 정확한 해석을 위해 전체적인 문법 학습은 꼭 필요합니다. 정리된 문법 내용을 예문을 통해 확실하게 이해하고 문제를 풀면서 이해한 내용을 확인합니다.

❹ 생활영어

생활영어는 최근에도 쉬운 난이도로 출제가 되고 있습니다. 지문에 나오는 생활영어 표현이나 격언, 속담을 모르더라도 문맥을 통해 유추할 수 있는 문제가 나오기 때문에 기본 독해 실력을 가지고 충분히 풀 수 있는 문제가 출제되고 있습니다. 기출문제를 풀어보면서 모르는 단어나 숙어를 암기하는 것으로 생활영어 문제를 대비할 수 있습니다.

❺ 실용문

실용문 역시 기존과 동일하게 쉬운 난이도로 출제되고 있습니다. 기출문제에 등장하는 광고, 도표, 안내문 등을 충분히 풀어서 실용문 유형의 문제에 익숙해지면 평소에 암기한 어휘력으로 어렵지 않게 풀 수 있습니다.

검스타트 합격 스토리!
다음 합격 스토리의 주인공은 바로 당신!

고득점 합격

k******

선생님들의 좋은 강의와 교재로 열심히 공부한 결과
고득점(평균 98.86점)을 받았습니다.

검스타트는 검정고시 관련 정보를 다양하게 제공하고 있어
시험 준비에 많은 도움을 받았습니다.
특히 다양한 학습자료가 정말 맘에 들었습니다.

수험생들의 학습을 위해 많은 배려를 하고 있다는 느낌을
받았고, 저렴한 수강료도 좋았지만
수험생의 합격을 위한 진실함이 있다고 느꼈습니다.

이 모든 것들이 검스타트를 선택한 배경이었습니다.

고령 합격

합***

인강 선택을 위해 제 아들과 상의하고 합격수기가 많은
검스타트를 선택했습니다.

공부한 지 오래되어 기초실력이 없기에
제일 처음 기초강의부터 반복해서 들었습니다.
이어서 이론공부를 시작했습니다.

강의와 교재를 반복해서 공부하다 보니 어느새 틀이
잡혀지고 자신감이 생겼습니다.

이론을 마치고 문제풀이, 기출풀이를 공부하니 검정고시가
그다지 어렵지 않게 느껴졌습니다.

시험을 마치고 채점을 해보니 총점은 합격점수를
충분히 넘었습니다.

중+고졸 합격

심****

검스타트와 인연을 맺은 지 1년.

훌륭하신 선생님들의 헌신적인 강의에 힘입어
70 가까운 나이에 중학교 과정과 고등학교 과정을 잘 마쳤고
특히 고등학교 과정은 7과목 중 4과목을
만점을 받을 정도의 성적으로 무사히 마쳤습니다.

이 모두가 검스타트 임직원 여러분과 각 과목 선생님들의
땀과 아낌 없는 희생 덕분이라 생각합니다.

고맙습니다.
이제부터는 대입 준비 열심히 하여 대입에 도전해 보려
합니다.

고득점 합격

동*

전체에서 한 문제 틀렸습니다.
과학에서 아쉽게 틀려서 만점을 못 받았습니다.

첫 관문을 잘 넘었으니 이제 대학 진학이라는 더 큰 목표를
위해 더 열심히 공부하려고 합니다.

강의해 주신 선생님들 정말 감사합니다.
핵심을 잘 정리해 주시고 이해하기 쉽도록
강의를 잘 해주신 덕분에 높은 점수를 받았습니다.

검스타트 최고 !!!

고령 합격

t***

50대 중반 주부입니다.
38년 만에 처음으로 도전해 보았는데 혼자 공부하는 거라
처음엔 막막하고 지루하고 어려웠습니다.

검스타트 상담선생님께서 말씀해 주신 대로 쉬운 과목부터
완벽하게 준비해 나갔습니다.
기본강의, 예상문제, 모의고사, 기출문제 순서로 공부했고
무엇보다도 문제를 많이 풀어보았습니다.

특히 핵심총정리가 많은 도움이 되었습니다.
향후 사이버 대학에 도전해보려 합니다.

열심히 강의해 주신 선생님들께 감사드립니다.

이젠, 여러분이
합격할 차례입니다!

차례

100% 합격을 위한 나만의 학습 계획

◆『고졸 검정고시 영어』 학습 진도표

구분		진도 체크(✓)*				
		1회	2회	3회	4회	5회
PART I 어휘	01 대표 기출 유형					
	02 필수 어휘					
	03 기출 및 적중예상문제					
PART II 문법	01 대표 기출 유형					
	02 문법					
	03 기출 및 적중예상문제					
PART III 생활영어	01 대표 기출 유형					
	02 생활영어 필수 40개 포인트					
	03 필수 격언 및 속담					
	04 기출 및 적중예상문제					
PART IV 실용문	01 대표 기출 유형					
	02 기출 및 적중예상문제					
PART V 독해	01 대표 기출 유형					
	02 독해 솔루션					
	03 기출 및 적중예상문제					
PART VI 실전 모의고사	제1회 실전 모의고사					
	제2회 실전 모의고사					
PART VII 2024년 기출문제	제1회 기출문제					
	제2회 기출문제					

*학습 완료한 날짜를 적으셔도 좋습니다.

● 진도 체크(✓) 요령

1회 • 해당 부분 모두를 정독(精讀)했을 때를 1회로 간주합니다. 단순히 체크(✓)하셔도 좋고 권하는 대로 해당 날짜를 적어 넣으셔도 좋습니다.

2회 • 해당 부분 모두를 두 번째로 정독했을 때를 2회로 간주합니다. 띄엄띄엄 부분적으로 공부한 것은 해당하지 않습니다. 반드시 해당 부분 모두를 두 번째로 정독했을 경우에만 표시하도록 합니다.

3회 • 해당 부분에서 취약하거나 중요한 부분을 중심으로 처음부터 끝까지 모두 공부했을 때를 3회로 간주합니다. 실력(이해와 암기)을 키우기 위한 집중 학습에 해당합니다.

4회 • 3회와 같은 방식으로 취약하거나 중요한 부분을 중심으로 처음부터 끝까지 다시 한번 모두 공부했을 때를 4회로 간주합니다.

5회 • 시험을 목전에 두고 최종적으로 해당 부분 모두를 정독했을 때를 5회로 간주합니다. 1회에서 4회까지의 학습 과정이 있었기 때문에 1회, 2회보다는 훨씬 빠른 속도로 끝마칠 수 있을 것입니다.

◆ 취약 부분 극복 계획

학습 진도 중에서 자신이 취약하다고 생각되는 부분을 적고 이를 극복할 수 있는 방안을 고민해 봅니다.

진도 중 취약 부분	극복 방안	극복한 날
예) 시의 비유법들이 잘 구분되지 않는다(특히 은유법). 어렵다.	예) 교재와 강의에서 비유법 관련 내용이 나올 때마다 초집중한다.	예) 7월 7일(화) 비유법 극복!

◆ 나의 다짐과 소감

본격적인 학습에 앞서 다짐의 말을 적어 봅니다. 또 주변 사람들로부터 응원의 말을 받아 보세요. 물론 스스로에게 하는 응원의 말을 적으셔도 좋습니다. 마지막 포스트잇은 합격 후에 기분 좋게 작성하세요.

● (학습 전) 나의 다짐

● 응원의 말

● 합격 소감

PART I

어휘

01 대표 기출 유형

분석

25문제 중 평균적으로 6문제가 출제되어 24%를 차지하는 문제다.
대표 기출 유형은 명사 문제, 숙어 문제, 두 단어의 관계를 묻는 문제다.
명사 문제는 명사의 뜻을 묻는 문제다.
숙어 문제는 뜻을 묻거나 주로 전치사를 빈칸으로 만들어 빈칸에 공통으로 적절한 것을 묻는 문제다.
두 단어의 관계는 주로 동의어·반의어 관계를 묻는 문제다.
동사와 형용사의 뜻을 묻는 문제도 아주 가끔 출제된다.
솔루션은 교재에 제시된 명사 250개와 숙어 500개를 암기하면 해결된다.

유형 A 명사의 뜻을 묻는 문제

다음 밑줄 친 부분의 뜻으로 가장 적절한 것은?

> It is my <u>duty</u> to take out the trash at home on Sundays.

① 갈등 ② 노력
③ 의무 ④ 자유

정답 ③
해석 일요일마다 집에서 쓰레기를 버리는 것이 내 의무(임무)다.
해설
- duty 의무, 임무
- take out 버리다
- trash 쓰레기

유형 B　숙어

01 숙어의 뜻을 묻는 문제

다음 밑줄 친 부분의 뜻으로 가장 적절한 것은?

People need to <u>depend on</u> each other when working as a team.

① 찾다　② 내리다
③ 의존하다　④ 비난하다

정답 ③
해석 사람들은 팀으로 일할 때 서로에게 의존할 필요가 있다.
해설 • depend on ~에 의존하다
• each other 서로

02 숙어의 동사 – 빈칸에 공통으로 적절한 것을 묻는 문제

다음 빈칸에 공통으로 들어갈 말로 가장 적절한 것은?

• We had to ________ up in order to get a better view. • I can't ________ people who don't follow rules in public.

① fail　② begin
③ stand　④ remind

정답 ③
해석 • 우리는 더 잘 보기 위해서 일어서야 했다.
• 난 공공장소에서 규칙을 지키지 않는 사람들을 참을 수가 없어.
해설 • stand up 일어서다
• can't stand ~을 참을 수 없다

03 숙어의 전치사 – 빈칸에 공통으로 적절한 것을 묻는 문제

다음 빈칸에 공통으로 들어갈 말로 가장 적절한 것은?

- My tastes are different _________ yours.
- English words come _________ a wide variety of sources.

① for ② off
③ from ④ about

정답 ③

해석
- 내 입맛(취향)은 너와 다르다.
- 영어 단어는 다양한 출처(기원)에서 유래한다(온다).

해설
- be different from ~와 다르다
- come from ~에서 유래하다
- taste 입맛, 취향
- a (wide) variety of 다양한
- source 출처

유형 C 두 단어의 관계가 다른 것을 묻는 문제

다음 밑줄 친 두 단어의 의미 관계와 다른 것은?

A polite gesture in one country may be a rude one in another.

① smart – wise ② right – wrong
③ safe – dangerous ④ same – different

정답 ①

해석 어떤 나라에서 예의 바른 제스처가 다른 나라에서는 무례한 행동일 수 있다.
① 똑똑한 – 현명한, ② 옳은 – 틀린, ③ 안전한 – 위험한, ④ 같은 – 다른

해설 반의어 관계인데 ①은 동의어 관계이다.
- polite 예의 바른
- gesture 제스처
- rude 무례한

02 필수 어휘

• 고졸 검정고시 영어 완벽 정복을 위한 필수 어휘를 익힌다.

명사

A

001 ability [əbíləti]
능력

002 account [əkáunt]
계정, 계좌

003 achievement [ətʃíːvmənt]
성취(도), 업적

004 advantage [ædvǽntidʒ, əd-]
유리, 이익, 이점

005 adventure [ædvéntʃər, əd-]
모험

006 advertisement [ædvərtáizmənt]
광고

007 advice [ædváis, əd-]
충고

008 age [eidʒ]
나이, 시대

009 agreement [əgríːmənt]
동의, 일치, 합의

010 agriculture [ǽgrikʌltʃər]
농사, 농업

011 ambition [æmbíʃən]
야망, 목표

012 answer [ǽnsər, ɑ́ːn-]
대답

013 apology [əpɑ́lədʒi, əpɔ-]
사과, 사죄

014 appearance [əpíərəns]
출현, 외모

015 application [æ̀plikéiʃən]
신청(서), 지원, 응용, 적용

016 appreciation [əprìːʃiéiʃən]
감사, 이해, 인정, 평가

017 architecture [ɑ́ːrkətèktʃər]
건축(물), 건축술, 건축학

018 area [ɛ́əriə]
지역, 분야

019 argument [ɑ́ːrgjəmənt]
논쟁, 주장

020 art [ɑːrt]
예술, 기술, 미술

021 article [ɑ́ːrtikl]
물품, 조항, 품목, 기사, 논설

022 atmosphere [ǽtməsfiər]
공기, 대기, 분위기

023 attempt [ətémpt]
시도

024 attitude [ǽtitjùːd]
자세, 태도

025 attraction [ətrǽkʃən]
끌림, 매력, 명소

026 author [ɔ́ːθər]
작가

B

027 balance [bǽləns]
균형

028 beauty [bjúːti]
미(美), 미인, 아름다움

029 behavior [bihéivjər]
품행, 행동

030 belief [bilíːf, bə-]
믿음

031 benefit [bénəfit]
이익, 이점, 혜택

032 birth [bəːrθ]
출생, 탄생

033 brain [brein]
뇌, 두뇌

034 bravery [bréivəri]
용기

035 breath [breθ]
호흡

C

036 category [kǽtəgɔ̀ːri, -gəri]
범주, 종류

037 celebration [sèləbréiʃən]
축하 (의식)

038 ceremony [sérəmòuni, -məni]
식, 의식

039 challenge [tʃǽlindʒ]
도전, 힘든 일

040 chance [tʃæns, tʃɑːns]
가능성, 기회, 우연

041 character [kǽriktər]
등장인물, 성격, 특징

042 charity [tʃǽrəti]
자비, 자선(단체), 자선사업

043 client [kláiənt]
고객, 의뢰인

044 collection [kəlékʃən]
수집, 수집품

045 comfort [kʌ́mfərt]
안락, 편함, 위로, 위안

046 communication [kəmjùːnəkéiʃən]
의사소통, 통신

047 community [kəmjúːnəti]
공동체, 지역사회

048 conclusion [kənklúːʒən]
결론, 결정

049 condition [kəndíʃən]
상태, 조건

050 confidence [kánfidəns, kɔ́n-]
자신(감), 확신

051 conservation [kànsəːrvéiʃən, kɔ̀n-]
보존, 보호

052 consideration [kənsidəréiʃən]
고려, 배려

053 construction [kənstrʌ́kʃən]
건설, 건축(물)

054 consumption [kənsʌ́mpʃən]
소비(량)

055 contact [kántækt, kɔ́n-]
연락, 접촉

056 content [kəntént, kán-]
내용, 목차, 용량

057 contribution [kàntrəbjúːʃən, kɔ̀n-]
공헌, 기여

058 control [kəntróul]
지배, 통제

059 convenience [kənvíːnjəns]
편리

060 cooperation [kouàpəréiʃən]
협동, 협력

061 courage [kə́ːridʒ, kʌ́r-]
용기

062 creation [kriːéiʃən]
창조

063 creativity [krìːeitívəti]
창의력

064 credit [krédit]
신용, 공적, 학점

065 custom [kʌ́stəm]
관례, 관습, 풍습

066 customer [kʌ́stəmər]
고객, 단골

067 cycle [sáikl]
순환, 주기; 자전거

D

068 damage [dǽmidʒ]
손상, 손해, 피해

069 danger [déindʒər]
위험

070 decision [disíʒən]
결심, 결정

071 department [dipáːrtmənt]
매장, 부서, 학과

072 dependence [dipéndəns]
의존

073 development [divéləpmənt]
개발, 발달, 발전

074 device [diváis]
장치

075 devotion [divóuʃən]
전념, 헌신

076 difference [dífərəns]
차이

077 difficulty [dífikʌ̀lti]
어려움

078 disaster [dizǽstər, -záːs-]
재난, 재해, 참사

079 discovery [diskʌ́vəri]
발견

080 discussion [diskʌ́ʃən]
논의, 토론

081 distance [dístəns]
간격, 거리

082 document [dákjəmənt, dɔ́k-]
문서, 서류

083 donation [dóuneiʃən]
기부

084 dream [driːm]
꿈

085 duty [djúːti]
의무, 임무, 세금

E

086 economy [ikánəmi, -kɔ́n-]
경제, 절약

087 education [èdʒukéiʃən]
교육

088 effect [ifékt]
영향, 효과

089 element [éləmənt]
구성 요소, 원소

090 employment [emplɔ́imənt]
고용, 사용

091 enemy [énəmi]
적

092 environment [inváiərənmənt]
환경

093 essence [ésəns]
본질, 원액, 진수

094 event [ivént]
사건, 일, 행사, 경기

095 evidence [évidəns]
증거

096 example [igzǽmpəl]
사례, 예

097 excellence [éksələns]
뛰어남, 탁월함

098 exception [iksépʃən]
예외, 제외

099 exercise [éksərsàiz]
운동, 연습, 훈련

100 expectation [èkspektéiʃən]
기대, 예상

101 experience [ikspíəriəns]
경험

102 experiment [ikspérəmənt, -mènt]
실험

103 expert [ékspəːrt]
전문가

104 expression [ikspréʃən]
표정, 표현

F

105 fact [fækt]
사실

106 faith [feiθ]
믿음, 신념, 확신

107 fame [feim]
명성, 평판

108 favorite, favourite [féivərit]
가장 좋아하는 것

109 feature [fíːtʃər]
특징

110 festival [féstəvəl]
축제

111 flight [flait]
비행(기), 항공편

112 forest [fɔ́(ː)rist, fár-]
숲

113 fortune [fɔ́ːrtʃən]
운, 행운, 재산, 큰 돈

114 freedom [fríːdəm]
자유

115 friendship [fréndʃip]
우정

116 function [fʌ́ŋkʃən]
기능, 역할

G

117 gene [dʒiːn]
유전자

118 goal [goul]
골, 목표

119 gravity [grǽvəti]
인력, 중력

120 growth [grouθ]
성장, 증가

H

121 happiness [hǽpinis]
행복

122 harm [hɑːrm]
손해, 피해, 해

123 health [helθ]
건강

124 heart [hɑːrt]
마음, 심장, 핵심

125 honesty [ánisti, -ɔ́n-]
정직

126 honor, honour [ánər, ɔ́n-]
명예

127 humor, humour [hjúːmər]
유머

I

128 impact [ímpækt]
충격, 충돌, 영향

129 importance [impɔ́ːrtəns]
중요, 중요성

130 impression [impréʃən]
감명, 인상

131 increase [ínkriːs]
증가

132 influence [ínfluəns]
영향

133 information [ìnfərméiʃən]
정보, 지식, 통지

134 innovation [ínouvèiʃən]
개혁, 혁신

135 insight [ínsàit]
이해, 통찰력

136 instinct [ínstiŋkt]
본능, 직감

137 intention [inténʃən]
계획, 목적, 의도

138 interest [íntərist]
관심(사), 흥미, 이익, 이자

139 Internet [ìntərnet]
인터넷

140 introduction [ìntrədʌ́kʃən]
도입, 소개

141 invention [invénʃən]
발명, 발명품

142 invitation [ìnvətéiʃən]
초대, 초대장

143 item [áitəm, -tem]
품목, 조항, 항목

J

144 journey [dʒə́ːrni]
여정, 여행

K

145 key [kiː]
열쇠, 비결

146 kindness [káindnis]
친절

147 knowledge [nálidʒ, -nɔ́l]
지식

L

148 labor, labour [léibər]
노동, 일

149 law [lɔː]
법

150 legend [lédʒənd]
전설

151 lesson [lésn]
수업, 과, 교훈

152 letter [létər]
편지, 글자, 문자

153 liberty [líbərti]
자유

154 licence [láisəns]
허가, 허가증

155 life [laif]
삶, 생명(체), 수명

156 limit [límit]
제한, 한계

157 literature [lítərətʃər, -tʃùər]
문학

158 luck [lʌk]
운, 행운

M

159 manner [mǽnər]
방법, 방식, 예절(복수)

160 medicine [médəsən]
약, 의료, 의학

161 miracle [mírəkəl]
기적

162 mission [míʃən]
임무

163 mistake [mistéik]
실수

164 moment [móumənt]
순간, 시기

N

165 nature [néitʃər]
자연, 본성, 성질, 천성

166 necessity [nisésəti]
필수품, 필요

167 novel [návəl, nɔ́v-]
소설

O

168 object [ábdʒikt, ɔ́b-]
물건, 물체, 목적, 목표

169 objection [əbdʒékʃən]
반대

170 opinion [əpínjən]
견해, 생각, 의견

171 opportunity
[àpərtjúːnəti, ɔ̀pər-]
기회

172 order [ɔ́ːrdər]
순서, 질서, 명령, 주문

173 origin [ɔ́ːrədʒin, árə-, ɔ́ri-]
기원, 출처

P

174 pain [pein]
고통, 아픔, 통증

175 peace [piːs]
평화

176 performance [pərfɔ́ːrməns]
공연, 성과, 수행

177 personality [pə̀ːrsənǽləti]
개성, 성격, 인격

178 philosophy [filásəfi, -lɔ́s-]
철학

179 picture [píktʃər]
그림, 사진

180 place [pleis]
위치, 장소

181 plan [plæn]
계획, 도면, 배치도

182 planet [plǽnət]
행성

183 plant [plænt, plaːnt]
식물, 공장, 설비

184 pollution [pəlúːʃən]
오염

185 popularity [pɑ̀pjəlǽrəti, pɔ̀p-]
인기

186 population [pɑ̀pjəléiʃən, pɔ̀p-]
인구

187 power [páuər]
힘, 권력

188 pressure [préʃər]
압력, 압박

189 price [prais]
가격, 값, 대가

190 pride [praid]
자랑스러움, 자부심

191 principle [prínsəpəl]
원리, 원칙

192 privilege [prívəlidʒ]
특권

193 prize [praiz]
상

194 problem [prábləm, prɔ́b-]
문제

195 product [prádəkt]
상품, 제품

196 production [prədʌ́kʃən]
생산

197 profit [práfit, prɔ́f-]
수익, 이익

198 progress [prágres, próug-]
발전, 전진, 진보

199 proof [pruːf]
증거, 증명

200 proposal [prəpóuzəl]
제안

201 protection [prətékʃən]
보호(물)

202 purpose [pə́ːrpəs]
목적, 용도

Q

203 quality [kwáləti, kwɔ́l-]
질, 품질

R

204 reason [ríːzən]
이유

205 recipe [résəpìː]
비결, 요리법, 조리법, 처방

206 religion [rilídʒən]
종교

207 reputation [rèpjətéiʃən]
명성, 평판

208 resource [ríːsɔːrs, risɔ́ːrs]
자원, 재원

209 respect [rispékt]
존경, 존중

210 responsibility [rispɑ̀nsəbíləti]
책임

211 result [rizʌ́lt]
결과

212 revolution [rèvəlúːʃən]
혁명, 공전, 자전, 회전

213 reward [riwɔ́ːrd]
보상, 보상금, 사례금

214 right [rait]
권리

215 role [roul]
역할

216 rule [ruːl]
규칙, 원칙

S

217 sacrifice [sǽkrəfàis]
희생, 희생물

218 safety [séifti]
안전

219 satisfaction [sæ̀tisfǽkʃən]
만족

220 secret [síːkrit]
비결, 비밀, 비법

221 sense [sens]
감각, 의미

222 situation [sìtʃuéiʃən]
상황, 환경

223 skill [skil]
기술, 솜씨

224 solution [səlúːʃən]
해결책, 해답, 해법

225 source [sɔːrs]
근원, 원천, 출처

226 summary [sʌ́məri]
요약

227 superstition [sùːpərstíʃən]
미신

228 supply [səplái]
공급

229 survival [sərváivəl]
생존

230 sympathy [símpəθi]
공감, 동정, 연민

T

231 technology [teknálədʒi]
과학 기술

232 tip [tip]
팁, 끝 부분, 정보, 조언

233 topic [tápik, tɔ́p-]
주제, 화제

234 tradition [trədíʃən]
전통

235 traffic [trǽfik]
교통(량)

236 travel [trǽvəl]
여행

237 trend [trend]
유행, 추세

238 triumph [tráiəmf]
승리

U

239 universe [júːnəvə̀ːrs]
우주, 전 세계

V

240 value [vǽljuː]
가치

241 variety [vəráiəti]
다양성, 종류

242 view [vjuː]
경관, 시야, 전망, 견해, 관점

243 violence [váiələns]
폭력

244 vocabulary
[voukǽbjulèri, -ləri]
어휘

W

245 waste [weist]
낭비, 쓰레기, 폐기물

246 wealth [welθ]
부, 재산

247 wisdom [wízdəm]
지혜

248 work [wəːrk]
일, 작품, 직장

249 worth [wəːrθ]
가치

Y

250 youth [juːθ]
젊음, 젊은이, 청춘

숙어

A

001 a lot of 많은 = a great deal(number) of

002 above all 무엇보다도

003 according to ⓝ ~에 따르면, 의하면

004 account for ① 설명하다, ② 비율을 차지하다

005 agree to 사물, with 사람 ~에 동의하다

006 all of a sudden 갑자기

007 all thumbs 서투른

008 and so on 기타 등등

009 apply for 신청하다, 지원하다

010 apply to ⓝ ~에 적용되다

011 around the clock 24시간 내내, 밤낮으로 쉬지 않고

012 arrive at(in) ~에 도착하다

013 as Ⓐ as possible 가능한 A하게

014 as a result 결과적으로

015 as far as ~까지, ~하는 한

016 as if 마치 ~인 것처럼 = as though

017 as it were 말하자면 = so to speak

018 as soon as (S+V) ~하자마자

019 as usual 평소처럼

020 as well as ~뿐만 아니라

021 ask for ~을 요구하다, 요청하다

022 at a time 한 번에

023 at any time 언제든지, 언제라도

024 at last 드디어, 마침내 = in the end

025 at least 적어도

026 at most 많아야 = not more than

027 at once ① 즉시, ② 동시에

028 at that time 그 당시, 그때에

029 at the age of ~의 나이에

030 at the same time 동시에

B

031 be about to ⓥ 막 ~하려고 하다

032 be absent from ~에 결석하다
↔ be present at 참석하다

033 be accustomed to ⓝ ~에 익숙하다

034 be afraid of ~을 두려워하다

035 be anxious about ~을 걱정하다

036 be anxious for ⓝ ~을 열망하다

037 be ashamed of ~을 부끄러워하다

038 be aware of ~을 알고 있다

039 be badly off 가난하다, 궁핍하다 = be poor

040 be based on ~에 근거(기초)를 두다

041 be bound for ~행(行)이다, 향하다

042 be bound to ⓥ 반드시 ~하다, ~해야 한다

043 be busy (in) (~ing) ~하느라 바쁘다

044 be capable of ~할 능력이 있다

045 be conscious of ~을 알고 있다, ~을 의식하다

046 be covered with ~로 덮여져 있다

047 be crowded with ~로 붐비다

048 be curious about ~에 호기심이 있다
049 be different from ~와 다르다
050 be divided into ~로 나누어져 있다
051 be due to ⓝ ~ 때문이다, ⓥ ~할 예정이다
052 be dying to ⓥ ~하고 싶어 죽겠다
053 be engaged in ~에 바쁘다, 열중하다, 종사하다
054 be equal to ⓝ ~와 동일하다, ~할 능력이 있다
055 be familiar to (somebody) ~에게 잘 알려져 있다, 친숙하다
056 be familiar with (something) ~을 잘 알다
057 be famous for ~로 유명하다
058 be filled with ~로 채워져 있다 = be full of
059 be fond of ~을 좋아하다
060 be full of ~로 가득 차다 = be filled with
061 be good at ~에 능숙하다, ~을 잘하다
062 be good for ~에 좋다
063 be held 개최되다, 열리다 = take place
064 be ignorant of ~을 모르다
065 be interested in ~에 관심이 있다
066 be involved in ~에 관련되어 있다, ~에 빠져 있다
067 be late for ~에 지각하다
068 be likely to ⓥ ~할 가능성이 있다, ~할 것 같다
069 be made up of ~로 이루어져 있다
070 be on good terms with ~와 관계・사이가 좋다
071 be planning to ⓥ ~할 계획이다
072 be pleased with ~에 기뻐하다, 만족하다
073 be poor at ~에 서툴다
074 be proud of ~을 자랑스러워하다
075 be ready for ⓝ, to ⓥ ~할 준비가 되다
076 be related to ~와 관계있다, 관련 있다
077 be responsible for ~에 책임이 있다
078 be satisfied with ~에 만족하다
079 be short of ~가 부족하다
080 be sick of ~이 지긋지긋하다 = be tired of
081 be similar to ⓝ ~와 비슷하다
082 be sorry for(about) ~에 미안해하다
083 be supposed to ⓥ ~하기로 되어 있다, 해야 한다
084 be sure of ~을 확신하다
085 be surprised at ~에 놀라다
086 be used to ⓝ ~에 익숙해져 있다
087 be well off 부유하다, 잘살다
088 be willing to ⓥ 기꺼이 ~하다
089 be worried about ~에 대해 걱정하다
090 be worth ~할 가치가 있다
091 beat around the bush 빙빙 돌려서 말하다
092 behind the times 시대에 뒤떨어진
093 belong to ⓝ ~에 속하다, ~의 소유이다
094 best of all 무엇보다 좋은 것은
095 between Ⓐ and Ⓑ A와 B 사이에
096 blame Ⓐ for Ⓑ A를 B 때문에 비난하다, 탓하다
097 blow one's nose 코를 풀다
098 both Ⓐ and Ⓑ A와 B 둘 다
099 break a leg 행운을 빌다

100 break down 고장 나다, 무너지다, 잘게 쪼개다

101 break into 침입하다, 갑자기 ~하기 시작하다

102 break out 갑자기 발생하다, 전쟁・화재 등이 일어나다

103 break the ice 서먹한 분위기를 깨다

104 break up 해산시키다, 헤어지다

105 breathe in 숨을 들이쉬다

106 breathe out 숨을 내쉬다

107 bring Ⓐ to life A에 활기를 불어넣다

108 bring about 발생시키다, 야기하다, 초래하다

109 bring up 기르다, 양육하다, 키우다

110 burst into 갑자기 ~하다

111 by accident 사고로, 우연히 = by chance

112 by means of ~라는 수단에 의해서

113 by mistake 실수로

114 by oneself 혼자서 = alone

115 by the time (S+V) ~할 때쯤

116 by the way 그런데

117 by way of ~을 경유해서 = via

C

118 call for 요구하다

119 call it a day 일과를 끝내다

120 call off 취소하다 = cancel

121 call up 전화하다

122 calm down 진정시키다, 진정하다

123 can afford to ⓥ ~을 할 여유가 있다

124 cannot but ⓥ ~할 수밖에 없다 = can't help

125 carry out 수행하다, 실행하다

126 catch one's eye 시선을 끌다

127 catch sight of ~을 얼핏 보다

128 catch up with ~을 따라잡다

129 check in 수속을 밟다, 체크인하다

130 check out 대출하다, 체크아웃하다, 확인하다

131 cheer for ~을 응원하다

132 come about 발생하다, 일어나다

133 come across 우연히 만나다, 우연히 발견하다

134 come by 얻다, 획득하다 = get, obtain

135 come down with 병에 걸리다

136 come to one's mind 생각이 나다

137 come true 실현되다

138 come up with 생각해 내다, 따라잡다

139 compare Ⓐ to Ⓑ A를 B에 비유하다

140 compare Ⓐ with Ⓑ A와 B를 비교하다

141 compensate for 보상하다, 보충하다

142 complain about(of) ~에 대해 불평하다

143 concentrate on ~에 집중하다 = focus on

144 congratulate on ~을 축하하다

145 consist of ~로 구성되다

146 contribute to ⓝ ~에 공헌하다, 기여하다

147 cope with 대처하다, 처리하다

148 cross one's fingers 행운을 빌어 주다

149 cut down on ~을 줄이다

150 cut in 끼어들다, 방해하다 = interrupt

D

151 deal with 다루다, 처리하다 = treat

152 depend on 의존하다, 의지하다, ~에 달려 있다

153 devote Ⓐ to Ⓑ A를 B에 바치다

154 die out 멸종하다, 사멸하다, 소멸하다

155 distinguish Ⓐ from Ⓑ A와 B를 구별하다

156 do Ⓐ good A에게 도움이 되다, 이익이 되다

157 do a good job 잘하다, 잘 해내다

158 do away with 제거하다, 폐지하다

159 do one's best 최선을 다하다 = try one's best

160 due to ⓝ ~ 때문에

E

161 each other 서로서로

162 end up (~ing) 결국 ~로 끝나다, 결국 ~하게 되다

163 even if 비록 ~일지라도 = even though

164 every time (S+V) ~할 때마다

165 except for ~을 제외하고

F

166 fall in love with ~와 사랑에 빠지다

167 fall short of ~이 부족하다

168 far from 결코 ~이 아닌 = not ~ at all

169 feed on ~에 (의존하여) 먹고 살다

170 feel down 의기소침하다

171 feel free to ⓥ 편하게 ~하다

172 feel like ~ing ~하고 싶다 = feel inclined to

173 figure out ① 계산하다, ② 알아내다, 이해하다

174 fill in(out) 기입하다, 적어 넣다, 채우다

175 find fault with ~을 비난하다, 트집 잡다

176 find out 알아내다, 찾아내다

177 first of all 우선, 먼저

178 focus on ~에 집중하다

179 for a long time 오랫동안 = in ages

180 for ever 영원히 = for good

181 for free 무료로 = for nothing, free of charge

182 for fun 재미로

183 for the first time 처음으로

184 free from(of) ~이 없는 = without

185 from now on 지금부터 계속

G

186 gain weight 체중이 늘다 = put on weight

187 generally speaking 일반적으로 말해서

188 get along with ~와 사이좋게 지내다

189 get married to ⓝ ~와 결혼하다

190 get off 내리다

191 get on 타다

192 get over ① 극복하다, ② 회복하다

193 get rid of ~을 없애다, 제거하다

194 get through 끝내다, 끝마치다 = finish

195 get to ⓝ 도착하다, ⓥ ~하게 되다

196 give a big hand 박수갈채를 보내다

197 give a hand 도와주다

198 give a shot 주사를 놓다

199 give a try 시도하다

200 give birth to ⓝ 낳다, 야기시키다

201 give my regards to ⓝ ~에게 안부를 전하다

202 give off 내뿜다, 발하다, 방출하다 = emit

203 give out 나눠주다, 배부하다, 배포하다 = distribute

204 give up 포기하다

205 go ahead 어서 하세요

206 go away 가버리다, 떠나다, 사라지다

207 go bad 상하다

208 go off ① 폭발하다, ② 울리다

209 go on 계속하다

210 go on a diet 다이어트를 하다

211 go through (고통을) 겪다, 경험하다

212 go wrong 잘못되다

213 graduate from ~을 졸업하다

214 grow up 성장하다, 자라다

H

215 had better ~하는 게 낫다

216 hand in 제출하다

217 hand out 나누어 주다, 배포하다 = give out

218 hand over 넘겨주다, 양도하다 = give over

219 hang out with ~와 어울려 다니다(놀다)

220 have Ⓐ in common A를 공통점으로 가지다

221 have a cold 감기에 걸리다

222 have a long face 낙담하다, 시무룩하다, 침울하다

223 have a runny nose 콧물이 나다

224 have a sore throat 목이 아프다

225 have an effect on ~에 영향을 미치다

226 have butterflies in one's stomach 긴장되다

227 have difficulty (in) (~ing) ~하는 데 어려움이 있다

228 have no idea 모르다

229 have to do with ~와 관계가 있다

230 help yourself to ~을 마음껏 드세요

231 hold good 유효하다, 효력이 있다

232 hurry up 서두르다 = hasten, make haste

I

233 in addition to ⓝ ~에다가, ~ 이외에도

234 in advance 미리, 사전에

235 in case of ~한 경우에

236 in charge of ~을 담당하는, 책임지고 있는

237 in danger 위험에 빠진

238 in detail 상세히, 자세하게

239 in fact 사실은

240 in favor of ~에 찬성하는, ~을 위하여

241 in general 일반적으로, 전체적으로 = generally

242 in honor of ~을 기념・축하하여, 경의를 표하여

243 in need 궁핍한, 어려움에 처한

244 in one's opinion ~의 의견으로는

245 in order to ⓥ ~하기 위해서 = so as to

246 in other words 다시 말하면

247 in particular 특히

248 in person ① 몸소, 직접, 친히, ② 개인적으로

249 in place of ~ 대신에

250 in public 공개적으로, 공공연히

251 in short 간단히 말해, 요컨대, 짧게 말해서

252 in summary 요약해서

253 in the future 미래에, 장래에

254 in the past 과거에

255 in time 늦지 않게, 제시간에

256 in turn ① 교대로, 차례로, ② 결과적으로, 결국

257 in vain 헛되이

258 inform Ⓐ of Ⓑ A에게 B를 알리다

259 insist on 고집하다, 주장하다

260 instead of ~ 대신에

261 introduce Ⓐ to Ⓑ A를 B에게 소개하다

262 invite Ⓐ to Ⓑ A를 B에 초대하다

J

263 just in case 만약의 경우에 대비하여

K

264 keep(stop) Ⓐ from Ⓑ A가 B하는 것을 막다

265 keep Ⓐ in mind A를 명심하다, 유념하다
= bear in mind, have in mind

266 keep (on) (~ing) 계속해서 ~하다

267 keep a diary 일기를 쓰다

268 keep an eye on 감시하다, 지키다
= guard, watch

269 keep away from ~을 멀리하다

270 keep company with ~와 교제하다, 친해지다

271 keep in touch with ~와 연락하다, 접촉을 유지하다

272 keep one's fingers crossed 행운을 빌다

273 keep one's promise 약속을 지키다

274 keep up with 뒤떨어지지 않다, 연락하고 지내다

275 know Ⓐ by heart A를 암기하다, 외우다

L

276 laugh at ~을 보고 웃다, 비웃다

277 lead Ⓐ by the nose A를 억지로 끌고 가다

278 lead to ⓝ ~로 이어지다, 야기하다, 초래하다

279 leave for ~을 향해 떠나다, 출발하다

280 leave nothing to be desired 완벽하다

281 leave out 빠뜨리다, 생략하다

282 lest ⓢ should ⓥ ~하지 않기 위해서

283 let down 실망시키다 = disappoint

284 let go of (쥐고 있던 것을) 놓다, 풀어 주다

285 live on ~을 주식으로 먹고살다
286 long for ~을 갈망하다
287 look after 돌보다 = care for, take care of
288 look down on 무시하다, 얕보다
289 look for ~을 찾다 = be in search of, search for
290 look forward to ⓝ ~을 고대하다, 기대하다
291 look like ~처럼 보이다, 닮다
292 look up ~을 (사전 등에서) 찾아보다
293 look up to 존경하다
294 lose weight 체중이 줄다

M

295 major in ~을 전공하다
296 make (a) noise 시끄럽게 하다
297 make a call 전화하다
298 make a choice 선택하다
299 make a difference 중요하다, 차이가 생기다
300 make a face 얼굴을 찡그리다 = frown
301 make a fortune 많은 돈을 벌다, 부자가 되다
302 make a mistake 실수하다
303 make a reservation 예약하다
304 make a speech 연설하다
305 make an effort 노력하다
306 make friends with ~와 친구가 되다
307 make fun of ~을 놀리다 = make a fool of
308 make it a rule to ⓥ ~하는 것을 규칙으로 삼다
309 make one's living 생계를 꾸리다
310 make oneself at home 맘 편히 계세요
311 make sense 말이 되다, 이치에 맞다, 이해되다
312 make sure ① 반드시 ~하다, ② 확인하다
313 make up 지어내다, 화장하다, 화해하다
314 make up for ~을 보상하다, 보완하다, 보충하다
315 make up one's mind 결심하다, 결정하다
316 make up with ~와 화해하다
317 make use of ~을 이용하다
318 manage to ⓥ 가까스로 ~하다, 용케도 ~하다
319 may as well ~하는 것이 낫다
320 may well ~하는 것도 당연하다
321 most of all 무엇보다도

N

322 near at hand 가까이에
323 neither Ⓐ nor Ⓑ A도 B도 아닌
324 no longer 더 이상 ~가 아니다
325 not Ⓐ but Ⓑ A가 아니라 B다
326 not only Ⓐ but also Ⓑ A뿐만 아니라 B도
327 nothing but 단지 = no more than
328 now that (S+V) ~이니까, ~하기 때문에

O

329 object to ⓝ ~에 반대하다
330 of no use 쓸모없는 = useless

331 on behalf of ~을 대신・대표하여, ~을 위해서

332 on business 사업상, 일하는

333 on duty 근무 중, 업무 중; 당번인

334 on fire 불난

335 on one's way to ~로 가는 도중에

336 on purpose 고의로, 의도적으로, 일부러

337 on sale 판매 중, 할인 중

338 on the contrary 그와는 반대로

339 on the other hand 반면에

340 on the spot 그 자리에서, 즉시, 현장에서

341 on time 정각에, 정시에, 제시간에

342 once in a blue moon 매우 드물게

343 once in a while 가끔, 때때로

344 once upon a time 옛날에

345 one another 서로

346 only a few 소수의

347 only a little 소량의

348 other than ~ 이외에

349 out of box 독창적으로, 창조적으로

350 out of breath 숨이 찬, 숨을 헐떡이는

351 out of control 통제 불능인 = out of hand

352 out of date(fashion, style) 구식의

353 out of order 고장 난

354 out of season 제철이 아닌

355 out of sight 보이지 않는 (곳에)

356 over and over (again) 반복해서 계속

357 owe Ⓐ to Ⓑ A를 B에게 빚지다

358 owing to ⓝ ~ 때문에 = because of

P

359 participate in ~에 참가하다

360 pass away 돌아가시다, 죽다

361 pass out 기절하다, 의식을 잃다 = faint

362 pay attention to ⓝ ~에 주의를 기울이다

363 pick up ~을 줍다, 집다, 차로 태워 주다

364 play a role 역할을 하다 = play a part

365 play a trick on ~을 놀리다, 속이다, 장난치다

366 play it by ear 임기응변으로 대처하다

367 plenty of 많은 = a lot of, lots of

368 point of view 관점, 입장

369 prefer Ⓐ to Ⓑ A를 B보다 더 좋아하다

370 prepare for ~을 준비하다

371 prevent Ⓐ from Ⓑ A가 B하는 것을 막다

372 provide Ⓐ with Ⓑ A에게 B를 제공하다

373 pull one's leg 놀리다

374 punish Ⓐ for Ⓑ A를 B 때문에 벌주다, 처벌하다

375 put off 미루다, 연기하다

376 put on ~을 입다, 쓰다, 신다, 착용하다

377 put on a play 공연하다

378 put on airs 잘난 척하다

379 put out 끄다 = extinguish

380 put the cart before the horse
앞뒤가 뒤바뀌다

381 put together 조립하다

382 put up at ~에 묵다, ~에 숙박하다

383 put up with 참다

Q

384 quite a few 상당수의, 상당히 많은

385 quite a little 상당량의

R

386 rather than ~보다 오히려, ~보다는 차라리

387 refer to ~을 가리키다, 말하다, 참조하다

388 regard Ⓐ as Ⓑ A를 B라고 간주하다, 여기다

389 regardless of ~에 상관없이

390 remind Ⓐ of Ⓑ A에게 B를 생각나게 하다

391 respond to ⓝ ~에 대답하다, 반응(응답)하다

392 result from ~이 원인이다

393 result in ~라는 결과를 낳다, 야기하다, 초래하다

394 right away 바로, 즉시 = right now

395 rob Ⓐ of Ⓑ A에게서 B를 빼앗다

396 root for 응원하다 = cheer for

397 root out 근절하다

398 run across 우연히 만나다

399 run after 뒤쫓다

400 run away 도망가다

401 run for ~에 입후보하다, 출마하다

402 run into ~와 우연히 만나다, 충돌하다

403 run out of ~을 다 써 버리다, 바닥나다

404 run over ① (차로) 치다, ② 대충 읽다

S

405 save one's face 체면이 서다, 체면을 잃지 않다

406 search for ~을 찾다, 수색하다

407 see a doctor 진찰을 받다

408 see off 배웅하다

409 set free 풀어 주다

410 set up 설치하다, 세우다

411 shake hands with ~와 악수하다

412 shake one's head 고개를 가로젓다

413 show off 과시하다, 자랑하다

414 show up 나타나다

415 sign up for ~에 가입하다, 등록하다, 참가하다

416 so far 지금까지 = until now

417 so to speak 말하자면

418 sold out 매진된

419 speak ill(badly) of ~을 욕하다

420 speak well of ~을 좋게 말하다, 칭찬하다

421 stand for 나타내다, 대표하다, 상징하다, 의미하다

422 stand in line 줄을 서다

423 stand out 눈에 띄다, 두드러지다

424 stand up for ~을 옹호(지지)하다, 편을 들다

425 starve to death 굶어 죽다

426 stay away from 가까이 하지 않다, 떨어져 있다

427 stay in good shape 건강을 유지하다

428 stay up 자지 않고 깨어 있다

429 stem from ~에서 생겨나다, ~에서 유래하다

430 step on ~을 밟다

431 stick out ① 밖으로 내밀다, ② 눈에 띄다

432 stick to ⓝ ~을 고수하다

433 stop by 잠깐 들르다 = call by, drop by

434 stretch the truth 진실을 왜곡하다

435 strictly speaking 엄격히 말해서

436 succeed in 성공하다

437 such as ~와 같은 = like

438 suffer from ~로 고생하다, 시달리다

439 supply Ⓐ with Ⓑ A에게 B를 공급하다, 제공하다

440 switch off 끄다

441 switch on 켜다

T

442 take Ⓐ for granted A를 당연하게 생각하다

443 take Ⓐ into account A를 고려하다, 참작하다

444 take a look at ~을 보다

445 take a picture 사진을 찍다

446 take a rain check 다음을 기약하다

447 take a rest 쉬다 = get some rest, take a break

448 take a walk 산책하다

449 take advantage of 이용하다

450 take after ~을 닮다 = look like, resemble

451 take apart 분해하다

452 take care of ① ~을 돌보다, ② 처리하다

453 take notes 필기하다

454 take off ① 벗다, ② 이륙하다, ③ 휴가를 내다

455 take over ~을 넘겨받다, 인계받다, 인수하다

456 take part in ~에 참가·참여하다 = participate in

457 take place ① 발생하다, ② 개최되다

458 take pride in ~을 자랑스러워하다

459 take the place of ~을 대신하다, 대체하다

460 take up ① 차지하다, ② 시작하다

461 tell a lie 거짓말하다

462 tell one's fortune 점을 치다

463 tend to ⓥ ~하는 경향이 있다

464 thank Ⓐ for Ⓑ A에게 B에 대해 감사하다

465 thanks to ⓝ ~ 덕분에, ~ 때문에

466 the number of ~의 수

467 these days ① 요즘, ② 오늘날

468 think highly of 높이 평가하다, 중요시하다

469 think of Ⓐ as Ⓑ A를 B라고 생각하다, 여기다

470 think outside the box 고정관념을 깨다

471 throw away 버리다

472 to be honest 솔직히 말해서

473 to begin with 우선 = to start with

474 to make matters worse 설상가상으로

475 to one's surprise 놀랍게도

476 to sum up 요약하면 = in sum, in summary

477 to tell you the truth 네게 진실을 말하면

478 too Ⓐ to Ⓑ 너무 A해서 B할 수 없다

479 try on 입어 보다

480 turn Ⓐ into Ⓑ A를 B로 바꾸다

481 turn down ① 거절하다, ② 소리를 줄이다

482 turn off 끄다

483 turn on 켜다

484 turn out 판명되다

U

485 under the weather 몸이 좀 안 좋은

486 up to ① ~까지, ② ~에 달려 있는

487 up to date 최신의

488 upside down 거꾸로

489 use up 다 써 버리다 = consume completely

W

490 wait for ~을 기다리다

491 wake up 깨어나다, 깨우다

492 warm up 준비 운동하다

493 waste of time 시간 낭비

494 watch out for ~을 조심하다

495 within reach 가까이에, 손 닿는 곳에

496 worry about ~에 관해 걱정하다

497 worst of all 무엇보다도 나쁜 점은

498 would like to ⓥ ~하고 싶다

499 would rather Ⓐ than Ⓑ
B보다는 차라리 A하겠다

500 write down 적다

반의어

A

001 above – below 위 – 아래

002 absent – present 결석한 – 참석한, 출석한

003 active – passive 활동적인 – 수동적인

004 ancient – modern 고대의 – 현대의

005 awake – asleep 깨어 있는 – 잠든

B

006 begin, start – end, finish 시작하다 – 끝나다

007 better – worse 더 좋은 – 더 나쁜

008 birth – death 출생 – 사망

009 bottom – top 바닥 – 꼭대기

010 brief – long 짧은 – 긴

011 bright, light – dark 밝은 – 어두운

C

012 careful – careless 주의 깊은 – 부주의한

013 cheap – expensive 싼 – 비싼

014 clean – dirty 깨끗한 – 더러운

015 comic – tragic 희극적인 – 비극적인

016 common – rare 흔한 – 드문

017 complex, complicated – simple
복잡한 – 단순한

018 construct – destroy 건설하다 – 파괴하다

D

019 dangerous – safe 위험한 – 안전한

020 decrease – increase 감소하다 – 증가하다

021 deep – shallow 깊은 – 얕은

022 demand – supply 수요 – 공급

023 different – same, similar 다른 – 같은, 비슷한

024 dry – moist, wet 마른 – 습기 있는, 젖은

E

025 easy – difficult 쉬운 – 어려운

F

026 fail – pass 실패하다 – 합격하다

027 false – true 거짓의 – 사실의

028 find – lose 찾다 – 잃어버리다

029 full – empty 가득 찬 – 빈

G

030 guilty – innocent 유죄의 – 무고한

H

031 heavy – light 무거운 – 가벼운

032 huge – tiny 거대한 – 아주 작은

I

033 include - exclude 포함하다 - 제외하다

L

034 lazy - diligent 게으른 - 근면한

035 less - more 더 적은 - 더 많은

036 loose - tight 느슨한 - 꽉 끼는

M

037 major - minor 주요한 - 사소한, 작은

038 messy - tidy 지저분한 - 깔끔한, 정돈된

N

039 narrow - wide 좁은 - 넓은

040 near - far 가까운 - 먼

041 negative - positive 부정적인 - 긍정적인

042 noisy - quiet 시끄러운 - 조용한

P

043 permanent - temporary 영구적인 - 일시적인

044 polite - rude 예의 바른 - 무례한

045 private - public 사적인 - 공공의, 대중의

Q

046 quick - slow 빠른 - 느린

R

047 right - wrong 옳은 - 틀린

048 rough - smooth 거친 - 부드러운

S

049 strong - weak 강한 - 약한

T

050 thick - thin 두꺼운 - 얇은

03 기출 및 적중예상문제

정답 및 해설 별책 2p

01 다음 밑줄 친 부분의 뜻으로 가장 적절한 것은?

> To speak English well, you need to have <u>confidence</u>.

① 논리력 ② 자신감
③ 의구심 ④ 창의력

02 다음 밑줄 친 부분의 뜻으로 가장 적절한 것은?

> I have met a lot of nice people, <u>thanks to</u> you.

① 덕분에 ② 대신에
③ 불구하고 ④ 제외하고

03 다음 밑줄 친 부분의 뜻으로 가장 적절한 것은?

> The country had to <u>deal with</u> its food shortage problems.

① 생산하다 ② 연기하다
③ 처리하다 ④ 확대하다

04 다음 밑줄 친 부분의 뜻으로 가장 적절한 것은?

> Sunlight comes in through the windows and, <u>as a result</u>, the house becomes warm.

① 그 결과 ② 사실은
③ 예를 들면 ④ 불행하게도

05 다음 밑줄 친 두 단어의 의미 관계와 <u>다른</u> 것은?

> Patience is <u>bitter</u>, but its fruit is <u>sweet</u>.

① new − old
② clean − dirty
③ fine − good
④ easy − difficult

06 다음 빈칸에 공통으로 들어갈 말로 가장 적절한 것은?

> • Let's ________ in front of the restaurant at 2 o'clock.
> • The hotel manager did his best to ________ guests' needs.

① dive ② meet
③ wear ④ happen

07 다음 빈칸에 공통으로 들어갈 말로 가장 적절한 것은?

> • Welcome. What can I do ________ you, today?
> • I've spent almost an hour waiting ________ the bus.

① up ② for
③ out ④ with

08 다음 밑줄 친 부분의 뜻으로 가장 적절한 것은?

> For children, it is important to encourage good <u>behavior</u>.

① 행동 ② 규칙
③ 감정 ④ 신념

09 다음 밑줄 친 부분의 뜻으로 가장 적절한 것은?

> She had to <u>put off</u> the trip because of heavy rain.

① 계획하다 ② 연기하다
③ 기록하다 ④ 시작하다

10 다음 밑줄 친 부분의 뜻으로 가장 적절한 것은?

> Many online lessons are free of charge. <u>Besides</u>, you can watch them anytime and anywhere.

① 마침내 ② 게다가
③ 그러나 ④ 예를 들면

11 다음 밑줄 친 두 단어의 의미 관계와 <u>다른</u> 것은?

> While some people say that a glass is half <u>full</u>, others say that it's half <u>empty</u>.

① high − low
② hot − cold
③ tiny − small
④ fast − slow

12 다음 빈칸에 공통으로 들어갈 말로 가장 적절한 것은?

> • When you ________ the train, make sure you take all your belongings.
> • Please ________ the book on the table after reading it.

① open ② learn
③ leave ④ believe

13 다음 빈칸에 공통으로 들어갈 말로 가장 적절한 것은?

- Dad's heart is filled ________ love for me.
- Alice was satisfied ________ her performance.

① at ② in
③ for ④ with

14 다음 밑줄 친 부분의 뜻으로 가장 적절한 것은?

Science has brought many <u>benefits</u> to the world.

① 규칙 ② 목표
③ 의미 ④ 혜택

15 다음 밑줄 친 부분의 뜻으로 가장 적절한 것은?

I will <u>get along with</u> my classmates better this year.

① 감탄하다 ② 어울리다
③ 실망하다 ④ 경쟁하다

16 다음 밑줄 친 부분의 뜻으로 가장 적절한 것은?

<u>After all</u>, the news turned out to be true.

① 결국 ② 만약에
③ 적어도 ④ 예를 들면

17 다음 밑줄 친 두 단어의 의미 관계와 <u>다른</u> 것은?

When people ask me about my favorite <u>food</u>, I always answer that it is <u>pizza</u>.

① animal – horse
② danger – safety
③ vegetable – onion
④ emotion – happiness

18 다음 빈칸에 공통으로 들어갈 말로 가장 적절한 것은?

- She has a big smile on her ________.
- You should learn to ________ your problem.

① face ② heat
③ meet ④ walk

19 다음 빈칸에 공통으로 들어갈 말로 가장 적절한 것은?

> • Please calm ________ and listen to me.
> • Could you turn ________ the volume?

① down ② for
③ into ④ with

20 다음 밑줄 친 부분의 뜻으로 가장 적절한 것은?

> I can help you <u>decorate</u> the house with flowers.

① 구하다 ② 꾸미다
③ 나누다 ④ 옮기다

21 다음 밑줄 친 부분의 뜻으로 가장 적절한 것은?

> It is so kind of you to <u>take care of</u> my cat.

① 돌보다 ② 미루다
③ 여행하다 ④ 의지하다

22 다음 밑줄 친 부분의 뜻으로 가장 적절한 것은?

> <u>In fact</u>, the smartphone has replaced the computer in many ways.

① 갑자기 ② 다행히
③ 사실상 ④ 처음에

23 다음 밑줄 친 두 단어의 의미 관계와 <u>다른</u> 것은?

> Even though it's <u>dark</u> outside, our house is <u>bright</u>.

① equal – same
② hard – soft
③ positive – negative
④ wide – narrow

24 다음 빈칸에 공통으로 들어갈 말로 가장 적절한 것은?

> • I go for a ________ every morning.
> • His parents ________ a small coffee shop.

① carry ② have
③ matter ④ run

25 다음 빈칸에 공통으로 들어갈 말로 가장 적절한 것은?

> • There are large trees ________ front of the house.
> • Many people are interested ________ South Korea.

① at ② for
③ in ④ to

26 다음 밑줄 친 부분의 뜻으로 가장 적절한 것은?

> It's not easy to change an old <u>habit</u>.

① 책임 ② 직업
③ 권리 ④ 습관

27 다음 밑줄 친 부분의 뜻으로 가장 적절한 것은?

> I'll <u>participate in</u> the Seoul Marathon next year.

① 노력하다 ② 성공하다
③ 개최하다 ④ 참가하다

28 다음 밑줄 친 부분의 뜻으로 가장 적절한 것은?

> After driving for two hours, we arrived home <u>at last</u>.

① 우선 ② 마침내
③ 요약하면 ④ 예를 들면

29 다음 중 두 단어의 의미 관계가 나머지 셋과 <u>다른</u> 것은?

① big – large
② fast – slow
③ polite – rude
④ expensive – cheap

30 다음 빈칸에 공통으로 들어갈 말로 가장 적절한 것은?

> • You need to ________ your ticket to Busan as soon as possible.
> • I borrowed this ________ from our school library.

① name ② room
③ book ④ uniform

31 다음 빈칸에 공통으로 들어갈 말로 가장 적절한 것은?

- I used to go hiking ________ Saturdays.
- Could you turn ________ the light?

① of ② in
③ on ④ with

32 다음 밑줄 친 부분의 뜻으로 가장 적절한 것은?

When you set a <u>goal</u>, try to imagine it in detail.

① 권리 ② 목표
③ 화해 ④ 모험

33 다음 밑줄 친 부분의 뜻으로 가장 적절한 것은?

I like pizza and ice cream, so it's not easy to <u>lose weight</u>.

① 역기를 들다
② 기억을 잃다
③ 무게를 재다
④ 체중을 줄이다

34 다음 밑줄 친 부분의 뜻으로 가장 적절한 것은?

<u>According to</u> the weather forecast, it'll rain this afternoon.

① ~ 없이
② ~ 대신에
③ ~에 따르면
④ ~을 제외하고

35 다음 중 두 단어의 의미 관계가 나머지 셋과 <u>다른</u> 것은?

① job – nurse
② animal – cat
③ color – yellow
④ summer – winter

36 다음 빈칸에 공통으로 들어갈 말로 가장 적절한 것은?

- I ________ travelling by train.
- She looks ________ a model.

① like ② make
③ catch ④ carry

37 다음 빈칸에 공통으로 들어갈 말로 가장 적절한 것은?

> • Let's meet ________ 10 o'clock.
> • He is good ________ playing tennis.

① at　② of
③ for　④ with

38 다음 밑줄 친 부분의 뜻으로 가장 적절한 것은?

> I'm sure that you made the right <u>decision</u>.

① 희망　② 노력
③ 결정　④ 조언

39 다음 밑줄 친 부분의 뜻으로 가장 적절한 것은?

> You shouldn't <u>make fun of</u> your classmates.

① 웃기다　② 놀리다
③ 격려하다　④ 위로하다

40 두 단어의 의미 관계가 나머지 셋과 <u>다른</u> 것은?

① plant – cat　② color – red
③ sport – soccer　④ subject – math

41 다음 밑줄 친 부분의 뜻으로 가장 적절한 것은?

> It has been three months since I last saw my friend, Jane. I really <u>look forward to</u> seeing her again.

① 포기하다　② 기대하다
③ 추천하다　④ 실망하다

42 다음 빈칸에 공통으로 들어갈 말로 가장 적절한 것은?

> • She looks ________ to her parents the most.
> • You shouldn't give ________ in the middle of doing something.

① up　② off
③ out　④ away

43 다음 빈칸에 공통으로 들어갈 말로 가장 적절한 것은?

> • Smoking is one of the ________ causes of cancer.
> • My goal is to be an English teacher. So I'll ________ in English education.

① last　② slow
③ mean　④ major

44 다음 밑줄 친 부분의 뜻으로 가장 적절한 것은?

> You should <u>put on</u> a warm jacket because it's cold outside.

① 끄다 ② 입다
③ 다루다 ④ 돌보다

45 다음 밑줄 친 부분의 뜻으로 가장 적절한 것은?

> We had to walk up the stairs because the elevator was <u>out of order</u>.

① 고장 난 ② 익숙한
③ 완성된 ④ 최신의

46 두 단어의 의미 관계가 나머지 셋과 <u>다른</u> 것은?

① high－low ② thin－slim
③ long－short ④ tight－loose

47 다음 밑줄 친 부분의 뜻으로 가장 적절한 것은?

> David put a lot of <u>effort</u> into the exam.

① 노력 ② 의미
③ 조언 ④ 좌절

48 다음 빈칸에 공통으로 들어갈 말로 가장 적절한 것은?

> • We have been working for several hours. Let's take a ________.
> • You should not ________ school rules.

① time ② work
③ cook ④ break

49 다음 빈칸에 공통으로 들어갈 말로 가장 적절한 것은?

> • There are plenty ________ parking spaces in the building.
> • Your dad and I are so proud ________ you.

① of ② at
③ on ④ for

50 다음 밑줄 친 부분의 뜻으로 가장 적절한 것은?

> Many countries <u>suffer from</u> a lack of water.

① 절약하다 ② 이용하다
③ 낭비하다 ④ 고통받다

PART

Ⅱ

문법

01 대표 기출 유형

02 문법

03 기출 및 적중예상문제

01 대표 기출 유형

분석

25문제 중 평균적으로 1문제를 출제하여 4%를 차지하는 문제이다.
대표 기출 유형은 관계사와 의문사를 묻는 문제이다.
학생 입장에서 제일 먼저 드는 생각은 "문법을 꼭 해야 하나?" 하는 것일 것이다.
하지만 명심해야 할 것이 2가지 있다.
첫째, 관계사와 의문사가 아닌 다른 문법 부분이 출제될 수 있다는 것.
둘째, 독해 문제가 가장 많이 출제되는데, 문법 + 어휘 = 독해라는 것이다.
솔루션은 교재에 제시된 문법을 암기하려 하지 말고 여러 번 반복해서 읽어 보라는 것이다.

유형 A 공통으로 들어갈 관계사와 의문사를 묻는 문제

다음 빈칸에 공통으로 들어갈 말로 가장 적절한 것은?

- Jinsu, ________ museum will you visit tomorrow?
- A dictionary is a book ________ has explanations of words.

① how ② which
③ when ④ where

정답 ②

해석 • 진수, 내일 어느 박물관을 방문할 거니?
• 사전은 단어 설명을 해 주는 책이다.

해설 어느, 어떤=which, 사물 선행사 + which 관계대명사로 공통으로 알맞은 것은 which다.
• museum 박물관
• dictionary 사전
• explanation 설명
• word 단어, 말

02 문법

• 고졸 검정고시 영어 문법의 기초를 익힌다.

1 기초

1. 품사

품사	동사	am, are, is, come, do	"~다" 의미의 단어
	명사	apple, cat, dog, Julie, Korea	이름을 나타내는 단어
	대명사	I, my, me, mine, you	명사를 대신 사용하는 단어
	형용사	angry, beautiful, big, easy, good	명사를 수식하는 단어
	부사	again, also, always, happily, here	명사를 제외한 나머지를 수식하는 단어
	전치사	about, at, by, from, for	(대)명사 앞 주로 장소, 방법, 시간 표현 단어
	접속사	and, but, or, so, as	연결하는 단어
	감탄사	Aha, Alas, Bravo, Hello, Hi	감탄하는 말과 인사말 단어

① 모음과 자음, 즉 알파벳이 모여 단어가 된다.

② 단어는 "동사, 명사, 대명사, 형용사, 부사, 전치사, 접속사, 감탄사"의 "품사" 8개로 나눌 수 있다.

③ 간단한 정의와 함께 품사별로 10개 정도의 단어를 암기해 두면 품사를 구분하는 데 큰 도움이 된다.

(1) 동사

동사는 동작과 상태를 나타내는 "~다"의 단어다.

- am, are, is 이다, 있다
- go 가다
- run 달리다
- come 오다
- have 가지다
- should 해야 한다
- do 하다
- make 만들다

(2) 명사

명사는 사람과 비사람(동물, 식물, 사물)의 이름을 나타내는 단어다.

- apple 사과
- cat 고양이
- dog 개
- Julie 줄리
- Korea 한국
- pen 펜
- rose 장미
- student 학생
- Tom 톰
- tree 나무

(3) 대명사

대명사는 명사를 대신해서 사용하는 단어다.

- I 나는
- my 나의
- me 나를
- mine 나의 것
- you 당신은
- he 그는
- she 그녀는
- it 그것은
- they 그들은
- this 이것은

(4) 형용사

명사를 꾸며 주는 단어다.

- angry 화난
- beautiful 아름다운
- big 큰
- easy 쉬운
- good 좋은
- happy 행복한
- hungry 배고픈
- old 낡은, 늙은
- tall 키가 큰
- warm 따뜻한

※ good은 "좋다"가 아닌 "좋은", happy는 "행복하다"가 아닌 "행복한"으로 정리해 두는 것이 좋다. 그래야 형용사와 동사를 혼동하지 않고 구분하는 데 도움이 된다.

(5) 부사

형용사, 부사, 동사를 꾸며 주는 단어다. 즉, 명사를 제외한 나머지를 수식한다.

- again 다시
- also 또한, 역시
- always 항상
- happily 행복하게
- here 여기에
- then 그때
- there 저기에
- too 너무나, 또한
- very 매우
- well 잘

(6) 전치사

명사 또는 대명사 앞에 사용하여 장소, 방법, 시간 등을 구체적으로 표시해 주는 단어다.

- about ~에 관해
- at ~에
- by ~ 옆에, ~에 의해, ~까지
- from ~로부터
- for ~을 위해, ~ 동안, ~ 때문에
- in ~ 안에
- on ~ 위에
- to ~로
- under ~ 아래에
- with ~와 함께, ~을 가지고

(7) 접속사

단어와 단어 또는 문장과 문장을 연결해 주는 단어다.

- and 그리고
- but 그러나
- or 또는
- so 그래서
- as ~할수록, ~할 때, ~ 때문에
- because ~ 때문에
- if 만약 ~한다면
- though 비록 ~일지라도
- when ~할 때
- while ~하는 동안

(8) 감탄사

감탄하는 말과 주로 인사말을 표현하는 단어다.

- Aha! 아하!
- Alas! 아, 슬퍼!
- Bravo! 브라보!
- Hello! 안녕!
- Hey! 헤이!
- Hi! 안녕!
- Hurrah! 만세!
- Hurray! 만세!
- Oh! 오!
- Ouch! 아야!
- Wow! 와우!

2. 문장 성분

단어가 모여 문장 성분이 된다. 문장 성분에는 주어, 목적어, 보어, 수식어가 있다.

문장 성분	주어	동사 왼쪽 명사와 대명사	My father is a farmer. (동사 is 왼쪽 My father 주어)
	목적어	동사 오른쪽 주어와 다른 명사와 대명사	He grows vegetables. (He ≠ vegetables 목적어)
	보어	동사 오른쪽 주어와 같은 명사, 대명사, 형용사	He is happy. (He = happy 보어)
	수식어	부사(구)와 전명구	He gets up early in the morning. (early 부사, in the morning 전명구)

(1) 주어(Subject)

① 주어는 주로 동사 왼쪽에 사용하며, 동사의 주체가 되는 명사, 대명사다.

② 우리말에서 "누가, 무엇이"에 해당되는 단어다.

- My father is a farmer.
  나의 아버지는 농부다. ➜ 동사 is 왼쪽 My father 주어
- He grows vegetables.
  그는 채소를 기른다. ➜ 동사 grows 왼쪽 He 주어
- He is happy.
  그는 행복하다. ➜ 동사 is 왼쪽 He 주어

(2) 목적어(Object)

① 목적어는 주로 동사 오른쪽에 나온다.

② 목적어는 주어와 다른 대상이다.

③ 우리말에서 "누구를, 무엇을"에 해당되는 명사, 대명사다. 주어를 A, 목적어를 B라고 보면 A ≠ B의 관계가 된다.

- My brother has a cute dog.
  내 남동생은 귀여운 개를 가지고 있어. ➜ My brother ≠ a cute dog이므로 a cute dog은 목적어
- I like the dog.
  나는 그 개가 좋다. ➜ I ≠ the dog이므로 the dog은 목적어

(3) 보어(Complement)

① 보어는 주로 동사 오른쪽에 나온다.

② 보어는 주어나 목적어와 같은 대상, 같은 상태를 나타내는 명사, 대명사, 형용사다.

③ 주어를 A, 보어를 B라고 보면 A = B의 관계가 된다.

- My mother is a doctor.
  나의 어머니는 의사다. ➜ My mother = a doctor이므로 a doctor는 보어
- She is nice to sick people.
  그녀는 아픈 사람들에게 친절합니다. ➜ She = nice이므로 nice는 보어

(4) 수식어(Modifier)

① 수식어는 주로 부사(구)와 전명구다.

② "전치사 + (대)명사"를 줄여서 전명구 또는 전치사구라고 한다.

- He gets up early in the morning.
  그는 아침에 일찍 일어납니다. ➜ early 부사이므로 수식어, in the morning 전명구이므로 수식어
- She is nice to sick people.
  그녀는 아픈 사람들에게 친절합니다. ➜ to sick people 전명구이므로 수식어

3. 구와 절

구	He is good <u>at cooking</u>. 구(밑줄 친 부분에 주어 + 동사가 없음)
절	I know <u>he is good at cooking</u>. 절(밑줄 친 부분에 주어 + 동사가 있음)

(1) 구

문장의 일부로 2단어 이상이 모인 표현에서 "주어 + 동사"가 없으면 "구"라고 한다.

- He is good at cooking.

  그는 요리를 잘한다. ➜ at cooking에는 주어와 동사가 없으므로 구

(2) 절

문장의 일부로 2단어 이상이 모인 표현에서 "주어 + 동사"가 있으면 "절"이라고 한다.

- I know that he is good at cooking.

  나는 그가 요리를 잘한다는 것을 알고 있다. ➜ he 주어와 is 동사가 있으므로 절

4. 동사의 종류

동사 1	be동사	am, are, is, was, were
	조동사	can, may, must, should, will
	일반동사	be동사와 조동사를 제외한 나머지 동사
동사 2	타동사	I like movies. 동사 + 목적어인 경우 타동사(movies는 목적어)
	자동사	I am a teacher. 동사 + 목적어가 아닌 경우 자동사(a teacher는 보어)

(1) be동사, 조동사, 일반동사

① am, is, are, was, were를 "be동사"라고 한다.

② can, may, must, should, will 등을 "조동사"라고 한다.

③ come, go, play처럼 be동사와 조동사를 제외한 나머지를 "일반동사"라고 한다.

④ be동사는 주로 "이다, 있다"란 의미를 나타낸다.

⑤ "이었다, 있었다" 과거의 의미로는 "was, were"를 사용한다.

⑥ 현재 시제에서 주어가 "I"면 "am"을 사용한다.

⑦ 주어가 "You"면 "are"를 사용한다.

⑧ 줄여서 "I'm, You're"로 쓴다.

- I'm 10 years old.

  나는 10살이다. ➜ am은 be동사

- You're 10, too.

  너도 또한 10살이다. ➜ are는 be동사

- We will help each other.

  우리는 서로를 도와줄 것이다. ➜ will은 조동사, help는 일반동사

(2) 자동사, 타동사

① "동사 + 목적어"인 경우 그 동사를 "타동사"라고 한다.

② "동사 + 목적어"가 아닌 경우 그 동사를 "자동사"라고 한다.

- I like movies.

  나는 영화를 좋아한다. ➜ I ≠ movies이므로 movies는 목적어, like는 타동사

- I am a teacher.

  나는 선생님이다. ➜ I = a teacher이므로 a teacher는 보어, am은 자동사

- I live in Seoul.

  나는 서울에 산다. ➜ in은 목적어가 아닌 전치사이므로 live는 자동사

5. 단수와 복수

단수	1개, 1명	Tom is tall. (Tom 1명이므로 단수)
복수	2개 이상, 2명 이상	Tom and Jack are tall. (Tom and Jack은 2명이므로 복수)

① 단수는 1개 또는 1명을 의미한다.

② 복수는 2개 이상 또는 2명 이상을 의미한다.

③ be동사를 사용할 때, 주어가 단수면 is를, 복수면 are를 사용한다.

- Tom is tall.

  톰은 키가 크다. ➜ Tom 1명이므로 단수

- Tom and Jack are tall.

  톰과 잭은 키가 크다. ➜ Tom과 Jack은 2명이므로 복수

6. 인칭과 수

인칭과 수	1인칭	단수	I
		복수	We
	2인칭	단수	You (너, 당신)
		복수	You (너희들, 당신들)
	3인칭	단수	I, We, You를 제외한 단수 명사와 대명사
		복수	I, We, You를 제외한 복수 명사와 대명사

(1) 인칭

① I(나는), We(우리들은)를 "1인칭"이라고 한다.

② You(너, 당신)를 "2인칭"이라고 한다.

③ I, we, you를 제외한 나머지 모든 명사와 대명사를 "3인칭"이라고 한다.

예 1. She는 I, We, You가 아니므로 3인칭이다.
2. Tom은 I, We, You가 아니므로 3인칭이다.
3. My brother는 I, We, You가 아니므로 3인칭이다.

(2) 인칭과 수

① 단수와 복수의 의미까지 추가하면, I는 1명이므로 "1인칭 단수"라고 한다.
② We는 2명 이상이므로 "1인칭 복수"라고 한다.
③ You는 1명(당신, 너)이면 "2인칭 단수", 2명 이상(당신들, 너희들)이면 "2인칭 복수"라고 한다.
④ He는 I, We, You가 아니고, 1명을 나타내므로 "3인칭 단수"라고 한다.
⑤ He and Tom은 I, We, You가 아니고, 2명을 나타내므로 "3인칭 복수"라고 한다.
⑥ Her sisters도 I, We, You가 아니고 복수를 나타내므로 "3인칭 복수"가 된다.

7. 3인칭 단수 주어와 일반동사 현재형

I like coffee.
You like coffee.
He likes coffee. (주어 He는 3인칭 단수, 일반동사 현재형에 s를 붙임)
We like coffee.
They like coffee.

일반동사	+ s	love ➜ loves, play ➜ plays, run ➜ runs
	o, s, x, ch, sh + es	go ➜ goes, miss ➜ misses, fix ➜ fixes, catch ➜ catches, wash ➜ washes
	자음 + y ➜ ies	cry ➜ cries, study ➜ studies, try ➜ tries
	have ➜ has	

주어가 3인칭 단수일 때 일반동사 현재형에 (e)s를 붙인다.

- I like coffee.
  나는 커피를 좋아한다.
- You like coffee.
  당신은 커피를 좋아한다.
- He likes coffee.
  그는 커피를 좋아한다. (주어 He는 3인칭 단수)
- We like coffee.
  우리는 커피를 좋아한다.
- They like coffee.
  그들은 커피를 좋아한다.
- Ann likes coffee.
  앤은 커피를 좋아한다. (주어 Ann은 3인칭 단수)

• Sam and Julie like coffee.
샘과 줄리는 커피를 좋아한다.

2 다양한 문장

1. 부정문

not이 있는 문장을 부정문이라고 한다.

부정문 (not)	be동사	be동사 + not I am not hungry now.
	조동사	조동사 + not I can not play the piano.
	일반동사	do(es)n't + 일반동사 동사원형(like, liked, likes 중 like가 동사원형) I don't like spiders. She doesn't like spiders.

① be동사와 조동사 뒤에 not을 써서 부정문을 만든다.

② 현재형 일반동사 앞에 don't를 사용해 부정문을 만든다.

③ 주어가 3인칭 단수일 때 일반동사 현재형의 부정문에는 doesn't를 사용한다.

• I'm hungry now.

➜ I'm not hungry now.
나는 지금 배고프지 않다.

• I can play the piano.

➜ I can't play the piano.
나는 피아노를 칠 수 없다.

• I like spiders.

➜ I don't like spiders.
나는 거미를 좋아하지 않는다.

• She likes spiders.

➜ She doesn't like spiders.
그녀는 거미를 좋아하지 않는다.

2. 의문문

물음표(?)가 있는 문장을 의문문이라고 한다.

의문문 (?)	be동사	주어 + be동사 ➜ be동사 + 주어 ~? You are hungry. ➜ Are you hungry?
	조동사	주어 + 조동사 ➜ 조동사 + 주어 ~? You can play the piano. ➜ Can you play the piano?
	일반동사	주어 + 일반동사 ➜ Do(es) + 주어 + 동사원형 ~? You like dogs. ➜ Do you like dogs? He likes dogs. ➜ Does he like dogs?

① be동사와 조동사를 주어 앞으로 옮겨 의문문을 만든다.

② 현재형 일반동사가 있는 문장은 주어 앞에 do를 사용해서 의문문을 만든다.

③ 주어가 3인칭 단수일 때 일반동사 현재형의 의문문에는 does를 사용한다.

• You are hungry.
  ➜ Are you hungry?
  ➜ Yes, I am. / No, I'm not.
  넌 배가 고프니?
  응, 배고파. / 아니, 배고프지 않다.

• You can play the piano.
  ➜ Can you play the piano?
  ➜ Yes, I can. / No, I can't.
  넌 피아노를 칠 수 있니?
  응, 칠 수 있어. / 아니, 칠 수 없어.

• You like dogs.
  ➜ Do you like dogs?
  ➜ Yes, I do. / No, I don't.
  넌 개를 좋아하니?
  응, 좋아해. / 아니, 좋아하지 않아.

• He likes dogs.
  ➜ Does he like dogs?
  ➜ Yes, he does. / No, he doesn't.
  그는 개를 좋아하니?
  응, 좋아해. / 아니, 좋아하지 않아.

3. 의문사 의문문

who, whose, whom, what, which, when, where, why, how를 의문사라고 한다.

의문사	의문대명사	who 누가, 누구　Who are you?
		whose 누구의 것　Whose is this book?
		whom 누구를, 누구에게　Whom do you like?
		what 무엇이, 무엇을　What is this?
		which 어느 것　Which do you like better, coffee or tea?
	의문형용사 + 명사	what + 명사　What time is it now?
		which + 명사　Which color do you like better, blue or red?
		whose + 명사　Whose book is this?
	의문부사	when 언제　When does Ann go to school?
		where 어디　Where are you from?
		why 왜　Why are you late for school?
		how 어떻게　How does Sam go to school?
		how far 얼마나 먼(거리)　How far is it from here?
		how long 얼마나 긴(시간, 길이)　How long does it take?
		how many 얼마나 많은(개수)　How many apples do you want?
		how much 얼마나 많은(가격, 양)　How much is it?
		how often 얼마나 자주(횟수)　How often do you eat out?
		how old 몇 살인(나이)　How old is Jack?

① 의문사는 의문대명사, 의문형용사, 의문부사로 나눌 수 있다.

② 그리고 <u>의문사로 물으면 "Yes, No"로 답할 수 없다</u>.

(1) 의문대명사 : who, whose, whom, what, which

- A : Who are you?
  B : I am Hong Gildong.
  A : 너는 누구니?
  B : 나는 홍길동이야.
- A : Whose is this book?
  B : It's Tom's.
  A : 이 책은 누구의 것이니?
  B : 그것은 톰의 것이야.
- A : Whom do you like?
  B : I like Jack.
  A : 넌 누구를 좋아하니?
  B : 난 잭이 좋아.

- A : What is this?
  B : It's a new smart phone.
  A : 이것은 무엇이니?
  B : 그것은 새로운 스마트폰이야.
- A : What's the date today?
  B : It's October (the) seventh.
  A : 오늘 며칠이니?
  B : 10월 7일이야.
- A : What's wrong?
  B : I have a cold.
  A : 무슨 일이야?
  B : 나 감기야.
- A : What do you do (for a living)?
  B : I am a cook.
  A : 무슨 일을 하시나요?
  B : 요리사입니다.
- A : Which do you like better, coffee or tea?
  B : I like coffee better.
  A : 넌 커피와 차 중에 어느 것이 더 좋아하니?
  B : 난 커피가 더 좋아.

(2) 의문형용사 : what, which, whose + 명사

- A : What time is it now?
  B : It's seven thirty.
  A : 지금 몇 시야?
  B : 7시 30분이야.
- A : What day is it today?
  B : Today is Saturday.
  A : 오늘 무슨 요일이야?
  B : 오늘은 토요일이야.
- A : Which color do you like better, blue or red?
  B : I like blue better.
  A : 넌 파란색과 빨간색 중에 어느 색이 더 좋아?
  B : 난 파란색이 더 좋아.
- A : Whose book is this?
  B : It's mine.
  A : 이것은 누구의 책이니?
  B : 내 거야.

(3) 의문부사 : how, when, where, why

- A : When does Ann go to school?

  B : She goes to school at 8 o'clock.

  A : 앤은 언제 학교에 가니?

  B : 그녀는 8시에 학교에 가.

- A : Where are you from?

  B : I'm from China.

  A : 어디에서 왔어?

  B : 난 중국에서 왔어.

- A : Why are you late for school?

  B : Because I missed the bus.

  A : 넌 학교에 왜 지각이니?

  B : 전 버스를 놓쳤어요.

- A : How does Sam go to school?

  B : He goes to school by bus.

  A : 샘은 학교에 어떻게 가니?

  B : 그는 버스를 타고 가.

- A : How's the weather today?

  B : It's sunny.

  A : 오늘 날씨가 어때?

  B : 화창해.

- A : How far is it from here?

  B : It's about 2 km from here.

  A : 여기서 얼마나 머니?

  B : 여기서 대략 2km야.

- A : How long does it take?

  B : It takes about 10 minutes.

  A : 시간이 얼마나 걸리니?

  B : 대략 10분 걸려.

- A : How many apples do you want?

  B : Four, please.

  A : 사과 몇 개를 원하시나요?

  B : 4개 주세요.

- A : How much is it?

  B : It's two thousand won.

  A : 그것은 얼마인가요?

  B : 2,000원입니다.

- A : How often do you eat out?
  B : Twice a week.
  A : 얼마나 자주 외식을 하나요?
  B : 1주일에 2번이요.
- A : How old is Jack?
  B : He is 11 years old.
  A : 잭은 몇 살이니?
  B : 그는 11살이야.

4. 부가의문문

말을 한 뒤 확인이나 동의를 구하기 위해 되물어 보는 의문문이다.

부가의문문 (동사 + 주어)	be동사가 있을 때	He is very smart, isn't he?
	조동사가 있을 때	She can play the guitar, can't she?
	일반동사가 있을 때	You like cats, don't you?
	부정문일 때	You don't like cats, do you?
	주어가 명사일 때	Sam likes cats, doesn't he?
	Let's로 시작될 때	Let's go fishing, shall we?
	명령문으로 시작될 때	Open the door, will you?
	This, That 주어일 때	This is your brother, isn't he?
	These, Those 주어일 때	These are your brothers, aren't they?

① 주로 "동사 + 주어" 2단어로 부가의문문을 만든다.
② 긍정문은 부정문으로, 부정문은 긍정문으로 부가의문문을 만든다.
③ be동사는 be동사로, 조동사는 조동사로, 일반동사는 do(es)를 사용하여 만든다.
④ 주어가 명사인 경우는 대명사로 바꾼다.
⑤ This, That 주어는 He, She, It으로, These, Those는 They로 바꾸어 만든다.
⑥ Let's로 시작되는 문장은 shall we, 명령문은 will you를 사용한다.

- He is very smart, isn't he?
  그는 매우 똑똑해, 그렇지 않니?
- She can play the guitar, can't she?
  그녀는 기타를 연주할 수 있어, 그렇지 않니?
- You like cats, don't you?
  넌 고양이를 좋아하지, 그렇지 않니?
- You don't like cats, do you?
  넌 고양이를 좋아하지 않아, 그렇지?

- Sam likes cats, doesn't he?
  샘은 고양이를 좋아해, 그렇지 않니?
- Let's go fishing, shall we?
  낚시 가자, 그럴래?
- Open the door, will you?
  문을 열어, 그럴 거지?
- This is your brother, isn't he?
  얘가 네 남동생이지, 그렇지 않니?
- That is your book, isn't it?
  저것은 네 책이지, 그렇지 않니?
- These are your brothers, aren't they?
  얘들은 네 남동생들이지, 그렇지 않니?

5. 감탄문

감탄문 만들기	What + a(n) + 형용사 + 단수명사 + 주어 + 동사! He is a very tall boy. ➜ What a tall boy he is!
	What + 형용사 + 복수명사 + 주어 + 동사! They are very sweet apples. ➜ What sweet apples they are!
	How + 부사/형용사 + 주어 + 동사! He runs very fast. ➜ How fast he runs! She is very kind. ➜ How kind she is!

(1) What으로 시작하는 감탄문 공식

① What + a(n) + 형용사 + 단수명사 + 주어 + 동사!

② What + 형용사 + 복수명사/셀 수 없는 명사 + 주어 + 동사!

③ 주어 + 동사는 생략이 가능하다.

- He is a very tall boy.
  ➜ What a tall boy (he is)!
  그는 정말 키가 큰 소년이구나!
- They are very sweet apples.
  ➜ What sweet apples (they are)!
  그것들은 정말 달콤한 사과구나!

(2) How로 시작하는 감탄문 공식

① How + 부사 + 주어 + 동사!

② How + 형용사 + 주어 + 동사!

③ 주어 + 동사는 생략이 가능하다.

- He runs very fast.
  ➜ How fast (he runs)!
  그는 정말 빨리 달리는구나!
- She is very kind.
  ➜ How kind (she is)!
  그녀는 정말 친절하구나!

6. 명령문과 청유문

대부분 명령은 상대방 You에게 하므로 주어 You를 지우고 동사원형을 이용하여 명령문을 만든다. 동사원형이란 be동사는 be가 동사원형이고, 나머지 일반동사는 ~ed, ~ing, ~s가 붙지 않은 모양을 말한다. 즉, play, played, playing, plays 중에 play가 동사원형이다.

평서문(~다) / You are quiet.	
명령문 (~해라)	동사원형 Be quiet.
부정명령문 (~하지 마라)	Don't(Never) + 동사원형 Don't be quiet. Never be quiet.
청유문 (~하자)	Let's + 동사원형 Let's be quiet.
부정청유문 (~하지 말자)	Let's not + 동사원형 Let's not be quiet.
간접명령문 (~할게요)	Let me + 동사원형 Let me open the door.
명령문, and (~해라, 그러면)	동사원형~, and Hurry up, and you won't be late.
명령문, or (~해라, 그렇지 않으면)	동사원형~, or Hurry up, or you will be late.

- You are quiet.
  당신은 조용하다.
- Be quiet.
  조용히 해라.
- Don't be quiet.
  조용히 하지 마라.
- Let's be quiet.
  조용히 하자.

• Let's not be quiet.
조용히 하지 말자.

• Let me open the door.
내가 문을 열게요.

• Hurry up, and you won't be late.
서둘러, 그러면 늦지 않을 거야.

• Hurry up, or you will be late.
서둘러, 그렇지 않으면 늦을 거야.

7. There 도치 구문

There is + 단수 주어, There are + 복수 주어는 "~있다"란 의미를 가지는 문장이다.

There 구문 (~이 있다)	There is + 단수 주어 There is a book on the desk.
	There are + 복수 주어 There are two books on the desk.

• There is a book on the desk.
책상 위에 책이 한 권 있다.

• There are two books on the desk.
책상 위에 책이 두 권 있다.

• There aren't any flowers in the vase.
= There are no flowers in the vase.
꽃병에 꽃이 조금도 없다.

• A : Is there a map on the wall?
B : Yes, there is. / No, there isn't.
A : 벽에 지도가 있니?
B : 응, 있어. / 아니, 없어.

• A : Are there many cars on the street?
B : Yes, there are. / No, there aren't.
A : 길에 차가 많니?
B : 응, 많이 있어. / 아니, 많이 없어.

3 문장의 5형식

자동사	1형식 동사	S+V	Birds can fly.
	2형식 동사	S+V+C	I am a vet.
타동사	3형식 동사	S+V+O	I love movies and books.
	4형식 동사	S+V+O+O	I read my son a book everyday.
	5형식 동사	S+V+O+OC	Books make me wise.

① 수식어(M)는 주로 부사(구)와 전명구다.
② 문장을 1형식부터 5형식까지 구분할 때 조동사와 수식어는 빼고 나머지로 형식을 구분한다.
③ S 주어, V 동사, C 보어, O 목적어, OC 목적보어로 표시한다.

1. 1형식

1형식은 S + V로 구성된 문장이다.

1형식	S+V	• Birds can fly. • It happened in the morning.

• Birds / can fly.
새는 날 수 있다. (S+V 1형식)

• It / happened / in the morning.
그것은 아침에 일어났다. (in the morning 전명구는 수식어)

2. 2형식

2형식은 S + V + C로 구성된 문장이다. 2형식에 사용되는 동사는 주로 be동사, become형 동사, 오감동사다.

2형식	S+V+C (S+C)	be동사 : am, are, is, was, were • I am a doctor.
		become형 동사 : come true, fall asleep, get angry, go bad, grow old, run dry • My dreams will come true.
		오감동사 : feel, look, smell, taste, sound • I feel good. You look happy. It sounds great.

(1) be동사+보어

• I am a doctor.
나는 의사다. (S+V+C, I=a doctor, 2형식)

(2) become형 동사 + 보어

come, fall, get, go, grow, run, turn + 형용사 보어로 사용된 동사는 모두 "become 되다"라는 의미를 가진다.

- Dreams will come true.
  꿈은 실현될 것이다. (come true 실현되다, S + V + C, Dreams = true)
- Sam fell asleep.
  샘은 잠들었다. (fall asleep 잠들다, S + V + C, Sam = asleep)
- Sam got angry.
  샘은 화가 났다. (get angry 화나다, S + V + C, Sam = angry)
- This food went bad.
  이 음식은 상했다. (go bad 상하다, S + V + C, This food = bad)
- Everyone grows old.
  누구나 늙는다. (grow old 늙다, S + V + C, Everyone = old)
- This well will run dry soon.
  이 우물은 곧 마를 것이다. (run dry 마르다, S + V + C, This well = dry)

(3) 오감동사 = 감각동사

feel, look, smell, sound, taste + 형용사 보어로 사용하는 5개 감각동사를 오감동사라고 한다. (대)명사가 나오면 오감동사 뒤에 like를 사용한다.

- I feel good.
  난 기분이 좋다. (오감동사 + good 형용사 보어, I = good, S + V + C)
- You look happy today.
  넌 오늘 행복해 보여. (오감동사 + happy 형용사 보어, You = happy, S + V + C)
- You look like a bear today.
  너 오늘 곰처럼 보여. (오감동사 + like + 명사)

3. 3형식

3형식	S + V + O (S ≠ O)	I love you.	
		조심해야 할 타동사	approach to × ➜ approach ~에 다가가다
			attend at × ➜ attend ~에 참석하다
			discuss about × ➜ discuss ~에 관해 토론하다
			enter into × ➜ enter ~로 들어가다
			explain about × ➜ explain ~에 관해 설명하다
			marry with × ➜ marry ~와 결혼하다
			reach at × ➜ reach ~에 도착하다

(1) 3형식

3형식은 S + V + O로 구성된 문장이다.

• I love you. (I ≠ you이므로 you는 목적어, S + V + O 3형식)

(2) 조심해야 할 타동사

• Tom discussed about the matter yesterday. ×

➜ Tom discussed the matter yesterday.

톰은 그 문제에 대해서 논의했다. (Tom ≠ the matter이므로 the matter는 목적어, S + V + O)

• approach ~에 다가가다 (approach at, approach to ×)

• attend ~에 참석하다, 다니다 (attend to ×)

• enter ~로 들어가다 (enter into ×)

• explain ~에 관해 설명하다 (explain about ×)

• marry ~와 결혼하다 (marry with ×)

• reach ~에 도착하다 (reach at, reach to ×)

4. 4형식

4형식 동사(수여동사)	4형식 ➜ 3형식	예문
buy, cook, find, get, make	S + V + IO + DO ➜ S + V + DO + for + IO	Mom bought me a bike. ➜ Mom bought a bike for me.
ask	S + V + IO + DO ➜ S + V + DO + of + IO	Mom asked me a question. ➜ Mom asked a question of me.
give, lend, offer, send, show, write	S + V + IO + DO ➜ S + V + DO + to + IO	She gave Sam the bike. ➜ She gave the bike to Sam.

(1) 4형식

① 4형식은 S + V + IO(간접목적어) + DO(직접목적어)로 구성된 문장이다.

② IO 간접목적어는 주로 사람, DO 직접목적어는 주로 사물이 오는 경우가 많다.

③ '~에게 ~을 주다'라는 의미 구조를 가진다.

④ 4형식 문장은 간접목적어와 직접목적어의 순서를 바꿔서 3형식 문장으로 만들 수 있다.

⑤ 이때, 3형식 문장 뒤로 간 간접목적어 앞에 전치사 for, of, to 중 하나가 생긴다.

(2) for를 사용하는 4형식 동사

buy, cook, find 찾아 주다, get 가져다주다, 사 주다, make

• Mom bought me a bike. (S + V + IO + DO 4형식, Mom ≠ me, me ≠ a bike)

➜ Mom bought a bike for me. (for her는 전명구로 수식어, 3형식)

엄마가 나에게 자전거를 사 줬다.

(3) of를 사용하는 4형식 동사

ask 묻다, 질문하다

• Mom asked me a question. (S + V + IO + DO 4형식, Mom ≠ me, me ≠ a question)

➜ Mom asked a question of me. (of me는 전명구이므로 수식어, 3형식)
엄마는 나에게 질문 하나를 했다.

(4) to를 사용하는 4형식 동사

give, lend, offer, pay, send, show, sing, teach, write

• She gave Sam the bike. (S + V + IO + DO 4형식)

➜ She gave the bike to Sam. (to Sam 전명구는 수식어, 3형식)
그녀는 그 자전거를 샘에게 줬다.

5. 5형식

5형식 동사	목적 보어 형태	예문
call, find, keep, leave, make	S + V + O + 명사나 형용사 목적 보어	Books make us wise.
사역동사 have, let, make	S + V + O + 동사원형 목적 보어	Books make us think deeply.
준사역동사 help	S + V + O + (to) 동사원형 목적 보어	Books help us (to) think deeply.
유발동사 ask, cause, want ~	S + V + O + to부정사 목적 보어	Books enable us to think deeply.
지각동사 hear, see, watch ~	S + V + O + 동사원형(ing) 목적 보어	I saw my son read(ing) a book.

(1) 5형식

① 5형식은 S + V + O + OC로 구성된 문장이다.

② call, find, keep, leave, make는 5형식 구조로 잘 쓰이는 동사들이다.

• We call them "Books".
우리는 그것들을 "Books"라고 부른다. (We ≠ her, them = Books)

• Books keep us wise.
책은 우리를 현명하게 유지해 준다. (Books ≠ us, us = wise)

• Books make us wise.
책은 우리를 현명하게 만들어 준다. (Books ≠ us, us = wise)

• Books leave our mind open.
책은 우리 마음을 열어 두게 한다. (Books ≠ our mind, our mind = open)

(2) 사역동사, 준사역동사, 유발동사

① 사역동사 have, let, make + O + 동사원형 목적 보어 구조로 사용된다.

② 준사역동사 help + O + 동사원형 또는 to부정사 목적 보어 구조로 사용된다.

③ 유발동사 + O + to부정사 목적 보어 구조로 사용된다.

④ 유발동사는 advise, allow, ask, cause, enable, encourage, expect, force, get, order, tell, want 등이 있다.

⑤ 사역동사, 준사역동사, 유발동사는 모두 원서에서 causative verb라고 한다.

- Books make us think deeply.
  책은 우리를 깊게 생각하게 만든다.
- Books help us (to) think deeply.
  책은 우리가 깊게 생각하게 도와준다.
- Books enable us to think deeply.
  책은 우리가 깊게 생각할 수 있게 해 준다.

(3) 지각동사

① 지각동사 + O + 동사원형 또는 현재분사(~ing) 목적 보어 구조로 사용된다.

② 지각동사는 feel, hear, listen to, look at, notice, observe, see, smell, watch 등이 있다.

- I saw my son read(ing) a book.
  난 아들이 책 읽고 있는 것을 봤다.

(4) 목적어와 목적 보어가 수동 관계일 때

5형식 동사	목적어와 목적 보어가 수동 관계일 때 목적 보어에 과거분사 사용
사역동사 have, let, make	• I had the mechanic fix my car. • I had my car fixed.
유발동사 ask, cause, want ~	• I got the mechanic to fix my car. • I got my car fixed.
지각동사 hear, see, watch ~	• I saw the mechanic fix(ing) my car. • I saw my car fixed.

목적어와 목적 보어가 수동 관계일 때 목적 보어에 과거분사를 사용한다.

- I had the mechanic fix my car.
  나는 그 정비사가 내 차를 수리하게 했다.
- I had my car fixed. (fix ×)
  내 차가 수리되게 했다.
- I got the mechanic to fix my car.
  나는 그 정비사가 내 차를 수리하게 했다.
- I got my car fixed. (to fix ×)
  내 차가 수리되게 했다.
- I saw the mechanic fix(ing) my car.
  나는 그 정비사가 내 차 수리하는 것을 봤다.
- I saw my car fixed. (fix, fixing ×)
  나는 내 차가 수리되는 것을 봤다.

4 시제

1. 동사의 변화

(1) 동사의 규칙 변화

규칙 변화	동사원형 + ed	open ➜ opened
	e로 끝나는 동사 + d	like ➜ liked
	모음 + y + ed	play ➜ played
	자음 + y는 y를 i로 바꾸고 ed	study ➜ studied
	단모음 + 단자음은 마지막 자음 한 번 더 쓰고 ed	stop ➜ stopped

(2) 동사의 불규칙 변화

동사원형 - 과거형 - 과거분사형

A-A-A 형

- bet - bet - bet 걸다, 내기하다
- broadcast - broadcast - broadcast 방송하다
- burst - burst - burst 갑자기 ~하다, 터지다
- cost - cost - cost 비용이 들다
- cut - cut - cut 자르다, 베다
- hit - hit - hit 치다, 때리다
- hurt - hurt - hurt 아프다, 상처 주다
- let - let - let 시키다, 허락하다
- put - put - put 두다
- quit - quit - quit 그만두다
- read - read - read 읽다
- set - set - set 놓다, 배치하다
- shut - shut - shut 닫다
- spread - spread - spread 펼치다, 뻗다

A–B–A 형

- become – became – become 되다, 어울리다
- come – came – come 오다
- run – ran – run 달리다, 경영하다

A–B–B 형

- bend – bent – bent 굽히다, 구부리다
- bleed – bled – bled 피 흘리다
- bring – brought – brought 가져오다
- build – built – built 만들다, 건설하다
- buy – bought – bought 사다
- catch – caught – caught 잡다, 걸리다
- creep – crept – crept 기다
- deal – dealt – dealt 다루다, 처리하다, 거래하다
- dig – dug – dug 파다, 파내다
- feed – fed –fed 음식을 주다, 먹이다, 먹다
- feel – felt – felt 느끼다
- fight – fought – fought 싸우다
- find – found – found 발견하다, 알다
- flee – fled – fled 달아나다
- hang – hung – hung 걸다, 매달다
- have – had – had 가지다, 먹다, 시키다
- hear – heard – heard 듣다
- hold – held – held 잡다, 쥐다, 개최하다
- keep – kept – kept 두다, 유지하다, 계속하다, 막다
- kneel – knelt – knelt 무릎을 꿇다
- lay – laid – laid 두다, 놓다, 낳다
- lead – led – led 이끌다, 인도하다
- leave – left – left 떠나다, 남겨 놓다
- lend – lent – lent 빌려주다

- light – lit – lit 불을 붙이다, 밝게 하다
- lose – lost – lost 잃어버리다
- make – made – made 만들다, 시키다, 하다
- mean – meant – meant 의미하다
- meet – met – met 만나다, 만족시키다
- pay – paid – paid 지불하다
- say – said – said 말하다
- seek – sought – sought 찾다, 노력하다, 추구하다
- sell – sold – sold 팔다
- send – sent – sent 보내다
- shine – shone – shone 빛나다, 빛내다
- shoot – shot – shot 쏘다, 발사하다
- sit – sat – sat 앉다
- sleep – slept – slept 자다
- slide – slid – slid 미끄러지다
- smell – smelt – smelt 냄새나다
- spend – spent – spent 쓰다, 소비하다
- spit – spat – spat 침을 뱉다
- stand – stood – stood 일어서다
- stick – stuck – stuck 찌르다, 붙이다, 끼워 넣다
- sting – stung – stung 찌르다, 쏘다
- strike – struck – struck 때리다, 충돌하다
- sweep – swept – swept 청소하다, 쓸다
- swing – swung – swung 흔들다, 회전시키다
- teach – taught – taught 가르치다
- tell – told – told 말하다, 알다, 구별하다
- think – thought – thought 생각하다
- understand – understood – understood 이해하다
- weep – wept – wept 울다
- win – won – won 이기다, 얻다
- wind – wound – wound 휘다, 감다

A-A-B 형

- beat - beat - beaten 치다, 이기다, 깨뜨리다

A-B-C 형

- be - was/were - been 이다, 있다
- bear - bore - born 참다, 낳다
- begin - began - begun 시작하다
- bite - bit - bitten 물다
- blow - blew - blown 바람이 불다, 숨을 내쉬다, 폭발하다
- break - broke - broken 부수다, 고장 나다
- choose - chose - chosen 선택하다
- do - did - done 하다
- draw - drew - drawn 당기다, 꺼내다, 그리다
- drink - drank - drunk 마시다
- eat - ate - eaten 먹다
- fall - fell - fallen 떨어지다, 넘어지다, 빠지다
- fly - flew - flown 날다
- forbid - forbade - forbidden 금지하다
- forget - forgot - forgotten 잊다
- freeze - froze - frozen 얼다
- get - got - got(ten) 받다, 사다, 도착하다, 시키다
- give - gave - given 주다
- go - went - gone 가다
- grow - grew - grown 자라다, 기르다, 재배하다
- hide - hid - hidden 숨기다, 감추다
- know - knew - known 알다, 분간하다
- lie - lay - lain 눕다, 놓여 있다
- mistake - mistook - mistaken 잘못 알다, 오해하다
- ride - rode - ridden 타다
- ring - rang - rung 울리다

- rise – rose – risen 솟다, 오르다, 일어서다
- see – saw – seen 보다, 알다
- sew – sewed – sewn(sewed) 꿰매다
- shake – shook – shaken 흔들다, 악수하다
- show – showed – shown(showed) 보여 주다
- shrink – shrank – shrunk 오그라들다, 줄다, 피하다
- sing – sang – sung 노래하다
- sink – sank – sunk 내려가다, 가라앉다
- speak – spoke – spoken 말하다
- spring – sprang – sprung 뛰다, 도약하다, 갑자기 ~되다
- steal – stole – stolen 훔치다
- stink – stank – stunk 악취가 나다, 평판이 나쁘다
- swear – swore – sworn 맹세하다
- swim – swam – swum 수영하다
- take – took – taken 가져가다, 잡다, 먹다, 걸리다
- tear – tore – torn 찢다
- throw – threw – thrown 버리다, 던지다
- wake – woke – woken 일어나다, 깨다, 깨우다
- wear – wore – worn 입다
- write – wrote – written 쓰다

2. 현재, 과거, 미래

시제	예문	사용
현재	I study.	상시적 – 속담, 진리, 현재 상태, 현재 습관
과거	I studied yesterday.	과거 시점, 역사적 사건
미래	I will study tomorrow.	미래 추측

(1) 현재

- Honesty is the best policy.
  정직이 최고의 방책이다. (격언, 속담)
- The Earth moves around the sun.
  지구는 태양 둘레를 돈다. (진리)

- I'm sad now.
  난 지금 슬퍼. (현재 상태)
- I brush my teeth every day.
  나는 매일 양치질을 한다. (현재 습관)

(2) 과거

- Did she watch TV last night?
  그녀는 어젯밤 TV를 봤나요? (과거 시점)
- World War Ⅱ broke out in 1939.
  2차 세계 대전은 1939년에 발발했다. (역사적 사건)
- a few days ago 며칠 전 (과거 시제에 잘 나오는 표현들)
- last month 지난달
- last Sunday 지난주 일요일
- last week 지난주
- then 그때
- yesterday 어제

(3) 미래

- It will rain tomorrow.
  = It is going to rain tomorrow.
  내일 비가 올 거야.
- If it will rain a lot tomorrow, we won't go to the movies. ×
  ➜ If it rains a lot tomorrow, we won't go to the movies.
  내일 비가 온다면, 우리는 영화를 보러 가지 않을 거야.
  시간 조건 부사절에는 미래 시제 대신 현재 시제를 사용한다.
  시간 조건 부사절은 주로 after, before, until, when, if, unless + S + V를 말한다.

3. 진행

현재분사 만들기	동사원형 + ing	watch ➜ watching
	진행형 만들기	live ➜ living
	단모음 + 단자음은 마지막 자음 한 번 더 쓰고 ing	swim ➜ swimming
	ie로 끝나면 ie를 y로 바꾸고 ing	lie ➜ lying
진행형 만들기	be동사 + 현재분사	I watch TV. ➜ I am watching TV.
		I watched TV. ➜ I was watching TV.

(1) 현재분사 만들기

① 동사원형 + ing : watch ➜ watching

② e로 끝나면 e를 지우고 ing : live ➜ living

③ 단모음 + 단자음은 마지막 자음 한 번 더 쓰고 ing : swim ➜ swimming

④ ie로 끝나면 ie를 y로 바꾸고 ing : lie ➜ lying

(2) 진행형 만들기

be동사 + 현재분사 = 진행형

• I watch TV.

➜ I am watching TV.

나는 TV를 본다.

➜ 나는 TV를 보는 중이다.

• I watched TV yesterday.

➜ I was watching TV yesterday.

나는 어제 TV를 봤다.

➜ 나는 어제 TV를 보는 중이었다.

(3) 진행형이 안 되는 동사들

• hate, have(소유하다), know, like, love, resemble

• I am having a brother. ×

➜ I have a brother.

나는 남동생이 한 명 있다.

4. 완료

현재완료	경험	before, ever, never, once, 횟수	Have you ever seen Tom?
	결과	has/have + gone, left, lost	Tom has gone to America.
	계속	for + 시간, since + 과거 시점	It has rained for 3 days.
	완료	already, just, yet	I have already eaten lunch.

(1) 현재완료 have/has + 과거분사

① 주로 "과거 + 현재"를 합친 의미를 나타낸다.

② 4가지 용법으로 해석을 할 수 있다.

③ 경험 용법에는 before, ever, never, once, 횟수 표현이 잘 나온다.

④ 결과 용법에는 has/have + gone, left, lost 표현이 잘 나온다.

⑤ 계속 용법에는 for + 시간, since + 과거 시점 표현이 잘 나온다.

⑥ 완료 용법에는 already, just, yet 표현이 잘 나온다.

- Have you ever seen Tom?
  Yes, I have. / No, I haven't.
  톰을 본 적 있나요? (경험)
  예, 본 적 있어요. / 아니요, 본 적 없어요.
- Tom has gone to America.
  톰은 미국에 가 버렸다. (결과적으로 현재 이곳에 없다.)
- It has rained for 3 days.
  3일 동안 비가 (계속) 내렸다.
- I have already eaten lunch.
  나는 이미 점심을 먹었다. (완료)

(2) 현재완료 진행형

has/have been ~ing 형태로 과거 + 현재 + 진행을 합친 의미를 나타낸다.

- It started to rain two days ago. + It's still raining.
  ➜ It's been raining for two days.
  비가 2일 동안 (계속) 내리고 있다. (지금도 진행 중)

(3) 과거완료

① 과거 이전을 대과거라고 한다.
② "had + 과거분사"로 표현한다.
③ 대과거 + 과거를 과거완료라고 하고 역시 "had + 과거분사"로 표현한다.

- I lost the watch that my dad had bought me.
  아빠가 사준 시계를 잃어버렸다.
  (산 것이 먼저이므로 대과거 had bought, 그 후 잃어버린 것 과거인 lost)

5 조동사

조동사	do	부정문 조동사	I don't help you.
		의문문 조동사	Do you help me?
		강조 구문 조동사	I did help him yesterday.
	can	능력	I can help you.
		허가(Can I)	Can I help you?
		부정적 추측(can't)	It can't be true.
	may	약한 추측	It may be true.
		공손한 허가	May I help you?
	must	의무	I must help you.
		강한 추측	It must be true.
	should	당연한 기대	You should help me.
		부드러운 충고	You should help me. (had better 강한 충고)
	used to	과거 습관	I used to help you.
	will	미래 추측	I will help you next week.
		의지	I will help you.
		요청(Will you, 부탁)	Will you help me?
		바람(would like to + 동사원형)	I would like to help you. (= want to)

1. do

- I don't help you.
  나는 당신을 돕지 않는다. (부정문을 만드는 조동사)
- Do you help me?
  당신은 나를 돕나요? (의문문을 만드는 조동사)
- I did help him yesterday.
  난 정말로 어제 그를 도왔다. (강조 구문을 만드는 조동사, do/did + 동사원형)
- I do the dishes every day.
  나는 매일 설거지를 한다. (설거지하다, do는 일반동사)

2. can

- I can help you.
  난 당신을 도울 수 있다. (능력, ~할 수 있다 = be able to)

- Can I help you?
  내가 당신을 도울 수 있을까요? (허가, ~해도 되니?)
- It can't be true.
  그것은 사실일 리가 없다. (부정적 추측, ~일 리가 없다)
- I couldn't help but laugh at the baby. (can't help but + 동사원형 ~할 수밖에 없다)
  = I couldn't help laughing at the baby. (can't help + 동명사)
  = I couldn't but laugh at the baby. (can't but + 동사원형)
  난 그 아기를 보고 웃을 수밖에 없었다.

3. may

- It may be true.
  그것은 사실일지 모른다. (약한 추측, ~일 거야, ~일지 몰라)
- May I help you?
  제가 도와드릴까요? (공손한 허가, ~해도 될까요?)
- She may well be proud of her son.
  그녀는 아들을 자랑스러워하는 것도 당연하다. (may well ~하는 것이 당연하다)
- You may as well go home.
  넌 집으로 가는 게 낫겠다. (may as well ~하는 것이 낫겠다)

4. must

- I must help you.
  = I have to help you.
  난 당신을 도와야만 한다. (의무)
- It must be true.
  그것은 사실임에 틀림없다. (강한 추측)
- You don't have to help him.
  = You need not help him.
  = You don't need to help him.
  당신이 그를 도울 필요는 없다. (불필요)
- You must not help
  당신은 그를 돕지 말아야 한다. (금지)

5. should

- You should help me.
  (당연히) 당신은 나를 도와야 한다. (당연 = ought to)

- I think you should help me.
  난 당신이 날 도와야 한다고 생각해. (가벼운 충고)
- You had better help me.
  당신은 날 돕는 게 낫겠어. (강한 충고)
- I should have helped you.
  난 너를 도왔어야 했는데... (하지만 돕지 않았다, 과거 후회)

6. used to

- I used to help you.
  내가 당신을 돕곤 했었지. (지금은 아니지만, 과거 습관)

7. will

- I will help you next week.
  내가 당신을 다음 주에 도울 거야. (미래 추측)
- I will help you.
  난 당신을 도울 거야. (의지)
- Will you help me?
  당신이 나를 좀 도와줄래요? (부탁, 요청)
- I would like to help you.
  = I want to help you.
  난 당신을 돕고 싶다. (소망)
- I would rather stay home.
  난 차라리 집에 있겠다. (would rather 차라리 ~하겠다)

8. 조동사의 기본 성질

- Sam must goes home now. ×
  ➜ Sam must go home now. (조동사 + 동사원형, go, goes, going 중에 go가 동사원형)
  샘은 지금 집에 가야만 한다.
- Sam will can drive a car next year. ×
  ➜ Sam will be able to drive a car next year. (조동사 2개는 연속 사용 불가)
  샘은 내년에 차를 운전할 수 있을 것이다.

6 to부정사

"to + 동사원형"을 to부정사라고 한다.

to부정사	명사적 용법	주어	To master English is difficult. = It is difficult to master English.
		목적어	I want to master English. • decide, hope, need, plan, promise, want, wish + to부정사 목적어
		주격 보어	My goal is to master English.
		목적격 보어	I want you to master English. • advise, allow, ask, expect, tell, want + O + to부정사 목적 보어
		의문사 뒤	I know how to master English.
	형용사적 용법	명사 수식	Give me something to do.
	부사적 용법	목적	I study every day to master English.
		결과	She lived to be 80. • grow up, live, only + to부정사
		원인	I'm happy to master English. • 감정형용사 + to부정사
		조건	I will be happy to master English. • will/would + ~ 감정형용사 + to부정사
		판단	You must be smart to master English. • can't be, must be + ~ to부정사

① to부정사는 주어, 목적어, 보어로 사용하면 "명사적 용법"이다.

② 명사를 수식하면 "형용사적 용법"이다.

③ 명사적 용법과 형용사적 용법을 제외한 나머지가 "부사적 용법"이다.

1. 명사적 용법

① 주어, 목적어, 보어로 사용한다.

② 의문사 바로 뒤 to부정사도 명사적 용법이다.

• To master English is difficult. (동사 is 왼쪽 주어 To master)
= It is difficult to master English. (It 가주어, to master 진주어)
영어를 마스터하는 것은 어렵다.

• I want to master English.
나는 영어를 마스터하기를 원한다. (decide, hope, need, plan, promise, want, wish + to부정사 목적어)

- My goal is to master English.
  내 목표는 영어를 마스터하는 것이다. (주로 be동사 뒤에 주격 보어 사용)
- I want you to master English.
  난 네가 영어를 마스터하기를 원한다. (advise, allow, ask, expect, get, tell, want + O + to부정사 목적 보어)
- I know how to English master.
  난 영어를 마스터하는 법을 안다. (의문사 뒤 to부정사는 명사적 용법)

2. 형용사적 용법

① 명사를 수식한다.

② place, ~thing, time, way, work 같은 명사를 잘 수식한다.

- Give me something to drink.
  마실 것 좀 주세요.
- It's time to go to bed.
  자러 갈 시간이다.

3. 부사적 용법

- I study every day to master English.
  나는 영어를 마스터하기 위해서 매일 공부한다. (~하기 위해서, 목적)
- She lived to be 80.
  그녀는 살아서 80살이 되었다. (grow up, live, only + to부정사, 결과)
- I'm happy to master English.
  나는 영어를 마스터해서 행복하다. (감정형용사 + to부정사, 원인)
- I will be happy to master English.
  영어를 마스터한다면 행복할 텐데. (will/would + ~ 감정형용사 + to부정사, 조건)
- You must be smart to master English.
  영어를 마스터한 것을 보니 넌 똑똑함에 틀림없다. (can't be, must be + ~ to부정사, 판단의 근거)

4. 독립부정사

to부정사 부사적 용법 중에 하나로 to부정사가 들어간 숙어라고 보면 된다.

① 말할 필요도 없이 needless to say

② 말하자면 so to speak

③ 사실은, 솔직히 to be frank(honest) with you

④ 확실히 to be sure

⑤ 우선 to begin with, to start with

⑥ 설상가상으로 to make matters worse
⑦ ~는 말할 것도 없이 to say nothing of
⑧ 사실대로 말하면 to tell (you) the truth

5. to부정사 의미상 주어

문장의 주어와 같으면	생략	I want to solve this math problem.
다르고 목적어 자리에	목적격	I want you to solve this math problem.
목적어 자리가 아니면	for 목적격	It's difficult for you to solve this math problem.
사람 판단 형용사 뒤에	of 목적격	It's smart of you to solve this math problem.

① 준동사(to부정사, 동명사, 분사) 바로 왼쪽의 주어를 의미상 주어라고 한다.
② 문장의 주어와 to부정사의 주어가 같으면 "생략"한다.
③ 다르고 목적어 자리면 "목적격"을 사용한다.
④ 목적어 자리가 아니면 "for + 목적격"을 사용한다.
⑤ 사람 판단 형용사 다음에는 "of + 목적격"을 사용한다.

- I want to solve this math problem.
  나는 이 수학 문제를 풀기를 원한다. (문장의 주어 I = to solve 하는 사람이 같아서 me 생략됨)
- I want you to solve this math problem.
  나는 네가 이 수학 문제를 풀기를 원한다. (I ≠ you, want + 목적어이므로 목적격 you 사용)
- It's difficult for you to solve this math problem.
  네가 이 수학 문제를 풀기는 어렵다. (목적어 자리가 아니므로 for you 사용)
- It's smart of you to solve this math problem.
  이 수학 문제를 풀다니 넌 똑똑하구나. (사람 판단 형용사 smart 뒤에 of you 사용)

※ 사람 판단 형용사는 주로 똑똑하거나 멍청한, 예의 바르거나 그렇지 않은 의미의 단어들이 대부분이다. 예를 들어, kind, nice, polite, impolite, rude, foolish, silly, smart, stupid, wise 같은 형용사를 말한다.

6. to부정사 문장 전환

의문사+to부정사 ➜ 의문사+S+should+V	I don't know how to drive a car. ➜ I don't know how I should drive a car.
too A to V ➜ so A that S+can't+V	I'm too young to drive a car. ➜ I'm so young that I can't drive a car.
A enough to V ➜ so A that S+can+V	I'm old enough to drive a car. ➜ I'm so old that I can drive a car.
S+seem to+V ➜ It seems that S+V	She seems to drive a car. ➜ It seems that she drives a car.

(1) 의문사+to부정사

= 의문사+주어+should+동사원형

- I don't know how to drive a car.
  ➜ I don't know how I should drive a car.
  나는 차를 어떻게 운전하는지 모른다.

(2) too+부사/형용사+to 동사원형

= so+부사/형용사+that+주어+can't+동사원형

- I'm too young to drive a car.
  ➜ I'm so young that I can't drive a car.
  나는 너무 어려서 차를 운전할 수 없다.

(3) 부사/형용사+enough to 동사원형

= so+부사/형용사+that+주어+can+동사원형

- I'm old enough to drive a car.
  ➜ I'm so old that I can drive a car.
  나는 차를 운전할 만큼 충분한 나이다.

(4) S+seem to+V

= It seems that S+V

- She seems to drive a car.
  ➜ It seems that she drives a car.
  그녀는 운전을 하는 것 같다.

7 동명사

동명사	주어	문장 앞	Taking pictures is interesting.
	보어	주로 be동사 뒤	My hobby is taking pictures.
	목적어	enjoy, finish, give up, mind, stop + 동명사 목적어	I enjoy taking pictures.

1. 동명사의 쓰임

동사원형에 ing를 붙여 "~하는 것, ~하기"라는 의미로 주어, 보어, 목적어에 사용한다.

- Taking pictures is interesting.
  사진을 찍는 것은 재미있다. (동사 is 왼쪽 주어 Taking pictures)
- My hobby is taking pictures.
  내 취미는 사진을 찍는 것이다. (My hobby = taking pictures, 주로 be동사 오른쪽에 보어)
- I enjoy taking pictures.
  나는 사진 찍는 것을 즐긴다. (enjoy, finish, give up, mind 꺼리다, stop + 동명사 목적어)

2. 구분해야 할 동명사와 to부정사

decide, hope, need, plan, promise, want	+ to부정사 목적어	I want to read this book.
enjoy, finish, give up, mind, stop	+ 동명사 목적어	I enjoy reading this book.
begin, start, hate, like, love, continue	+ 동명사 = to부정사	I started reading this book. = I started to read this book.
forget, remember	동명사(한 일)	I remember reading this book.
	to부정사(할 일)	I remember to read this book.

(1) decide, hope, need, plan, promise, want + to부정사 목적어

- I want to read this book.
  나는 이 책을 읽고 싶다.

(2) enjoy, finish, give up, mind, stop + 동명사 목적어

- I enjoy reading this book.
  나는 이 책 읽는 것을 즐긴다.

(3) begin, start, hate, like, love, continue + 동명사 = to부정사

- I started reading this book.
  = I started to read this book.
  나는 이 책을 읽기 시작했다.

(4) forget, remember + 동명사(한 일) / to부정사(할 일)

- I remember reading this book.
  나는 이 책 읽은 것이 기억난다.
- I remember to read this book.
  나는 이 책을 읽어야 하는 것을 기억하고 있다.

3. 동명사 구문

be afraid of ~ing ~하는 것이 두렵다	I'm afraid of playing games.
be ashamed of ~ing ~하는 것이 부끄럽다	I'm ashamed of playing games.
be busy ~ing ~하느라 바쁘다	I'm busy playing games.
be sure of ~ing ~할 것을 확신한다	I'm sure of playing games.
be used to ~ing ~하는 데 익숙해져 있다	I'm used to playing games.
be worth ~ing ~할 가치가 있다	This game is worth playing.
by ~ing ~함으로써, ~해서	By playing games, I take a rest.
can't help ~ing ~할 수밖에 없다	I can't help playing games.
feel like ~ing ~하고 싶은 마음이 들다	I feel like playing games.
have a hard time ~ing ~하는 데 어려움이 있다	I have a hard time playing games.
how about ~ing ~하는 게 어때?	How about playing games?
It is no use ~ing ~해도 소용없다	It is no use playing games.
keep (on) ~ing 계속 ~하다	I keep playing games.
look forward to ~ing ~하기를 기대하다	I'm looking forward to playing games.
on ~ing ~하자마자	On playing games, I felt good.
spend 시간 ~ing ~하는 데 시간을 쓰다	I spent an hour playing games.

(1) be afraid of ~ing ~하는 것이 두렵다

- I'm afraid of playing games.
  나는 게임하는 것이 두렵다.

(2) be ashamed of ~ing ~하는 것이 부끄럽다

- I'm ashamed of playing games.
  나는 게임하는 것이 부끄럽다.

(3) be busy ~ing ~하느라 바쁘다

- I'm busy playing games.
  나는 게임하느라 바쁘다.

(4) be sure of ~ing ~할 것을 확신한다

- I'm sure of playing games.
  나는 게임할 것을 확신한다.

(5) be used to ~ing ~하는 데 익숙해져 있다

- I'm used to playing games.
  나는 게임하는 데 익숙해져 있다.

(6) be worth ~ing ~할 가치가 있다

- This game is worth playing.
  이 게임은 할 가치가 있다.

(7) by ~ing ~함으로써, ~해서

- By playing games, I take a rest.
  게임을 함으로써, 나는 휴식을 취한다.

(8) can't help ~ing ~할 수밖에 없다

- I can't help playing games.
  나는 게임을 할 수밖에 없다.

(9) feel like ~ing ~하고 싶은 마음이 들다

- I feel like playing games.
  나는 게임을 하고 싶은 마음이 든다.

(10) have a hard time/difficulty/trouble ~ing ~하는 데 어려움이 있다

- I have a hard time playing games.
  나는 게임하는 데 어려움을 겪고 있다.

(11) how about ~ing ~하는 게 어때?

- How about playing games?
  게임하는 게 어때?

(12) It is no use ~ing ~해도 소용없다

- It is no use playing games.
  게임해도 소용없다.

(13) keep (on) ~ing 계속 ~하다

- I keep playing games.
  나는 계속 게임을 한다.

(14) look forward to ~ing ~하기를 기대하다

- I'm looking forward to playing games.
  나는 게임하는 것을 기대하고 있다.

(15) on ~ing ~하자마자

- On playing games, I felt good.
  게임을 하자마자, 나는 기분이 좋아졌다.

(16) spend 시간 ~ing ~하는 데 시간을 쓰다

- I spent an hour playing games.
  나는 게임하는 데 1시간을 썼다.

8 분사

과거분사 = 수동, 완료	현재분사 = 능동, 진행
The novel was <u>written</u> by Tom.	Tom was <u>writing</u> the novel.

1. 과거분사와 현재분사

① 분사는 과거분사와 현재분사가 있다. 과거분사는 수동과 완료의 의미를 나타내고, 현재분사는 능동과 진행의 의미를 나타낸다.

② 분사는 형용사에 가까워 명사를 꾸미거나 보어로 잘 사용한다.

- The novel was written by Tom.
  그 소설은 톰에 의해 쓰여졌다. (소설은 쓰여지는 수동이므로 written)
- Tom was writing the novel.
  톰은 그 소설을 쓰는 중이었다. (톰은 소설을 쓰는 능동이므로 writing)
- The game was exciting.
  그 게임은 흥미진진했다. (게임은 흥분을 시키는 능동이므로 exciting)
- I was excited to play the game.
  나는 그 게임을 해서 흥분되었다. (나는 게임을 해서 흥분되는 수동이므로 excited)
- The interesting book is sold out.
  그 재미있는 책은 매진이다. (책이 재미를 주는 능동이므로 interesting)

• I'm interested in books.
나는 책에 관심이 있다. (나는 책 때문에 재미를 얻는 수동이므로 interested)

2. 분사 구문

원래 문장	분사 구문
Because I have no time, I can't help you.	➜ Having no time, I can't help you.
If you turn to the left, you will find the building.	➜ Turning to the left, you will find the building.
As it was written in haste, the book has a lot of errors.	➜ Having been written in haste, the book has ~. ➜ Written in haste, the book has ~.
If we speak generally, people like buying cheaply.	➜ Generally speaking, people like buying cheaply.

(1) 분사 구문 만들기

접속사를 지우고, 주어를 지운 후 동사원형에 ing를 붙이면 분사 구문이 된다.

• Because I have no time, I can't help you.
➜ Having no time, I can't help you.
시간이 없어서, 난 널 도울 수 없어.

• If you turn to the left, you will find the building.
➜ Turning to the left, you will find the building.
왼쪽으로 돌면, 넌 그 건물을 찾을 수 있을 거야.

• As it was written in haste, the book has a lot of errors.
➜ Having been written in haste, the book has a lot of errors.
➜ Written in haste, the book has a lot of errors. (Being, Having been은 생략 가능)
급하게 써서, 그 책은 오류가 많다. (시제가 다르면 Having + 과거분사를 사용한다.)

• If we speak generally, people like buying cheaply.
➜ Generally speaking, people like buying cheaply.
일반적으로 말하면, 사람들은 싸게 사는 것을 좋아한다. (일반인 주어는 생략한다.)

9 수동태

종류	능동태	수동태
현재 시제	I love movies.	Movies are loved by me.
과거 시제	I loved movies.	Movies were loved by me.
조동사	I will love movies.	Movies will be loved by me.
부정문	They don't love movies.	Movies aren't loved by them.
의문문	Do you love movies?	Movies are loved by you. ➜ Are movies loved by you?
진행	I am writing a book.	A book is being written by me.
완료	I have written a book.	A book has been written by me.
사역동사 지각동사	• I made her play the piano. • I saw her play the piano.	• She was made to play the piano by me. • She was seen to play the piano by me.

1. 능동태와 수동태

(1) 능동태

"S + V"의 형태로 "주어가 한다"는 의미를 가진 문장이다.

(2) 수동태

"S + be동사 + 과거분사"의 형태로 "주어가 당한다, 받는다"는 의미를 가진 문장이다.

2. 수동태

(1) 수동태를 만드는 방법

능동태의 목적어를 수동태의 주어로 옮기기	➜	동사를 be동사 + 과거분사로 바꾸기	➜	남은 부분 쓰기	➜	능동태의 주어를 문장 뒤에 by + 목적격으로 바꾸어 쓰기

- I love movies.
  ➜ Movies are loved by me.
  영화는 나에게 사랑받는다.
- I loved movies.
  ➜ Movies were loved by me.
  영화는 나에게 사랑받았다.
- I will love movies.
  ➜ Movies will be loved by me.
  영화는 나에게 사랑받을 것이다.

- They don't love movies.
  - ➜ Movies aren't loved by them.
    영화는 그들에게 사랑받지 않는다.
- Do you love movies? (의문문)
  - ➜ Movies are loved by you. (평서문)
  - ➜ Are movies loved by you? (의문문)
    영화는 당신에게 사랑받고 있나요?
- I am writing a book.
  - ➜ A book is being written by me.
    책 한 권이 나에 의해 쓰여지는 중이다.
- I have written a book.
  - ➜ A book has been written by me.
    책 한 권이 나에 의해 쓰여졌다.
- I made her play the piano.
  - ➜ She was made to play the piano by me. (동사원형 목적보어 앞에 to가 생김)
    그녀는 나에 의해 피아노를 치게 되었다.
- I saw her play the piano.
  - ➜ She was seen to play the piano by me. (동사원형 목적보어 앞에 to가 생김)
    그녀는 나에게 피아노 연주하는 모습을 보였다.

(2) by를 사용하지 않는 수동태

be covered with ~으로 덮여 있다	Her room was covered with dust.
be filled with ~으로 가득하다	Her room is filled with books.
be interested in ~에 관심 있다	She is interested in books.
be made from ~로 만들어지다	Paper is made from wood.
be made of ~로 만들어지다	The desk is made of wood.
be satisfied with ~에 만족하다	People are satisfied with her works.
be surprised at ~에 놀라다	I was surprised at the news.

- Her room was covered with dust.
  그녀의 방은 먼지로 덮여 있었다.
- Her room is filled with books.
  그녀의 방은 책으로 가득하다.
- She is interested in books.
  그녀는 책에 관심이 있다.
- Paper is made from wood. (재료와 제품이 서로 전환될 수 없을 때)
  종이는 나무로 만들어진다.

• The desk is made of wood. (재료와 제품이 서로 전환 가능할 때)
그 책상은 나무로 만들어진다.
• People are satisfied with her works.
사람들은 그녀 작품들에 만족한다.
• I was surprised at the news.
난 그 뉴스에 놀랐다.

10 특수 구문

1. 가정법

<table>
<tr><th>직설법 현재</th><th>가정법 과거</th></tr>
<tr><td rowspan="2">As he doesn't have time, he can't study enough.</td><td>If + S + 과거 ~, S + could/would + V ~</td></tr>
<tr><td>If he had time, he could study enough.</td></tr>
<tr><td rowspan="2">I'm sorry he doesn't have time.</td><td>I wish + S + 과거 ~</td></tr>
<tr><td>I wish he had time.</td></tr>
<tr><td rowspan="2">In fact, he doesn't study enough.</td><td>as if + S + 과거 ~</td></tr>
<tr><td>He talks as if he studied enough.</td></tr>
</table>

<table>
<tr><th>직설법 과거</th><th>가정법 과거완료</th></tr>
<tr><td rowspan="2">As he didn't have time yesterday,
he couldn't study enough.</td><td>If + S + had + 과거분사 ~,
S + could/would have 과거분사 ~</td></tr>
<tr><td>If he had had time yesterday, he could have studied enough.</td></tr>
<tr><td rowspan="2">I'm sorry, he didn't have time yesterday.</td><td>I wish + S + had 과거분사 ~</td></tr>
<tr><td>I wish he had had time yesterday.</td></tr>
<tr><td rowspan="2">In fact, he doesn't study enough yesterday.</td><td>as if + S + had 과거분사 ~</td></tr>
<tr><td>He talks as if he had studied enough yesterday.</td></tr>
</table>

(1) 직설법과 가정법

① 현실을 있는 그대로 직접적으로 표현하면 "직설법"이다.

② 현실을 반대로 가정해서 표현하면 "가정법"이다.

예 "나는 부자가 아니다."는 직설법, "내가 부자라면"은 가정법이다.

③ 직설법 현재는 가정법 과거로 표현한다.

④ 직설법 과거는 가정법 과거완료로 표현한다.

(2) If + 가정법

- As he doesn't have time, he can't study enough.
  시간이 없어서, 그는 충분히 공부를 할 수가 없다.
  ➜ If he had time, he could study enough.
  시간이 있으면, 그는 충분히 공부할 수 있을 텐데.
- As he didn't have time yesterday, he couldn't study enough.
  어제 시간이 없었기 때문에, 그는 충분히 공부할 수 없었다.
  ➜ If he had had time yesterday, he could have studied enough.
  어제 시간이 있었으면, 충분히 공부할 수 있었을 텐데.

(3) I wish + 가정법

- I'm sorry he doesn't have time.
  그가 시간이 없는 것이 안타깝다.
  ➜ I wish he had time.
  그가 시간이 있으면 좋을 텐데.
- I'm sorry he didn't have time yesterday.
  그가 어제 시간이 없었던 것이 안타깝다.
  ➜ I wish he had had time yesterday.
  어제 그가 시간이 있었으면 좋았을 텐데.

(4) as if + 가정법

- In fact, he doesn't study enough.
  사실, 그는 충분히 공부하지 않아.
  ➜ He talks as if he studied enough.
  그는 마치 충분히 공부하는 것처럼 말한다.
- In fact, he didn't study enough yesterday.
  사실, 그는 어제 충분히 공부를 하지 않았다.
  ➜ He talks as if he had studied enough yesterday.
  그는 어제 충분히 공부했던 것처럼 말한다.

2. 간접의문문

의문문	What is this? Is it his car?
의문사가 있는 간접의문문 ➜ 앞 문장 + 의문사 + S + V ~	I wonder. + What is this? ➜ I wonder what this is.
의문사가 없는 간접의문문 ➜ 앞 문장 + if/whether + S + V ~	I wonder. + Is it his car? ➜ I wonder if(whether) it is his car.

(1) 간접의문문

① 어떤 문장과 의문문을 합치면 그 의문문을 간접의문문 순서로 써야 한다.

② 간접의문문은 의문사가 있는 경우 "의문사 + 주어 + 동사" 순서로 사용한다.

③ 의문사가 없는 경우 "if/whether + 주어 + 동사" 순서로 사용한다.

• I wonder. + What is this?

➜ I wonder what this is.
나는 이것이 무엇인지 궁금하다.

• I wonder. + Is it his car?

➜ I wonder if(whether) it is his car.
난 그것이 그의 차인지 아닌지 궁금하다.

3. 강조 구문

강조하기 전 문장		Tom met Jack in the park.	
강조 구문	주어 강조	It was Tom that met Jack in the park.	It ~ that 강조 구문
	목적어 강조	It was Jack that Tom met in the park.	
	수식어 강조	It was in the park that Tom met Jack.	
	동사 강조	Tom did meet Jack in the park.	do(did) + 동사원형

(1) It ~ that 강조 구문

① 주어, 목적어, 수식어를 강조할 때 사용한다.

② "It is(was) + 강조하는 것 + that + 강조하고 남은 것 + ~" 형태로 표현한다.

• Tom met Jack in the park.

➜ It was Tom that met Jack in the park. (주어 강조 구문)
공원에서 잭을 만난 것은 바로 톰이었다.

➜ It was Jack that Tom met in the park. (목적어 강조 구문)
공원에서 톰이 만난 것은 바로 잭이었다.

➜ It was in the park that Tom met Jack. (수식어 강조 구문)
톰이 잭을 만난 것은 바로 공원이었다.

(2) 일반동사 강조 구문

"do, does, did + 동사원형"의 형태로 일반동사를 강조한다.

• Tom met Jack in the park.

➜ Tom did meet Jack in the park.
톰은 잭을 공원에서 정말 만났다.

4. 도치

도치되기 전	도치된 후	
Our teacher comes here.	(T)Here + 동사 + 명사 주어	Here comes our teacher.
He comes here.	(T)Here + 대명사 + 주어 + 동사	Here he comes.
I have never seen the teacher.	부정어 + be · 조동사 + 주어 ~	Never have I seen the teacher.
I never saw the teacher then.	부정어 + do(일반동사) + 주어 ~	Never did I see the teacher then.

(1) 도치

대부분의 영어 문장은 S + V ~의 순서가 일반적인데 그 순서를 바꾸어 사용하는 것을 도치라고 한다. 문장 앞으로 단어를 옮기는 여러 가지 이유가 있겠지만 주로 앞으로 옮긴 단어들을 강조하려는 목적이 크다.

(2) Here/There 도치

① Here/There + 동사 + 명사 주어 순서로 도치한다.

② Here/There + 대명사 주어 + 동사 순서로 도치한다.

• Our teacher comes here.

➜ Here comes our teacher.

우리 선생님이 여기로 오신다.

• He comes here.

➜ Here he comes.

그가 여기로 온다.

(3) 부정어 도치

① hardly, never 등의 "부정어 + be동사 · 조동사 + 주어 + ~" 순서로 도치한다.

② 일반동사만 있는 경우는 "부정어 + do(does, did) + 주어~" 순서로 도치한다.

• I have never seen the teacher.

➜ Never have I seen the teacher.

난 그 선생님을 결코 본 적이 없다.

• I never saw the teacher then.

➜ Never did I see the teacher then.

난 그 선생님을 그때 결코 보지 못했다.

11 명사

명사	셀 수 있는 명사	보통명사	apple, dog, farmer, girl, pen
		집합명사	army, audience, class, crowd, family
	셀 수 없는 명사	고유명사	London, Korea, Seoul, Sunday, Tom
		물질명사	air, coffee, milk, sugar, water
		추상명사	belief, honesty, hope, love, peace

1. 셀 수 있는 명사

(1) 보통명사

보통 셀 수 있는 대부분의 명사

➜ apple, dog, farmer, girl, pen

(2) 집합명사

단수 형태로 2명 이상이 포함되는 집합명사

➜ army, audience, class, crowd, family

2. 셀 수 없는 명사

(1) 고유명사

국가, 도시, 사람 등의 고유한 이름

➜ London, Korea, Seoul, Sunday, Tom

(2) 물질명사

고체, 기체, 액체로 형상을 갖춘 셀 수 없는 명사

➜ air, coffee, milk, sugar, water

(3) 추상명사

형상이 없는 명사

➜ belief, honesty, hope, love, peace

3. 명사의 복수형

명사의 복수형에는 (e)s를 붙인다.

명사 복수형 만들기	명사+s	pen ➜ pens
	s, x, ch, sh로 끝나는 명사+es	buses, boxes, watches, dishes
	모음+o로 끝나는 명사+s	kangaroos, radios, zoos
	자음+o로 끝나는 명사+es	heroes, potatoes, tomatoes
	모음+y로 끝나는 명사+s	boys, keys, toys
	자음+y면 y를 i로 바꾸고+es	baby ➜ babies, city ➜ cities, story ➜ stories
	f(e)로 끝나면 f(e)를 v로 바꾸고+es	half ➜ halves, knife ➜ knives, leaf ➜ leaves
	단수와 복수 모양이 같은 명사	Chinese, deer, fish, Japanese, sheep
	불규칙 복수형	child ➜ children, foot ➜ feet, goose ➜ geese, mouse ➜ mice, man ➜ men, tooth ➜ teeth, woman ➜ women, person ➜ people
	예외	autos, memos, pianos, roofs

4. 명사의 소유격

- This is my friend's book.
  이것은 내 친구의 책이다. (생물's 소유격)
- These are my friends' books.
  이것들은 내 친구들의 책이다. (복수의 s로 끝나면 apostrophe만 사용)
- Do you know the writer of the book?
  그 책의 작가를 아니? (무생물은 주로 of+무생물)

12 관사

관사	부정관사 a + 자음 발음 an + 모음 발음	one 하나	I am a doctor. I have a dog.
		certain, some 약간, 어떤	A Mr. Kim came to see you.
		per ~당, ~마다	I visit my parents once a month.
		the same 같은	We are of an age.
	정관사 the	뒤에 반복되는 명사 앞에	I have a dog. The dog is very cute.
		범위가 한정될 때	The milk on the table went bad.
		서로 알고 있거나 유일한 것	Pass me the salt, please. The moon is bright.
		서수와 최상급 앞에	She is the first student to solve the problem.
		the + 형용사(~한 사람들)	The rich should help the poor.

① 명사 앞에 사용하는 a, an, the를 관사라고 한다.

② 부정관사 a, an은 정해지지 않은 아무거나 한 개라는 의미로 단수 명사에만 사용한다.

③ 정관사 the는 정해진 그것이란 의미로, 단수와 복수명사 둘 다에 사용한다.

④ 관사의 쓰임은 너무 복잡해서 짧은 설명이나 강의로는 마스터하는 것이 쉽지 않다. 따라서 이곳에 설명된 가장 기본적인 관사의 쓰임만이라도 알아 두자.

1. 부정관사 a, an(a + 자음 발음, an + 모음 발음)

- I am a doctor. I have a dog. (one의 의미, 해석할 필요 없음)
  나는 의사다. 나는 개 한 마리를 가지고 있다(개가 있다).
- A Mr. Kim came to see you. (certain의 의미)
  어떤 김씨라는 사람이 너를 보러 왔다.
- I visit my parents once a month. (per의 의미)
  난 부모님을 한 달에 한 번 방문한다.
- We are of an age. (the same의 의미)
  우리는 동갑이다(나이가 같다).

2. 정관사 the

- I have a dog. The dog is very cute. (반복되는 명사 앞)
  나는 개가 한 마리 있다. 그 개는 매우 귀엽다.
- The milk on the table went bad. (범위가 한정되는 수식받는 명사 앞)
  테이블 위의 그 우유는 상했다.
- Pass me the salt, please. (서로 알고 있는 것)
  그 소금 좀 건네주세요.

• The moon is bright tonight. (세상에서 유일한 것, the ground, the moon, the sea, the sky, the sun)
  오늘 밤 달이 밝다.

• She is the first student to solve the problem. (서수 앞에)
  그녀가 그 문제를 푼 첫 번째 학생이다.

• She is the smartest student in my class. (최상급 앞에)
  그녀는 나의 반에서 가장 똑똑하다.

• The rich should help the poor. (the + 형용사 = 복수명사, rich people, poor people)
  = Rich people should help poor people.
  부자는 가난한 사람들을 도와야 한다.

3. 무(無)관사

무관사	부를 때	Mom, where are you?
	고유명사 앞에	a London × ➜ London, the Korea × ➜ Korea
	과목, 식사, 언어, 운동 이름 앞에	a math × ➜ math, a lunch × ➜ lunch, the soccer × ➜ soccer, an English × ➜ English
	by + 교통수단	I go to school by bus.
	go to bed, church, school 본래 목적	I go to bed at 10.
	watch TV	I watch TV every day.

• Mom, where are you? (사람을 부를 때)
  엄마, 어디 있어?

• I went to London last year. (고유명사나 추상명사 앞엔 기본적으로 관사 사용 안 함)
  나는 작년에 런던에 갔다.

• I'm good at math and English. I like soccer. (과목, 언어, 운동 이름 앞에)
  나는 수학과 영어를 잘해. 난 축구가 좋아.

• I have lunch at 12. (식사 이름 앞에)
  난 12시에 점심을 먹는다.

• I go to school by bus. (by + 교통수단 표현에)
  = I go to school on the bus.
  나는 버스를 타고 학교에 간다.

• I go to bed at 10. (bed 잠, church 예배, school 공부, 수업의 본래 목적의 의미일 때)
  나는 10시에 자러 간다.

• I watch TV every day. (watch TV 표현에)
  난 TV를 매일 본다.

4. 주의해야 할 관사

- an uniform, an university, an used car ×
  - ➜ a uniform, a university, a used car ([ju 유] 발음 조심, 발음 기호 ju에서 j는 자음이므로 부정관사 a 사용)
- a hour ×
  - ➜ an hour (h가 발음되지 않아 [áuər]처럼 발음되어 모음 발음으로 시작되는 단어임)
- a milk, milks ×
  - ➜ milk (셀 수 없는 액체는 부정관사를 쓰지 않고 복수의 s도 쓸 수 없다.)
- glass 유리, a glass 유리잔, glasses 안경, 유리잔들
- iron 쇠, an iron 다리미
- paper 종이, a paper 신문, papers 신문들, 서류
- work 일, works 작품들
- time 시간, two times 2번, 2배

5. 주의해야 할 관사의 위치

a	부사	형용사	명사
how so too	형용사	a	명사
such what	a	형용사	명사
all both double	the		명사

① 가장 일반적으로 "a + 부사 + 형용사 + 명사" 순서로 사용한다.

② how, so, too는 "how, so, too + 형용사 + a + 명사" 순서로 사용한다.

③ such, what은 "such, what + a + 형용사 + 명사" 순서로 사용한다.

④ all, both, double은 "all, both, double + the + 명사" 순서로 사용한다.

- This is a very good book. (a + 부사 + 형용사 + 명사)
- This is so good a book. (so + 형용사 + a + 명사)
- This is such a good book. (such + a + 형용사 + 명사)
  이 책은 너무 좋은 책이다
- All the books are good. (all + the + 명사)
  그 모든 책들이 좋은 책이다.

13 대명사

대명사	인칭대명사	I, my, me
	소유대명사	mine
	재귀대명사	myself
	부정대명사	one, some, another, others, the other, the others, ~body, ~one, ~thing
	의문대명사	what, which, who, whose, whom
	지시대명사	this, these, that, those

① 명사를 대신해 사용하는 단어를 대명사라고 한다.
예를 들어, Tom을 He로 바꾸어 사용할 때 He를 대명사라고 한다.

② 대명사는 인칭, 소유, 재귀, 부정, 의문, 지시대명사가 있다.

1. 인칭대명사, 소유대명사, 재귀대명사

수와 인칭	인칭대명사			소유대명사	재귀대명사
	주격	소유격	목적격		
1인칭 단수	I 나는	my 나의	me 나를	mine 나의 것	myself 내 자신
1인칭 복수	We 우리는	our 우리의	us 우리를	ours 우리의 것	ourselves 우리 자신
2인칭 단수	You 너는	your 너의	you 너를	yours 너의 것	yourself 너 자신
2인칭 복수	You 너희들은	your 너희들의	you 너희들을	yours 너희들의 것	yourselves 너희들 자신
3인칭 단수	He 그는	his 그의	him 그를	his 그의 것	himself 그 자신
3인칭 단수	She 그녀는	her 그녀의	her 그녀를	hers 그녀의 것	herself 그녀 자신
3인칭 단수	It 그것은	its 그것의	it 그것을	×	itself 그 자체
3인칭 복수	They 그(것)들은	their 그(것)들의	them 그(것)들을	theirs 그(것)들의 것	themselves 그들 자신

① 인칭대명사 주격은 주어에, 소유격은 명사 앞에, 목적격은 목적어에 사용한다.

② 소유대명사는 "~의 것"이란 뜻으로 "소유격+명사"를 줄여 사용한 것이다.

③ 재귀대명사는 단수에 self, 복수에 selves가 붙어 "~자신"이란 뜻으로 사용한다.

- He gave me a book. It's my book. It's mine.
  그는 나에게 책 한 권을 줬어. 그것은 나의 책이다. 그것은 나의 것이다.
- I gave her a ring. It's her ring. It's hers.
  나는 그녀에게 반지 하나를 줬어. 그것은 그녀의 반지다. 그것은 그녀의 것이다.
- I myself washed the dishes. (강조하는 사람 바로 다음에 재귀대명사 사용, 생략 가능, 강조 용법)
  = I washed the dishes myself. (문장 끝에 재귀대명사 사용 가능, 생략 가능, 강조 용법)
  내 자신이 직접 설거지를 했다.
- He looked at himself in the mirror.
  그는 거울로 자신을 봤다. (동사나 전치사 바로 뒤 재귀 용법, 생략 불가능)
- He cut himself shaving.
  그는 면도하다가 베었다. (동사나 전치사 바로 뒤 재귀용법, 생략 불가능)
- cut oneself 베다
- enjoy oneself 즐거운 시간을 보내다
- help oneself to ~을 마음껏 먹다
- hurt oneself 다치다
- make oneself at home 편하게 있다, 편하게 지내다
- talk to oneself 혼잣말하다
- by oneself 혼자서
- for oneself 혼자 힘으로
- of itself 저절로

2. 부정대명사

정해지지 않은 대상을 표현하는 대명사란 의미로 부정대명사라고 한다.

부정대명사	아무거나 하나 / 정해진 그것	one / it
	둘 중 하나 / 나머지 하나	one / the other
	셋 중 하나 / 다른 하나 / 나머지 하나	one / another / the other
	셋 중 하나 / 나머지 둘	one / the others
	몇몇 / 다른 몇몇	some / others
	몇몇 / 나머지 복수 전체	some / the others
	다른 것들, 다른 사람들	others
	형용사가 앞에서 수식하는 대명사	one(단수), ones(복수)

- I don't have any pens. Please lend me one.
  펜이 없어. 내게 (아무) 펜 하나만 빌려줘. (아무거나 하나 one)
- I bought a pen yesterday. I lent it to Tom.
  어제 펜을 하나 샀어. 난 그것을 톰에게 빌려줬어. (어제 산 그 펜 it)
- I have two sons.
  One is a doctor. (둘 중 아무나 하나는 one)
  The other is a cook. (둘 중 나머지 하나는 the other)
  나는 아들이 둘 있다.
  하나는 의사다.
  나머지 하나는 요리사다.
- I have three sons.
  One is a doctor. (셋 중 아무나 하나는 one)
  Another is a cook. (다른 하나는 another)
  The other is a soccer player. (나머지 하나는 the other)
  나는 아들이 셋 있다.
  하나는 의사다.
  다른 하나는 요리사다.
  나머지 하나는 축구 선수다.
- I don't like this.
  Show me another. (another 다른 하나)
  Show me others. (others 다른 것들)
  난 이것이 마음에 안 들어요.
  다른 하나 좀 저에게 보여 주세요.
  다른 것들 좀 저에게 보여 주세요.
- Some of them are playing computer games. (몇몇은 some)
  The others are sleeping in the room. (나머지가 복수일 때는 the others)
  그들 중 몇몇은 게임을 하고 있다.
  나머지는 방에서 자고 있다.
- Some people took a walk slowly. (몇몇은 some)
  Others jogged in the park. (다른 몇몇, 다른 사람들은 others)
  몇몇 사람들은 천천히 산책을 했다.
  다른 사람들은 공원에서 조깅을 했다.
- I met somebody.
  나는 누군가 만났다. (somebody = someone 누군가, 어떤 사람, 긍정문에 사용)
- I bought something yesterday.
  나는 어제 뭔가를 샀다. (something 뭔가, 어떤 것, 긍정문에 사용)

- I bought nothing yesterday. (nothing = not + anything)
  = I didn't buy anything yesterday. (anything 아무것도, 어떤 것도, 부정문에 사용)
  나는 어제 아무것도 사지 않았다.
- I met no one yesterday. (no one = nobody = not + anybody/anyone)
  = I met nobody yesterday.
  = I didn't meet anyone(anybody) yesterday. (anybody = anybody 누구도, 아무도, 부정문에 사용)
  나는 어제 어느 누구도 만나지 않았다.
- I don't like this pen. I want to buy a better one.
  이 펜이 마음에 들지 않아요. 더 좋은 것을 사고 싶어요. (형용사가 앞에서 수식하는 one, 단수)
- These shoes are too small. Show me bigger ones.
  신발이 너무 작네요. 더 큰 것을 보여 주세요. (형용사가 앞에서 수식하는 ones, 복수)

3. 의문대명사

의문문에 사용하는 "what 무엇, which 어느 것, who 누가, whose 누구의 것, whom 누구를, 누구에게"가 있다.

- What did you do yesterday?
  넌 어제 무엇을 했니?
- Who are you?
  넌 누구니?
- Which do you like better, tea or coffee?
  넌 차와 커피 중에 어느 것을 더 좋아하니?

4. 지시대명사

- This is my friend, Tom.
  얘는 내 친구 톰이야. (This 이것, 이 사람)
- These are my friends.
  얘들은 내 친구들이야. (These는 This의 복수)
- That's my book.
  저것은 내 책이다. (That 저것, 저 사람)
- Those are my books.
  저것들은 내 책들이다. (Those는 That의 복수)
- The climate of Seoul is colder than that of Hong Kong.
  서울의 기후는 홍콩의 기후보다 더 춥다. (전명구가 뒤에서 수식하는 that = the climate)
- The buildings of New York is higher than those of Seoul.
  뉴욕의 건물은 서울의 건물보다 더 높다. (전명구가 뒤에서 수식하는 those = the buildings)

5. 대명사의 복수

- I am a nurse.

  ➔ We are nurses. (I의 복수 We)

  나는 간호사다.

  ➔ 우리는 간호사들이다.

- You are a student.

  ➔ You are students. (You는 단수 복수 모양이 같다.)

  넌 학생이다.

  ➔ 너희들은 학생들이다.

- He is a doctor.

  ➔ They are doctors. (He, It, She의 복수는 They)

  그는 의사이다.

  ➔ 그들은 의사들이다.

- This is an orange.

  ➔ These are oranges. (This의 복수는 These)

  이것은 오렌지다.

  ➔ 이것들은 오렌지들이다.

- That is an lemon.

  ➔ Those are lemons. (That의 복수는 Those)

  저것은 레몬이다.

  ➔ 저것들은 오렌지들이다.

6. 비인칭주어 및 기타

인칭대명사 it	그것	It's my bike.
비인칭주어 it	거리	It's about 10 km.
	날씨	It's raining now.
	명암	It's dark outside.
	시간	It's ten twenty. It's Sunday.

① 거리, 날씨, 명암, 시간 등을 표현할 때 사용하는 It을 비인칭주어라고 한다. 비인칭주어 It은 해석을 하지 않는다.

② "그것은"이란 뜻으로 해석되는 It은 인칭대명사다.

(1) 비인칭주어 it

- It's about 10 km. (거리)

  대략 10km이다.

• It's raining now. (날씨)
  지금 비가 오는 중이다.
• It's dark outside. (명암)
  밖이 어둡다.
• It's October 7th. (시간 - 날짜)
  10월 7일이다.
• It's ten twenty. (시간 - 시간)
  10시 20분이다.
• It's Sunday. (시간 - 요일)
  일요일이다.
• It's two thirty. (2:30)
  = It's thirty (minutes) past two.
  = It's half past two.
  = It's half after two.
  2시 30분이다.
• It's four forty-five. (4:45)
  = It's fifteen (minutes) to five.
  = It's a quarter to five.
  = It's a quarter before five.
  4시 45분이다.

(2) 기수

① 개수를 나타낸다.

② one, two, three, four, five, six, seven, eight, nine, ten, eleven, twelve, thirteen, fourteen, fifteen, sixteen, seventeen, eighteen, nineteen, twenty, twenty-one, thirty, forty, fifty, sixty, seventy, eighty, ninety, one hundred

(3) 서수

① 순서를 나타낸다.

② first, second, third, fourth, fifth, sixth, seventh, eighth, ninth, tenth, eleventh, twelfth, thirteenth, fourteenth, fifteenth, sixteenth, seventeenth, eighteenth, nineteenth, twentieth, twenty-first, thirtieth, fortieth, fiftieth, sixtieth, seventieth, eightieth, ninetieth, one hundredth

(4) 요일

Sunday, Monday, Tuesday, Wednesday, Thursday, Friday, Saturday

(5) 월

January, February, March, April, May, June, July, August, September, October, November, December

14 형용사

<table>
<tr><td rowspan="14">형용사</td><td>서술적 용법
(보어로 사용)</td><td colspan="2">She looks kind. (주격 보어, 수식할 명사 없음)</td></tr>
<tr><td rowspan="13">한정적 용법
(명사를 수식)</td><td colspan="2">I saw a very kind girl yesterday. (형용사 kind가 명사 girl 수식)</td></tr>
<tr><td>후치 수식</td><td>Please give me something cold.
(~body, ~one, ~thing + 형용사)</td></tr>
<tr><td>a few</td><td>I have a few books.</td></tr>
<tr><td>few</td><td>I have few books.</td></tr>
<tr><td>a little</td><td>I drink a little milk every day.</td></tr>
<tr><td>little</td><td>I drink little milk.</td></tr>
<tr><td>a lot of
= lots of</td><td>• I don't have a lot of books.
• I don't drink a lot of water.</td></tr>
<tr><td>many</td><td>I don't have many books.</td></tr>
<tr><td>much</td><td>I don't drink much water.</td></tr>
<tr><td>any</td><td>I don't have any money. Do you have any money?</td></tr>
<tr><td>some</td><td>I have some money. Would you like some coffee?</td></tr>
<tr><td>each</td><td>Each student has a computer.</td></tr>
<tr><td>every</td><td>Every student has a computer.</td></tr>
</table>

1. 서술적 용법과 한정적 용법

① 형용사는 명사를 수식하는 한정적 용법과, 수식하지 않고 보어로 쓰이는 서술적 용법이 있다.

② 명사를 꾸밀 때는 주로 명사 앞에서 수식한다.

• I saw a very kind girl yesterday.
나는 어제 매우 친절한 소녀를 봤어. (명사 girl을 수식하는 한정적 용법의 형용사 kind)

• She looks kind.
그녀는 친절해 보여. (명사를 수식하지 않고 주격보어로 사용된 서술적 용법의 형용사 kind)

2. 형용사의 후치 수식

~body, ~one, ~thing + 형용사 순서로 사용하여 명사 뒤에서 수식한다.

- Please give me something cold.
  시원한(차가운) 것 좀 주세요. (something + 형용사)
- What is that blue thing on the couch?
  소파 위에 저 파란 것은 뭐니? (형용사 + thing)

3. a few, few, a little, little

① a few 약간 있는 + 셀 수 있는 명사
② few 거의 없는 + 셀 수 있는 명사
③ a little 약간 있는 + 셀 수 없는 명사
④ little 거의 없는 + 셀 수 없는 명사

- I have a few books.
  나는 책 몇 권을 가지고 있다. (몇 권의 책들, a few + 셀 수 있는 명사)
- I have few books.
  나는 책을 거의 가지고 있지 않다. (책이 거의 없는, few + 셀 수 있는 명사)
- I drink a little milk every day.
  나는 매일 우유를 조금 마신다. (약간의 우유, 조금의 우유, a little + 셀 수 없는 명사)
- I drink little milk.
  나는 우유를 거의 마시지 않는다. (우유를 거의 마시지 않는, little + 셀 수 없는 명사)

4. a lot of, lots of, many, much

① "많은"이란 의미를 가진 표현들이다.
② a lot of, lots of는 셀 수 있는 명사와 셀 수 없는 명사 둘 다 사용한다.
③ many는 셀 수 있는 명사에, much는 셀 수 없는 명사에 사용한다.

- I don't have a lot of books.
  = I don't have many books. (much books는 틀린 표현)
  나는 책을 많이 가지고 있지 않다.
- I don't drink a lot of water.
  = I don't drink much water. (many water는 틀린 표현)
  나는 물을 많이 마시지 않는다.

5. any, some

① any와 some은 약간, 어떤, 조금(도)의 의미이다.
② any는 주로 부정문과 의문문, 조건문에 사용한다.
③ some은 주로 긍정문에 사용한다.
④ some은 음식을 권유하는 문장에도 사용한다.

- I don't have any money.
  나는 돈이 조금도 없다. (부정문에 any)
- Do you have any money?
  넌 돈이 좀 있니? (의문문에 any)
- If you have any pens, will you lend me one?
  혹시 펜이 있으면, 하나 빌려줄래요? (조건문에 any)
- I have some money.
  나는 약간의 돈이 있다. (긍정문에 some)
- Would you like some coffee?
  커피 좀 드실래요? (의문문이어도 음식 권하는 표현에는 some)

6. each, every

① each는 "각각"이란 의미다.
each + 단수명사, each of + 복수명사 형태로 주로 사용하고 단수 취급을 한다.
② every는 "모든"이란 의미다.
every + 단수명사 형태로 사용하고 단수 취급을 한다.

- Each student has a computer.
  학생들 각각 컴퓨터를 가지고 있다. (each + 단수명사, each students는 안 됨, 학생 각각이란 의미)
- Each of the students has a computer.
  그 학생들 각각 컴퓨터를 가지고 있다. (each of + 복수명사, 하지만 단수 취급)
- Every student has a computer.
  모든 학생이 컴퓨터를 가지고 있다. (every + 단수명사, every students는 안 됨, 모든 학생이란 의미)

7. 분수 표현

① 분수를 읽을 땐 분자를 기수로 먼저 쓰고, 분모를 서수로 쓴다.
② 분자가 복수일 땐 분모에 s를 붙인다.
③ 1/2은 a half 또는 one half를 사용한다.

- 1/3 : one-third, a third
- 2/3 : two-thirds

- 1/4 : one-fourth, a quarter
- 3/4 : three-fourths, three quarters

8. 잘 쓰이는 수량 단위

- a bar of chocolate, soap 한 조각
- a bottle of beer 한 병
- a cup of tea, coffee, cocoa 한 컵
- a glass of juice, water, coke, milk 한 잔
- a pair of pants, socks, sneakers, jeans, shoes, gloves 한 벌
- a piece of cake, paper, pizza, chalk, furniture, advice 한 장, 한 조각
- a sheet of paper 한 장
- a slice of cheese, toast 한 조각
- a spoonful of sugar 한 숟가락
- Two cups of coffees, please. × 커피 두 잔

  ➜ Two cups of coffee, please. (coffee는 셀 수 없으므로 coffees가 안 됨)

15 부사

부사 만들기	형용사+ly	beautiful ➜ beautifully, kind ➜ kindly
	자음+y는 y를 i로 바꾸고 ly	happy ➜ happily, pretty ➜ prettily
형용사와 부사 모양이 같은 단어		early, fast, hard, high, late, long
명사+ly는 형용사		costly 비싼, friendly 우호적인, lovely 사랑스러운

1. 부사의 쓰임

주로 명사를 제외한 나머지를 수식한다.

- This baby is very cute.

  이 아기는 너무 귀엽다. (부사 very는 형용사 cute 수식)
- He walks very fast.

  그는 매우 빨리 걷는다. (부사 very는 부사 fast 수식, 부사 fast는 동사 walks 수식)

2. 부사 만들기

(1) 형용사 + ly

beautiful ➜ beautifully, kind ➜ kindly, wise ➜ wisely

(2) 자음 + y는 y를 i로 바꾸고 ly

happy ➜ happily, pretty ➜ prettily

3. 형용사와 부사 모양이 같은 단어

- He has a fast car.
  그는 빠른 차를 가지고 있다. (fast는 명사 car를 수식하므로 형용사)
- He always drives too fast.
  그는 항상 매우 빠르게 운전을 한다. (fast는 동사 drives를 수식하므로 부사)
- She is very pretty.
  그녀는 매우 예쁘다. (pretty는 형용사로 "예쁜"의 의미)
- She is pretty good at math.
  그녀는 수학을 꽤 잘한다. (형용사 good을 꾸미는 부사 pretty는 "꽤, 매우"의 의미)
- You don't look well.
  그녀는 몸이 안 좋아 보인다. (건강해 보이지 않는다, well이 형용사일 땐 "건강한"의 의미)
- You speak Chinese well.
  넌 중국어를 잘 한다. (well이 부사일 땐 "잘, 충분히"의 의미)

4. 명사 + ly

명사 + ly는 형용사다.

- costly 비싼
- friendly 우호적인, 친절한
- lovely 사랑스러운

5. 구분해야 할 부사

부사	거의, 대부분, 가장	almost	거의 Almost everyone likes movies.
		most	가장 It is the most important thing. (형용사일 때 '대부분')
	또한, 역시	also	주로 문장 안에 사용 The book is also very boring.
		either	부정문 문장 끝에 사용 I don't like the book, either.
		too	긍정문 문장 끝에 사용 I like the book, too.
	충분한, 충분히	enough	형용사, 부사 뒤에서 수식 You are rich enough to buy it.
	빈도부사	always usually often sometimes hardly never	be동사와 조동사 뒤, 일반동사 앞에 주로 사용 • You are always happy. He will never clean his room. • I usually go to church on Sunday.
	연결부사	• for example 예를 들면 • moreover 게다가 • therefore 그러므로	• however 하지만 • on the other hand 반면에

- Almost everyone likes movies.
  거의 모든 사람은 영화를 좋아한다. (거의, almost + all, every)
- It is the most important thing.
  그것은 가장 중요한 것이다. (가장, most)
- The book is also very boring.
  그 책도 역시 매우 따분하다. (또한, 역시, 주로 문장 안에 사용)
- I don't like the book, either.
  나도 역시 그 책을 좋아하지 않는다. (또한, 역시, 부정문 문장 끝에 사용)
- I like the book, too.
  나도 역시 그 책을 좋아한다. (또한, 역시, 긍정문 문장 끝에 사용)
- You are rich enough to buy it.
  당신은 그것을 살 만큼 충분히 부자이다. (형용사, 부사 + enough, 형용사와 부사 뒤에서 수식)
- You are always happy.
  넌 항상 행복하다. (빈도부사는 be동사 뒤에 사용)

- He will never clean his room.
  그는 절대로 자기 방 청소를 하지 않을 것이다. (빈도부사는 조동사 뒤에 사용)
- I usually go to church on Sunday.
  난 보통 일요일에 교회에 간다. (빈도부사는 일반동사 앞에 사용)
- I hate piano concerts. However, I will go to this one.
  난 피아노 콘서트는 싫어해. 하지만, 이번 것은 갈 거야.

6. ~ly가 붙으면 의미가 바뀌는 부사

hard 열심히	➜ hardly 거의 않는
high 높게	➜ highly 대단히, 매우
late 늦게	➜ lately 최근에

- He works hard. He is hardly late.
  그는 열심히 일한다. 그는 거의 지각을 하지 않는다.
- Raise your hands high. This game is highly exciting.
  손을 높이 올려. 이 게임은 매우 흥미진진해.
- She came here late. Have you seen her lately?
  그녀가 여기에 늦게 왔어. 넌 최근에 그녀를 본 적 있니?

7. 이어동사

① 타동사 + 부사(주로 on, off, in, out, down, up)로 이루어진 표현이다.

② about, after, at, for, to는 부사로 사용하지 않고 전치사로만 사용하므로 이어동사가 될 수 없다.

③ 명사 목적어는 "타동사 + 명사 목적어 + 부사 = 타동사 + 부사 + 명사 목적어"처럼 사용할 수 있다.

④ 대명사 목적어는 "타동사 + 대명사 목적어 + 부사"처럼 사용하고 대명사 목적어를 부사 뒤에 사용할 수 없다.

- 기르다, 가르치다 bring up
- 전화하다 call up
- 작성하다 fill in/out
- 포기하다 give up
- 사전에서 찾아보다 look up
- 집어 들다, 태워 주다 pick up
- 입다 put on
- 벗다 take off
- 끄다 turn off

- 켜다 turn on
- Turn on the TV. = Turn the TV on.
- Turn it on. (Turn on it은 틀린 표현)

16 비교

비교	원급	비교급	최상급
규칙 변화	old	older	oldest
	cute	cuter	cutest
	busy	busier	busiest
	big	bigger	biggest
	beautiful	more beautiful	most beautiful
불규칙 변화	bad, ill	worse	worst
	good, well	better	best
	little	less	least
	many, much	more	most

1. 형용사와 부사의 규칙 변화 : 원급 – 비교급 – 최상급

- old – older – oldest 오래된, 더 오래된, 가장 오래된
- cute – cuter – cutest 귀여운, 더 귀여운, 가장 귀여운 (e로 끝나면 r, st만 붙임)
- busy – busier – busiest 바쁜, 더 바쁜, 가장 바쁜 (자음+y는 y를 i로 바꾸고 er, est)
- big – bigger – biggest 큰, 더 큰, 가장 큰 (단모음+단자음인 경우 마지막 자음을 한 번 더 쓰고 er, est)
- beautiful – more beautiful – most beautiful 아름다운, 더 아름다운, 가장 아름다운
  (ed, ful, ing, ish, ive, ly, ous 등으로 끝나거나 3음절 이상의 단어는 more, most를 사용해 만든다.)

2. 불규칙 변화 : 원급 – 비교급 – 최상급

- bad – worse – worst 나쁜, 더 나쁜, 가장 나쁜
- good – better – best 좋은, 더 좋은, 가장 좋은
- little – less – least 적은, 더 적은, 가장 적은
- many – more – most 많은, 더 많은, 가장 많은
- much – more – most 많은, 더 많은, 가장 많은

3. 라틴계 비교급

라틴계 비교급은 than 대신 to를 사용한다.

- interior 안의 ↔ exterior 외부의
- inferior 못한 ↔ superior 우수한
- junior 손아래의 ↔ senior 손위의
- minor 작은 ↔ major 큰
- prefer A to B A를 B보다 더 좋아하다

4. 비교 구문

비교 구문	
as 원급 as	Tom is as tall as me.
비교급 than	Ann is taller than I am.
the 최상급 (in + 단수 / of + 복수)	Sam is the tallest student in his class (of the five students).
비교급 than any other 단수명사	Sam is taller than any other student in his class.
비교급 than all the other 복수명사	Sam is taller than all the other students in his class.
No ~ as 원급 as	No (other) student in his class is as tall as Sam.
No ~ 비교급 than	No (other) student in his class is taller than Sam.
as 원급 as possible (가능한 ~하게) = as 원급 as + S + can	Leave here as soon as possible. = Leave here as soon as you can.
비교급 and 비교급	It was getting colder and colder.
비교급 강조 a lot, even, far, much, still + 비교급	Julia is much taller than he is.
the 비교급 SV~, the 비교급 SV~	The higher we go up, the colder we feel.
one of the 최상급 + 복수명사	Seoul is one of the biggest cities in the world.
배수 as 원급 as, 배수 비교급 than	This car is three times as fast as that one. This car is three times faster than that one.
less 원급 than	This car is less fast than that one.
the 최상급 + (that) + 현재완료	This is the fastest car (that) I have ever seen.

- Tom is as tall as me.
  톰은 나만큼 키가 크다.
- Ann is taller than I am.
  앤은 나보다 키가 더 크다.

- Sam is the tallest student in his class.
  = Sam is taller than any other student in his class. (비교급 than any other 단수명사)
  = Sam is taller than all the other students in his class. (비교급 than all the other 복수명사)
  = No (other) student in his class is as tall as Sam. (No ~ as 원급 as)
  = No (other) student in his class is taller than Sam. (No ~ 비교급 than)
  샘이 그의 반에서 가장 크다.
- Leave here as soon as possible. (as 원급 as possible, 가능한 ~하게)
  = Leave here as soon as you can. (as 원급 as 주어 can = as 원급 as possible)
  가능한 빨리 이곳을 떠나라.
- It was getting colder and colder.
  점점 더 추워지고 있었다. (비교급 and 비교급, 점점 더 ~한)
- Julia is much taller than he is.
  줄리아가 그보다 훨씬 키가 더 크다. (비교급을 강조하는 a lot, even, far, much, still + 비교급)
- The higher we go up, the colder we feel.
  우리는 위로 더 높이 올라갈수록, 우리는 더 춥게 느낀다. (The 비교급 S1 + V1~, the 비교급 S2 + V2~)
- Seoul is one of the biggest cities in the world.
  서울은 세상에서 가장 큰 도시들 중 하나다. (one of the 최상급 + 복수명사, 가장 ~한 것들 중에 하나)
- This car is three times as fast as that one.
  = This car is three times faster than that one.
  이 차는 저 차에 3배 빠르다.
- This car is less fast than that one.
  이 차는 저것보다 덜 빠르다.
- This is the fastest car (that) I have ever seen.
  이것은 내가 본 것 중 가장 빠른 차다.

17 전치사

전치사	at	시간	at 7, at night, at noon
		건물, 주소, 지점	at the building, at 12 Fifth Street
	on	날짜, 요일	on August 9th, on Friday
		도로명	on Fifth Street
		~ 위에 (접촉해 있는)	on the desk, on the second floor, on the wall
	in	계절, 연도, 월	in summer, in 2020, in October, in the morning
		국가, 도시	in Korea, in Seoul
		~ 안에	in the room
	by	~ 옆에, ~까지, 교통수단	by me (by I ×), by tomorrow, by bus
	for	~ 동안, ~을 위해, ~을 향해	for 3 days, for you, for Seoul
	from	~로부터	from Monday
	of	~의, ~ 중에서	legs of the desk, of her friends
	to	~에게, ~로	to me, to Seoul
	under	~ 아래에	under the desk
	with	~와 함께, ~을 가지고	with you, with a knife
	without	~ 없이	without you

1. 전치사의 의미

명사나 대명사 앞에 사용하여 주로 장소, 방법, 시간을 표시하는 단어다. by bus에서 명사 bus 앞에 있는 by가 전치사다. by bus를 함께 묶어서(전치사 + 명사나 대명사) 전명구 또는 전치사구라고 부른다. 전치사 뒤를 전치사의 목적어라고 한다. 따라서 전치사 뒤의 대명사는 목적격을 써야 한다.

- about ~에 관하여, 대략
- at ~에, ~지점에
- behind ~ 뒤에
- beside ~ 옆에
- between ~ 사이에
- by ~ 옆에, ~에 의해, ~까지
- for ~을 위하여, ~ 동안, ~ 때문에, ~을 향해
- from ~로부터
- in ~ 안에

- in front of ~ 앞에
- into ~ 안으로
- next to ~ 옆에
- near ~ 근처에, 가까이에
- of ~의, ~ 중에서
- on ~ 위에
- through ~을 관통해서, ~ 내내
- to ~에게, ~로
- under ~ 아래에
- with ~와 함께, ~을 가지고
- without ~ 없이, ~이 없다면

2. at, on, in + 시간

- at 7 o'clock, at night, at noon (at + 시간, at night 밤에)
- on August 9th, on Friday (on + 날짜, 요일)
- in summer, in 2020, in October, (in + 계절, 연도, 월)
- in the morning, in the afternoon, in the evening (in + 아침, 점심, 저녁)
- on Friday evening (on + 특정 요일 아침, 점심, 저녁)

3. at, on, in + 장소

- at the building, at 12 Fifth Street (at + 건물, 주소, 지점)
- on Fifth Street, on the second floor, on the wall (on + 거리, 도로, ~ 위에 접촉해 있는)
- in Seoul, in Korea, in the sea, in the sky (in + 국가, 도시)
- in the room (~ 안에)

4. 구분해야 할 전치사

구분해야 할 전치사		
by	+ 시간	그 시간까지 1번 끝내기
until		그 시간까지 지속하기
during	+ 숫자 없는 시간	~ 동안
for	+ 숫자 있는 시간	~ 동안

- I'll finish the work by four o'clock. (by + 시간, 그 시간까지 1번 끝내기)
  나는 4시까지 그 일을 끝낼 것이다.
- I'll wait for Jane until four o'clock. (until + 시간, 그 시간까지 지속하기)
  나는 4시까지 제인을 기다릴 것이다.
- I fell asleep during the movie. (during + 숫자가 없는 시간, 그 시간 동안)
  나는 영화 상영하는 동안 잠들었다.
- I watched the movie for two hours. (for + 숫자 있는 시간, 그 시간 동안)
  나는 2시간 동안 그 영화를 봤다.

18 접속사

접속사	등위접속사		and	그리고
			but	그러나
			or	또는
			so	그래서
	종속접속사	명사절	that	~라고, ~라는 것
			if, whether	~인지 아닌지
		부사절	as	~대로, ~하기 때문에, ~할 때, ~할수록
			because	~하기 때문에
			if	~한다면
			since	~ 이후로 (지금까지), ~하기 때문에
			though	~일지라도
			unless	~하지 않는다면
			when	~할 때
	상관접속사		both A and B	A와 B 둘 다
			either A or B	A와 B 중에 하나
			neither A nor B	A와 B 둘 다 아닌
			not A but B	A가 아니라 B
			not only A but also B	A뿐만 아니라 B도

1. 등위접속사 and, but, or, so

- She is pretty and nice. (그리고)
  그녀는 예쁘고 그리고 친절해.
- I am sorry, but I can't help you. (그러나, 하지만)
  미안해, 하지만 널 도울 수 없어.
- Will you go by bus or by train? (또는)
  넌 버스로 갈 거니 또는 기차로 갈 거니?
- The box was very heavy, so I couldn't carry it. (그래서)
  그 상자는 매우 무거웠다, 그래서 난 옮길 수 없었다.
- Hurry up, and you will catch the bus. (명령문, and ~해라, 그러면)
  서둘러, 그러면 그 버스를 탈 거야.
- Hurry up, or you will miss the bus. (명령문, or ~해라, 그렇지 않으면)
  서둘러, 그렇지 않으면 그 버스를 놓칠 거야.

2. 명사절 종속접속사 that, whether = if

- I think that he loves Kate. (that ~라고, ~라는 것)
  난 그가 케이트를 사랑한다고 생각해.
- I wonder whether he loves Kate. (if, whether ~인지 아닌지)
  난 그가 케이트를 사랑하는지 아닌지 궁금해.

3. 부사절 종속접속사

- Let's have dinner after Daddy is home. (after ~ 이후에)
  아빠가 집에 온 후에 저녁을 먹자.
- Do as I tell you. (as ~하는 대로)
  내 말대로 해라.
- I didn't go as it rained hard. (as ~하기 때문에 = because)
  비가 심하게 왔기 때문에 나는 가지 않았다.
- He came up as she was speaking. (as ~ 때 = when)
  그녀가 이야기하고 있을 때 그가 왔다.
- As soon as he saw a police officer, he ran away. (as soon as ~하자마자)
  = (Up)on seeing a police officer, he ran away. (upon = on ~ing ~하자마자)
  그는 경찰을 보자마자, 그는 도망갔다.
- Because I'm busy, I can't go. (because ~하기 때문에)
  나는 바쁘기 때문에, 난 갈 수 없다.
- Turn off the light before you go to bed. (before ~하기 전에)
  자러 가기 전에 불을 꺼라.

- If it doesn't rain tomorrow, I'll go for a walk. (if 만약 ~한다면)

  = Unless it rains tomorrow, I'll go for a walk. (If + not = unless, ~하지 않는다면)

  내일 비가 오지 않는다면, 나는 산책을 갈 거야.
- I have lived here since I came here in 2002. (since ~한 이후로 지금까지)

  내가 2002년 이곳에 온 이후로 난 이곳에서 계속 살았다.
- Though she is young, she is wise. (though ~일지라도)

  비록 그녀가 어릴지라도, 그녀는 현명하다.
- I waited for him until he came back. (until ~할 때까지)

  그가 돌아올 때까지 난 그를 기다렸다.
- When we are busy, time goes very fast. (when ~할 때)

  우리가 바쁠 때, 시간은 빨리 간다.
- While I was having dinner, someone knocked on the door. (while ~하는 동안)

  내가 저녁을 먹는 동안, 누군가 문에 노크를 했다.
- She doesn't eat too much so that she may not get fat. (so that ~하기 위해서)

  = She doesn't eat too much in order that she may not get fat. (in order that ~하기 위해서)

  그녀는 뚱뚱해지지 않기 위해서 너무 많이 먹지 않는다.
- Get up early, and you will catch the school bus. (명령문, and ~해라 그러면)

  = If you get up early, you will catch the school bus.

  일찍 일어나라, 그러면 넌 스쿨버스를 탈 수 있을 거야.
- Hurry up, or you will miss the school bus. (명령문, or ~해라 그렇지 않으면)

  = If you don't hurry up, you will miss the school bus.

  = Unless you hurry up, you will miss the school bus.

  서둘러라, 그렇지 않으면 넌 스쿨버스를 놓칠 거야.

4. 상관접속사

- Both he and I are right. (both A and B A와 B 둘 다)

  그와 나 둘 다 맞다.
- Either he or I am right. (either A or B A와 B 중에 하나)

  그와 나 둘 중에 하나가 맞다.
- Neither he nor I am right. (neither A nor B A와 B 둘 다 아닌)

  그도 나도 둘 다 맞지 않다.
- Not he but I am right. (not A but B A가 아니라 B인)

  그가 아니라 내가 맞다.
- Not only he but also I am right. (not only A but also B = B as well as A A뿐만 아니라 B도)

  = I as well as he am right.

  그뿐만 아니라 나도 맞다.

19 관계사

① 문장을 합칠 때 같은 (대)명사를 지우고 대신 사용하는 것이 관계대명사다.
② 부사나 부사구를 지우고 대신 사용하는 것이 관계부사다.
③ 관계사 앞에 있는 명사를 선행사라고 한다.
④ 대부분의 관계사 문장은 선행사를 꾸며 주는 역할을 한다.
⑤ 관계대명사 뒤에 "주어 + 동사"가 나오는 목적격 관계대명사는 생략이 가능하다.

1. 관계대명사

사람	선행사	who (= that)	+ 동사	This is the girl. + She likes Sam. ➜ This is the girl who likes Sam.
		whose (that ×)	+ 명사	This is the girl. Her father is my teacher. ➜ This is the girl whose father is my teacher.
		whom (= that)	+ 주어 + 동사	This is the girl. + Sam likes her. ➜ This is the girl who(m) Sam likes.
비사람	선행사	which (= that)	+ 동사	This is the book. + It is famous for creative stories. ➜ This is the book which is famous for creative stories.
		whose (that ×)	+ 명사	This is the book. Its stories are creative. ➜ This is the book whose stories are creative.
		which (= that)	+ 주어 + 동사	This is the book. Sam likes it. ➜ This is the book which Sam likes.
	the thing which(that) = what ~것			This is the thing which Sam wants to have. ➜ This is what Sam wants to have.

(1) 관계대명사 who, whose, whom

- This is the girl. + She likes Sam.
  ➜ This is the girl who likes Sam.
  ➜ This is the girl that likes Sam.
  얘가 샘을 좋아하는 그 소녀야.
- This is the girl. + Her father is my teacher.
  ➜ This is the girl whose father is my teacher.
  얘가 아버지가 내 선생님인 그 소녀야.
- This is the girl. + Sam likes her.
  ➜ This is the girl who(m) Sam likes.
  ➜ This is the girl that Sam likes.
  얘가 샘이 좋아하는 그 소녀야.

(2) 관계대명사 which, whose, which

- This is the book. + It is famous for creative stories.
  - ➜ This is the book which is famous for creative stories.
  - ➜ This is the book that is famous for creative stories.

  이 책은 창의적인 이야기들로 유명한 그 책이다.
- This is the book. + Its stories are creative.
  - ➜ This is the book whose stories are creative.

  이 책이 이야기들이 창의적인 그 책이다.
- This is the book. + Sam likes it.
  - ➜ This is the book which Sam likes.
  - ➜ This is the book that Sam likes.

  이 책이 샘이 좋아하는 그 책이다.

2. 관계대명사 that만 사용하는 경우

- This is all the money that she has.
  이것이 그녀가 가진 모든 돈이다. (선행사에 all, every, no가 있으면 주로 관계대명사 that 사용)
- This is the best car that I have ever seen.
  이것이 내가 본 가장 좋은 차다. (선행사에 최상급이 있는 경우 주로 that 사용)
- Sam is the first student that solved this problem.
  샘이 이 문제를 푼 첫 번째 학생이다. (선행사에 서수가 있는 경우 주로 that 사용)
- I use the same book that my sister used.
  나는 내 누나가 사용했던 똑같은 책을 사용한다. (선행사에 the same이 있는 경우 주로 that 사용)
- They are the girl and the cat that I helped yesterday.
  그들이 내가 어제 도왔던 그 소녀와 고양이다. (선행사에 사람 + 비사람이 있는 경우 that 사용)

3. 관계대명사 what

what = the thing that = the thing which

- This is the thing. + Sam wants to have it.
  - ➜ This is the thing which Sam wants to have.
  - ➜ This is what Sam wants to have.

  이것은 샘이 가지고 싶어 하는 것이다.

4. 관계부사

관계대명사와 관계부사		
when	시간 선행사	This is the day. I met you first on the day.
	which	This is the day which I met you first on.
	전치사 which	This is the day on which I met you first.
	when	This is the day when I met you first.
where	장소 선행사	This is the place. I met you first at the place.
	which	This is the place which I met you first at.
	전치사 which	This is the place at which I met you first.
	where	This is the place where I met you first.
why	이유 선행사	This is the reason. I like you for the reason.
	which	This is the reason which I like you for.
	전치사 which	This is the reason for which I like you.
	why	This is the reason why I like you.
how	방법 선행사	This is the way. I solved it in that way.
	which	This is the way which I solved it in.
	전치사 which	This is the way in which I solved it.
	how	This is the way I solved it. This is how I solved it.

① 관계부사는 when, where, why, how 4가지가 있다.

② 시간 선행사에 when, 장소 선행사에 where, 이유 선행사에 why, 방법 선행사에 how를 사용한다.

③ 관계대명사에서 관계부사로 변화되는 과정은 아래와 같다.

(1) when

- This is the day. I met you first on the day.
  - ➜ This is the day which I met you first on.
  - ➜ This is the day on which I met you first.
  - ➜ This is the day when I met you first.

    이 날이 내가 널 처음 만난 날이야.

(2) where

- This is the place. I met you first at the place.
  - ➜ This is the place which I met you first at.
  - ➜ This is the place at which I met you first.
  - ➜ This is the place where I met you first.

    이곳이 내가 널 처음 만났던 장소야.

(3) why

- This is the reason. I like you for the reason.
  - ➜ This is the reason which I like you for.
  - ➜ This is the reason for which I like you.
  - ➜ This is the reason why I like you.
    이것이 내가 널 좋아하는 이유야.

(4) how

- This is the way. I solved it in that way.
  - ➜ This is the way which I solved it in.
  - ➜ This is the way in which I solved it.
  - ➜ This is the way I solved it.
    This is the way how I solved it. × (how는 선행사와 함께 사용할 수 없다.)
  - ➜ This is how I solved it.
    이것이 내가 그것을 해결했던 방법이야.

5. 복합 관계사

복합 관계사		부정(不定) : ~나	양보(讓步) : ~일지라도
복합 관계대명사	whoever	anyone who	no matter who
	whatever	anything that	no matter what
	whichever	anything that	no matter which
복합 관계부사	whenever	at any time when(that)	no matter when
	wherever	at any place where(that)	no matter where
	however	×	no matter how + 부사/형용사

(1) 복합 관계대명사

- Anyone who loves movies will be welcome.
  = Whoever loves movies will be welcome. (Anyone who = Whoever)
  영화를 사랑하는 사람은 누구나 환영한다.
- Do anything that you like.
  = Do whatever you like. (anything that = whatever)
  네 마음에 드는 것은 무엇이든 해라(좋을 대로 해라).
- No matter who says so, I don't believe it.
  = Whoever says so, I don't believe it. (No matter who = Whoever)
  누가 그렇게 말하든 간에, 나는 그것을 믿지 않는다.

• No matter what happens, I will help you.

= Whatever happens, I will help you. (No matter what = Whatever)
무슨 일이 있어도, 난 너를 도울 거야.

(2) 복합 관계부사

• Wherever you go, I'll follow you.

= No matter where you go, I'll follow you.
네가 어디를 갈지라도, 나는 너를 따라갈 것이다.

• Whenever you want to see me, I'll visit you.

= No matter when you want to see me, I'll visit you.
네가 나를 언제 보고 싶어 할지라도, 내가 널 방문할 것이다.

• However rich you may be, you can't buy happiness.

= No matter how rich you may be, you can't buy happiness.
네가 아무리 부자일지라도, 행복을 살 수는 없다.

• She gives me a rose whenever I meet her.

= She gives me a rose at any time when(that) I meet her.
내가 그녀를 만날 때는 언제나, 그녀는 나에게 장미를 준다.

• Sit wherever you like.

= Sit at any place where(that) you like.
네 마음에 드는 곳은 어디나 앉아라.

03 기출 및 적중예상문제

정답 및 해설 별책 7p

01 다음 빈칸에 공통으로 들어갈 말로 가장 적절한 것은?

> • Jim, ________ are you going to come home?
> • Listening to music can be helpful ________ you feel bad.

① how ② who
③ what ④ when

02 다음 빈칸에 공통으로 들어갈 말로 가장 적절한 것은?

> • Minsu, ________ are you going to do this weekend?
> • No one knows exactly ________ happened.

① what ② that
③ who ④ if

03 다음 빈칸에 공통으로 들어갈 말로 가장 적절한 것은?

> • Tom, ________ are you planning to go?
> • There is a safe place ________ we can stay.

① who ② what
③ where ④ which

04 다음 빈칸에 공통으로 들어갈 말로 가장 적절한 것은?

> • I have a friend ________ lives in America.
> • Dad, ________ won the tennis match last night?

① how ② what
③ when ④ who

05 다음 빈칸에 공통으로 들어갈 말로 가장 적절한 것은?

- He doesn't know ________ old she is.
- I want to learn ________ to make spaghetti.

① who ② how
③ when ④ where

06 다음 빈칸에 공통으로 들어갈 말로 가장 적절한 것은?

- ________ don't we go hiking this weekend?
- ________ do you want to join the soccer club?

① Why ② How
③ What ④ Where

07 다음 빈칸에 공통으로 들어갈 말로 가장 적절한 것은?

- ________ kind of food do you like the most?
- ________ time do you want to go to the movies?

① How ② When
③ What ④ Where

08 다음 빈칸에 공통으로 들어갈 말로 가장 적절한 것은?

- This is a convenience store ________ is open 24 hours a day.
- Jane, ________ do you like better, pasta or pizza?

① how ② who
③ when ④ which

09 다음 빈칸에 공통으로 들어갈 말로 가장 적절한 것은?

- I remember the day ________ I first met him.
- I don't know ________ she will come back.

① who ② what
③ when ④ which

10 다음 빈칸에 공통으로 들어갈 말로 가장 적절한 것은?

- Can you explain ________ to use the copy machine?
- I can't understand ________ he solved the problem.

① what ② that
③ who ④ how

11 다음 빈칸에 공통으로 들어갈 말로 가장 적절한 것은?

- My sister asked me ________ he was.
- I know the man ________ lives across the street.

① who ② why
③ what ④ when

12 다음 빈칸에 공통으로 들어갈 말로 가장 적절한 것은?

- Her accent tells me ________ she is from.
- This is the hotel ________ we stayed last summer.

① where ② which
③ when ④ who

13 다음 빈칸에 공통으로 들어갈 말로 가장 적절한 것은?

- ________ do you want for dinner?
- ________ I want is health, not money.

① Who ② That
③ What ④ While

14 다음 빈칸에 공통으로 들어갈 말로 가장 적절한 것은?

- It has been a long time ________ I saw you.
- You should wear a coat ________ it is cold.

① to ② by
③ then ④ since

15 다음 빈칸에 공통으로 들어갈 말로 가장 적절한 것은?

- ________ don't you take a rest tonight?
- ________ do you think people enjoy watching sports?

① How ② Why
③ Where ④ Which

16 다음 빈칸에 공통으로 들어갈 말로 가장 적절한 것은?

- The movie was so impressive ________ I saw it three times.
- This is the picture ________ I took last year.

① why ② that
③ what ④ which

17 다음 빈칸에 들어갈 말로 가장 적절한 것은?

A : You're wearing a new watch.
B : Yeah, I ________ it last week.

① buy ② bought
③ will buy ④ am buying

18 다음 빈칸에 공통으로 들어갈 말로 가장 적절한 것은?

- That's exactly ________ I mean.
- He told me about ________ his friends were doing.

① why ② that
③ what ④ which

19 다음 빈칸에 들어갈 말로 가장 적절한 것은?

My teacher made me ________ the homework again.

① do ② did
③ done ④ to do

20 다음 빈칸에 공통으로 들어갈 말로 가장 적절한 것은?

- Stop ________ when the bell rings.
- Did he finish ________ his essay?

① wrote ② writes
③ writing ④ to write

21 다음 빈칸에 들어갈 말로 가장 적절한 것은?

Susan ________ to meet her friends right now.

① want ② wants
③ wanted ④ had wanted

22 다음 빈칸에 공통으로 들어갈 말로 가장 적절한 것은?

- It is easy ________ him to pass the exam.
- I have lived here ________ ten years.

① at ② in
③ of ④ for

23 다음 빈칸에 들어갈 말로 가장 적절한 것은?

> She is more interested in sports ________ I am.

① than ② that
③ what ④ which

24 다음 빈칸에 들어갈 말로 가장 적절한 것은?

Drinks	Price
Coffee	$3.00
Tea	$5.00

> The coffee is ________ than the tea.

① cheap
② cheaper
③ expensive
④ more expensive

25 다음 빈칸에 들어갈 말로 가장 적절한 것은?

Fruit	Price(each)
Peach	500 won
Apple	1,000 won

> A peach is ________ than an apple.

① cheap
② cheaper
③ expensive
④ more expensive

26 다음 빈칸에 들어갈 말로 가장 적절한 것은?

Name	Height
Jane	166 cm
Mina	166 cm
Susan	170 cm
Tommy	180 cm

> Jane is as ________ as Mina.

① tall
② taller
③ the tallest
④ more tall

27 다음 빈칸에 들어갈 말로 가장 적절한 것은?

________ a kind girl she is!

① How ② What
③ When ④ Where

28 다음 빈칸에 들어갈 말로 가장 적절한 것은?

________ tall you are!

① How ② What
③ When ④ Where

29 다음 빈칸에 들어갈 말로 가장 적절한 것은?

I wanted him ________ the piano.

① play ② played
③ playing ④ to play

30 다음 빈칸에 들어갈 말로 가장 적절한 것은?

Tom let me ________ with his cat.

① play ② played
③ playing ④ to play

31 다음 빈칸에 들어갈 말로 가장 적절한 것은?

I don't want ________ too much junk food.

① ate ② eat
③ eating ④ to eat

32 다음 빈칸에 들어갈 말로 가장 적절한 것은?

He enjoyed ________ camping on the weekends.

① go ② going
③ to go ④ went

33 다음 빈칸에 들어갈 말로 가장 적절한 것은?

> It is very important ________ to finish the work.

① for me ② me
③ my ④ of me

34 다음 빈칸에 들어갈 말로 가장 적절한 것은?

> That's very kind ________ to say so.

① for you ② of you
③ you ④ your

35 다음 빈칸에 들어갈 말로 가장 적절한 것은?

> Many people were ________ at the news.

① surprise
② surprised
③ surprising
④ to surprise

PART

III

생활영어

01 대표 기출 유형

02 생활영어 필수 40개 포인트

03 필수 격언 및 속담

04 기출 및 적중예상문제

01 대표 기출 유형

분석

25문제 중 평균적으로 6~7문제를 출제하여 24~28%를 차지하는 문제다.
최근에는 빈칸, 심정, 장소, 주제를 묻는 문제가 대부분이다.
다른 문제에 비해 상대적으로 난이도가 낮은 편이다.
솔루션은 생활영어 필수 40개 포인트와 필수 격언 및 속담 119개를 정리하고 기출문제를 풀면 된다.

유형 A 빈칸에 적절한 것을 묻는 문제

> A : Matt, ______________________?
> B : How about the N Seoul Tower?
> We can see the whole city from the tower.
> A : After that, let's walk along the Seoul City Wall.
> B : Perfect! Now, let's go explore Seoul.

① where shall we go first
② what do you do for a living
③ how often do you come here
④ why do you want to be an actor

정답 ①

해석 A : 맷, ① 우리 어디를 먼저 갈까?
B : N서울타워는 어때? 우리는 그 타워에서 도시 전체를 볼 수 있어.
A : 그 후에는, 서울 시청을 따라 걷자.
B : 완벽해! 자, 서울 탐험을 하러 가자.
② 당신은 생계를 위해 무엇을 하나요(직업이 뭔가요)?
③ 당신은 얼마나 자주 이곳에 오나요?
④ 왜 당신은 배우가 되기를 원하나요?

해설
- whole 전체의
- along ~을 따라서
- explore 탐험하다

유형 B 심정, 장소, 주제를 묻는 문제

01 다음 대화에서 알 수 있는 B의 심정으로 가장 적절한 것은?

> A : It's raining cats and dogs.
> B : Raining cats and dogs? Can you tell me what it means?
> A : It means it's raining very heavily.
> B : Really? I'm interested in the origin of the expression.

① 불안 ② 슬픔
③ 흥미 ④ 실망

정답 ③

해석 A : 비가 억수같이 오네.
B : 비가 억수같이 온다고? 그게 무슨 뜻이니?
A : 그것은 비가 매우 심하게(많이) 온다는 의미야.
B : 정말? 난 표현의 기원에 관심이 있어.

해설 be interested in ~에 관심이(흥미가) 있다란 의미로 ③이 적절하다.
- rain cats and dogs 비가 억수같이 오다
- mean 의미하다
- heavily 심하게
- origin 기원
- expression 표현

02 다음 대화가 이루어지는 장소로 가장 적절한 것은?

> A : Good morning, how may I help you?
> B : Wow, it smells really good in here.
> A : Yes, the bread just came out of the oven.
> B : I'll take this freshly baked one.

① 제과점 ② 세탁소
③ 수영장 ④ 미용실

정답 ①

해석 A : 좋은 아침입니다, 어떻게 도와드릴까요?
B : 와우, 여기 냄새가 정말 좋군요.
A : 예, 빵이 오븐에서 방금 나왔거든요.
B : 이 방금 구운 빵을 살게요.

해설 빵을 사고파는 제과점이 적절한 장소다.
- smell 냄새가 나다
- bread 빵
- oven 오븐
- freshly baked (신선하게) 방금 구운

03 다음 대화의 주제로 가장 적절한 것은?

A : Can you share any shopping tips?
B : Sure. First of all, always keep your budget in mind.
A : That's a good point. What else?
B : Also, don't buy things just because they're on sale.
A : Thanks! Those are great tips.

① 현명하게 쇼핑하는 방법
② 일기를 써야 하는 이유
③ 건축 시 기둥의 중요성
④ 계단을 이용할 때의 장점

정답 ①

해석 A : 넌 쇼핑 팁 좀 나누어 줄 수 있어?
B : 물론이지. 먼저, 항상 예산을 명심해.
A : 좋은 지적이야. 다른 것은?
B : 또한, 단지 세일(할인)한다고 물건을 사지는 마.
A : 고마워! 그것들은 멋진 팁이네.

해설
- share 공유하다, 함께 나누다
- tip 조언, 팁
- point 요점, 핵심

유형 C 밑줄 친 표현의 의미를 묻는 문제

A : Look, Junho. I finally got an A on my math exam!
B : You really did well on your exam. What's your secret?
A : I've been studying math everyday, staying up late even on weekends.
B : You are a good example of '<u>no pain, no gain</u>.'

① 철이 뜨거울 때 내려쳐라.
② 수고 없이 얻는 것은 없다.
③ 시간은 화살처럼 빨리 지나간다.
④ 필요할 때 친구가 진정한 친구이다.

정답 ②

해석 A : 이것 좀 봐, 준호야. 나 수학 시험에 마침내 A를 받았어.
B : 시험 정말 잘 쳤구나. 비결이 뭐니?
A : 심지어 주말에도 늦게까지 안 자고 매일 수학 공부를 했어.
B : 네가 '수고가 없으면 얻는 것도 없다.'는 말의 좋은 사례구나.

해설
- finally 마침내
- math exam 수학 시험
- secret 비결, 비밀
- stay up late 늦게까지 깨어 있다
- even 심지어

02 생활영어 필수 40개 포인트

• 자주 출제되는 생활영어 표현들을 40개의 필수 포인트를 통해 익힌다.

1 감사

(1) 감사 표현

• I appreciate your help.
  네 도움 고마워.
• I'm very grateful for your kindness.
  당신의 친절에 정말 감사드립니다.
• Thank you.
  고마워.
• Thank you for your help.
  네 도움 고마워.
• Thanks.
  고마워.
• Thanks a lot.
  많이 고마워.

(2) 감사 대답

• Anytime.
  언제라도.
• Don't mention it.
  별말씀을(그런 말 마세요).
• It's my pleasure.
  별말씀을.
• It's nothing.
  별거 아닌데.
• My pleasure.
  별말씀을(내가 기쁘지).

- No problem.
  별거 아닌데.
- Not at all.
  별거 아닌데.
- Sure.
  별말씀을.
- You're welcome.
  별말씀을.

2 감정

(1) 기쁨

- How happy I am!
  나 정말 행복해!
- I feel good about that.
  그거 기분 좋다.
- I'm flying.
  날아가는 기분이군.
- I'm glad to hear that.
  그런 얘기 들어 기뻐.
- I'm happy to hear that.
  그런 얘기 들어 행복해.
- I'm having fun.
  재밌어. 즐거워.
- I'm joyful of the news.
  그 소식 듣고 기뻐(즐거워).
- I'm on cloud nine.
  (기뻐서) 구름에 떠 있는 기분이야.
- I'm pleased to meet you.
  널 만나 기뻐.
- I'm satisfied with my success.
  내 성공에 난 만족해.
- I'm so pleased.
  너무 기뻐. 너무 즐거워.

- It couldn't be better.
  더 좋을 수는 없어. 너무 좋아.
- Nothing gives me so much pleasure!
  어떤 것도 그렇게 큰 기쁨을 주진 못하지!

(2) 놀람

- I can't believe it.
  (놀라워서) 믿을 수가 없어.
- I can't believe my own eyes!
  (놀라워서) 내 눈을 믿을 수가 없군!
- It's amazing.
  놀랍군.
- That's incredible!
  (놀라워서) 믿을 수가 없어!
- That's surprising!
  놀랍군!
- Unbelievable!
  (놀라워서) 믿을 수가 없군!
- What a surprise!
  놀랍다!

(3) 슬픔

- I feel blue.
  우울해.
- I feel helpless.
  무기력해.
- I feel like crying.
  울고 싶어.
- I'm (deeply, so) sad.
  (너무) 슬프다.
- I'm depressed.
  우울해.
- I'm gloomy.
  우울해.
- I'm hopeless.
  절망적이네. 희망이 없네.

- I'm miserable.
  비참하군.
- It makes me really sad.
  그건 정말 날 슬프게 만들어.
- You look down.
  너 우울해 보여.

(4) 안타까움

- I'm sorry to hear that.
  그런 얘기 들어 안타깝다.
- That's a pity.
  안됐다. 안타깝다.
- That's too bad.
  너무 안됐다.
- What a pity!
  안타깝군!

(5) 화남

- I got so upset.
  나는 너무 화났어.
- I'm angry with you.
  나는 네게 화가 나.

(6) 후회

- I regret that.
  나 그거 후회해.
- I should have finished my homework last night.
  어젯밤 내 숙제를 끝냈어야 했는데 (안 해서 후회된다).
- I wish I had not wasted my time.
  내 시간을 낭비하지 않았더라면 좋을 텐데.

3 격려

- Cheer up!
  힘내! 기운 내!
- Come on!
  힘내! 기운 내!
- Don't be disappointed.
  실망하지 마.
- Don't be so hard on yourself.
  너무 괴로워하지 마.
- Don't get too down.
  너무 낙담하지 마.
- Don't take it so hard.
  너무 심각하게 여기지 마.
- Don't worry.
  걱정 마.
- Don't worry about it.
  그거 걱정하지 마.
- Everything's going to be all right.
  모든 것이 잘될 거야.
- I'm sure you'll do better next time.
  다음에 더 잘할 거라 확신해.
- Look on the bright side.
  밝은 면을 봐. 긍정적으로 생각해.
- Take it easy.
  진정해.
- You'll be just fine.
  넌 괜찮아질 거야.
- You'll do better next time.
  다음에 더 잘할 거야.

4 계획

- What are you going to do this weekend?
  이번 주말에 뭐할 거니?
- What are you planning to do?
  뭘 할 계획이니?
- What do you plan to do this winter vacation?
  이번 겨울 방학에 뭘 할 계획이니?
- What is your plan?
  네 계획은 뭐니?
- I don't have any plans.
  난 계획이 없어.
- I made plans for this weekend.
  이번 주말 계획을 세웠어.
- I plan to read a lot of books.
  난 많은 책을 읽을 계획이야.
- I'm going to watch movies.
  영화를 볼 예정이야.
- I'm planning to travel around the world.
  난 세계 여행을 할 계획이야.
- Life doesn't go as planned.
  인생은 계획대로 되지 않아.
- The plan is ruined.
  그 계획은 망했어.

5 장소

(1) 공공 기관

- I've filled out all the applications.
  신청서를 모두 작성했습니다.
- Just sign here and date it.
  여기에 서명하시고 날짜를 쓰세요.
- Sign here, please.
  여기에 서명하세요.

- The person in charge is not here at the moment.
  담당자가 지금 자리에 없네요.
- What kind of document should I fill out?
  어떤 서류를 작성해야 하나요?
- Where should I submit this form?
  이 양식은 어디에 제출해야 하나요?
- Which department is in charge of this?
  이것은 어느 부서에서 담당하나요?
- Which form should I fill out?
  어떤 양식을 작성해야 하나요?
- You should apply for it first.
  먼저 그것을 신청부터 하셔야 합니다.

(2) 병원

- Are you taking any medication right now?
  현재 복용하시는 약 있나요?
- Do you have an appointment?
  예약하셨나요?
- Do you have any allergies?
  알레르기 있습니까?
- Have you been here before?
  이전에 내원하신 적이 있나요?
- I have a severe headache.
  두통이 심합니다.
- I would like to be seen by Dr. Park.
  박 선생님께 진찰받고 싶어요.
- I'm allergic to peanuts.
  땅콩 알레르기가 있어요.
- I'm here to see a patient.
  환자 면회하러 왔습니다.
- I'm sorry, it's by appointment only.
  죄송하지만, 예약 진료만 가능합니다.
- It started a week ago.
  일주일 전부터 아프기 시작했어요.
- What brings you here today?
  어떻게 오셨습니까?

- What's your date of birth?
  생년월일을 말씀해 주세요?
- When did it start?
  언제부터 아프기 시작했나요?
- Where can I check in?
  입원 수속은 어디서 하나요?
- Where is the emergency room?
  응급실이 어디인가요?

(3) 우체국

- How much is the postage for this box?
  이 상자 택배 요금은 얼마인가요?
- I'd like to send it by airmail.
  그것을 항공우편으로 보내고 싶어요.
- I'd like to send this box to this address.
  이 상자를 이 주소로 보내고 싶어요.

(4) 은행

- Can you exchange these bills for coins, please?
  이 지폐를 동전으로 바꾸어 주실래요?
- Can you exchange these coins for bills, please?
  이 동전을 지폐로 바꾸어 주실래요?
- How much is the annual fee for this card?
  이 카드 연회비는 얼마인가요?
- I would like to open an account.
  계좌를 개설하고 싶어요.
- I'd like to change this in the 10,000won note.
  이것을 만 원권으로 바꾸고 싶어요.
- I'd like to exchange this money for dollars.
  나는 이 돈을 달러로 환전하고 싶어요.
- I'd like to stop using this account.
  이 계좌를 그만 사용하고 싶어요.
- What's the exchange rate today?
  오늘 환율은 얼마입니까?
- Where can I exchange money?
  환전은 어디서 하나요?

6 관심

- Are you interested in cooking?
  넌 요리에 관심 있니?
- I have (an) interest in listening to music.
  난 음악 듣는 것에 관심 있어.
- What are you interested in?
  넌 무엇에 관심 있니?

7 기대

- I expect to have good grades.
  난 좋은 성적이 나오길 기대해.
- I'm looking forward to seeing you again.
  난 널 다시 보길 학수고대하고 있어.

8 기원

- Good luck to you.
  행운을 빌어.
- I hope everything goes well.
  모든 것이 잘 되길 바란다.
- I wish you good luck.
  행운을 빌어.
- I'll keep my fingers crossed for you.
  행운을 빌어 줄게.

9 길 찾기

- Can I walk there?
  그곳까지 걸어갈 수 있나요?
- Can you show me the way to the department store?
  그 백화점이 어디 있는지 가르쳐 줄 수 있나요?
- Can you tell me where I am?
  제가 있는 곳이 어딘가요?
- Can you tell me where the post office is?
  그 우체국이 어디에 있는지 알려 줄 수 있나요?
- Do I have to transfer?
  갈아타야 하나요?
- Excuse me. Where is City Hall?
  실례합니다. 시청이 어디에 있나요?
- How can I get to the National Museum?
  국립박물관에 어떻게 가나요?
- How can I get to the nearest subway station?
  가장 가까운 지하철역으로 가는 길을 가르쳐 주실래요?
- How many stops are left to Seoul Station?
  서울역까지 몇 정거장 남았나요?
- How much will it cost to the airport by taxi?
  공항까지 택시비가 얼마예요?
- I'm looking for City Hall.
  시청을 찾는 중입니다.
- Is there a subway station around here?
  이 근처에 지하철역이 있나요?
- Please tell me the way to Seoul Station.
  서울역 가는 길을 알려 주세요.
- Where can I find the station?
  그 역을 어디서 찾을 수 있나요?
- Where is Seoul Station?
  서울역이 어딘가요?
- Where is the entrance to the subway?
  지하철 입구가 어디에요?
- Where should I transfer?
  어디서 갈아타야 하나요?

- (I'm) Sorry, I'm a stranger here myself.
  미안하지만, 난 이곳을 잘 몰라요.
- Ask (the) others.
  다른 분들에게 물어보세요.
- Go straight for one block and turn left.
  한 블록 곧장 가서 좌회전하세요.
- I'll take you there.
  제가 데려다 드릴게요.
- I'm lost.
  저는 길을 잃었어요.
- It will take 30 minutes by bus.
  버스로 30분 걸릴 것입니다.
- Take the bus and get off at the fourth stop.
  그 버스를 타고 4번째 정거장에서 내리세요.
- Take the exit on the right.
  오른쪽 출구로 나가 주세요.
- There are three stops left to Seoul Station.
  서울역까지 세 정거장 남았어요.
- You got the wrong way.
  길을 잘못 드셨어요.
- You took the wrong way.
  길을 잘못 드셨어요.

10 날씨

- How's the weather today?
  오늘 날씨 어때요?
- What's the weather like today?
  오늘 날씨 어때요?
- It's cloudy.
  흐려.
- It's raining.
  비가 오고 있어.
- It's rainy.
  비가 와.

- It's snowing.
  눈이 오고 있어.
- It's snowy.
  눈이 와.
- It's sunny.
  화창해.
- It's windy.
  바람이 불어.

11 동의

- I agree (with you).
  네게 동의해.
- I couldn't agree more.
  전적으로 동의해.
- I think so, too.
  나도 역시 그렇게 생각해.
- I think you are right.
  네가 옳다고 생각해.
- Me, too.
  나도 그래.
- Same here.
  나도 같아.
- So am I.
  나도 그래.
- So do I.
  나도 그래.
- Tell me about it.
  내 말이 그 말이야.
- That's a good point.
  좋은 지적이야.
- That's exactly what I had in mind.
  그게 바로 정확히 내 생각이야.
- That's just what I was thinking.
  그게 바로 내 생각이야.

- That's right.
  맞아. 옳아.
- You can say that again.
  네 말에 동의해.

12 되묻기

- Come again?
  다시 한번 말해 줄래요?
- Could(Can) you say that again?
  다시 한번 말해 줄래요?
- Excuse me?
  다시 한번 말해 줄래요?
- I beg your pardon?
  다시 한번 말해 줄래요?
- (I'm) sorry?
  다시 한번 말해 줄래요?
- Pardon?
  다시 한번 말해 줄래요?
- Pardon me?
  다시 한번 말해 줄래요?
- What did you say?
  다시 한번 말해 줄래요?
- Would(Will) you repeat that?
  다시 한번 말해 줄래요?

13 문제 묻기

- Is there anything wrong?
  무슨 일이야?
- What happened (to you)?
  무슨 일이야?
- What's the matter (with you)?
  무슨 일이야?

- What's the problem?
  무슨 일이야?
- What's up?
  무슨 일이야?
- What's wrong (with you)?
  무슨 일이야?

14 반대

- I don't agree with you.
  네 말에 동의하지 않아.
- I don't think so.
  난 그렇게 생각하지 않아.
- I object to the plan.
  난 그 계획에 반대야.
- I'm against that.
  난 그거 반대해.

15 부탁 · 요청

(1) 부탁

- Can I ask you a favor?
  부탁 하나 해도 될까요?
- Can you do me a favor?
  부탁 하나 해도 될까요?
- Can you give me a hand?
  도와줄 수 있나요?
- Can you help me?
  도와줄 수 있나요?
- Could you do me a favor?
  부탁 하나 해도 될까요?
- May I ask you a favor?
  부탁 하나 해도 될까요?

- Will you do me a favor?
  부탁 하나 들어줄래요?
- Will you give me a hand?
  도와줄 수 있나요?
- Would you do me a favor?
  부탁 하나 해도 될까요?
- Would you mind waiting another 5 minutes?
  5분만 더 기다려 줄래요?
- Would you please open the door?
  문 좀 열어 주실래요?

(2) 승낙

- I will if I can.
  할 수 있다면 할게요.
- No problem.
  물론이죠, 문제없어요.
- Of course.
  물론이죠.
- Sure. Go ahead.
  물론이죠. 어서 하세요.
- Why not?
  (왜 안 되겠어요) 좋아요.
- Yes, certainly.
  물론이죠.
- Yes, with my pleasure.
  기꺼이 해 드릴게요.

(3) 거절

- I can't right now.
  지금은 안 되겠어요.
- I'd like to, but I can't.
  그러고 싶은데 안 되겠어요.
- I'm afraid I can't.
  안타깝지만 안 되겠어요.
- I'm sorry, but I can't.
  미안하지만 안 되겠어요.

- No, thank you.
  고맙지만 됐습니다.

16 불평

- I want to complain about this food.
  이 음식 별로예요.
- I'm really disappointed.
  정말 실망이야.
- It's not fair.
  그건 불공평해.
- This is unsatisfactory.
  이건 불만이야.

17 사과

(1) 사과 표현

- I apologize for losing my temper.
  화를 내서 미안해.
- I'm sorry (about that).
  미안해요.
- I'm sorry to have kept you waiting.
  기다리게 해서 미안해요.

(2) 사과 대답

- Don't worry.
  걱정하지 마.
- It's not a big deal.
  큰일 아니야.
- Never mind.
  괜찮아. 신경 쓰지 마.
- No problem.
  괜찮아요(별문제 아니에요).

- That's all right.
  괜찮아.
- That's okay.
  괜찮아요.

18 선호

(1) 선호 묻기

- What do you like to do most?
  무엇을 가장 하고 싶니?
- What do you love to do best?
  무엇을 가장 하고 싶니?
- Which fruit do you prefer, apples or grapes?
  사과 또는 포도 중에 어떤 과일이 더 맘에 드니?
- Who is your favorite singer?
  가장 좋아하는 가수가 누구니?

(2) 선호 대답

- I enjoy reading novels.
  난 소설 읽는 것을 즐겨.
- I prefer apples to grapes.
  난 포도보다 사과가 더 좋아.
- I'd like to visit London someday.
  난 언젠가 런던을 방문하고 싶어.
- My favorite thing is soccer.
  내가 가장 좋아하는 것은 축구야.
- There is nothing I like more than reading books.
  책 읽는 것보다 더 좋은 것이 없어.

19 소개

- How do you do?
  (격식 갖춘 조금 딱딱한 표현) 처음 뵙겠습니다.

- I'd like you to meet my sister, Julia.
  얘가 내 여동생 줄리아야.
- (I'm) glad to meet you.
  만나서 반갑습니다.
- (I'm) glad to see you.
  만나서 반갑습니다.
- Let me introduce my friend to you. This is Julia.
  내 친구 소개할게. 얘가 줄리아.
- Let me introduce myself. I'm Sam Brown.
  소개할게. 난 샘 브라운이야.
- Nice to meet you.
  만나서 반갑습니다.
- This is my friend, Sam.
  얘가 내 친구 샘이에요.

20 소망

- I hope that he will get well.
  그가 건강해지면 좋겠어.
- I hope to be more beautiful.
  더 예뻤으면 좋겠어.
- I wish I had enough time.
  내게 충분한 시간이 있으면 좋을 텐데.
- I wish I were a bird.
  내가 새라면 좋을 텐데.
- I wish you a Happy New Year.
  행복한 새해가 되길.
- I'd like to go abroad someday.
  언젠가 난 외국에 가고 싶어.
- I'm dying to go to the museum.
  그 박물관에 가고 싶어 죽겠어.
- If I were a bird, I could fly to you.
  내가 새라면 너에게 날아갈 텐데.

21 쇼핑

- Can I help you?
  무엇을 도와드릴까요?
- Can you give me a discount?
  조금만 깎아 줄래요?
- Cash or credit?
  현금입니까, 카드입니까?
- Here's your change.
  잔돈 여기요.
- How about this model?
  이 모델은 어때요?
- How much does it cost?
  얼마예요?
- How much is it?
  얼마예요?
- I can't afford it.
  그걸 살 수 없어요.
- I'm just browsing.
  그냥 둘러보는 중이에요.
- I'm just looking around.
  그냥 둘러보는 중이에요.
- I'm looking for a cap.
  모자를 사러 왔어요.
- I'm sorry, but we don't have that in your size.
  죄송합니다, 손님 사이즈가 없네요.
- Is it on sale?
  할인 중인가요?
- It costs twelve dollars.
  12달러입니다.
- It's sold out.
  그것은 매진입니다.
- May I help you?
  무엇을 도와드릴까요?
- May I touch this?
  이것 좀 만져 봐도 되나요?

- May I try it on?
  입어 봐도 되나요?
- Please show me another one in this size.
  이 사이즈로 다른 것을 보여 주세요.
- Please show me the different sizes of this product.
  이 제품 다른 사이즈 좀 보여 주세요.
- Show me another.
  다른 것 좀 보여 주세요.
- What can I do for you?
  무엇을 도와드릴까요?
- Where is the fitting room?
  탈의실이 어디에 있나요?
- Would you show me that one?
  저것 좀 보여 주실래요?

22 안부

- Everything's all right.
  모든 게 좋아. 잘 지내고 있어.
- How are you?
  어떻게 지내?
- How are you doing?
  어떻게 지내?
- How have you been?
  그동안 어떻게 지냈어?
- How's everything?
  어떻게 지내?
- How's it going?
  어떻게 지내?
- How's your business?
  하시는 일은 잘 되시죠?
- How's your family doing?
  가족은 잘 있죠?
- I haven't seen you for a long time.
  오랜만이네.

- I haven't seen you for ages.
  오랜만이네.
- (I'm) fine.
  난 좋아. 난 잘 지내고 있어.
- (I'm) good.
  난 좋아. 난 잘 지내고 있어.
- (I've been doing) very well.
  매우 잘 지내고 있어.
- It's been a long time.
  오랜만이네.
- Long time no see.
  오랜만이네.
- Not so bad.
  나쁘진 않아.
- Not so good.
  그렇게 좋진 않아.
- Nothing much.
  뭐 (특별한 것은 없이) 그냥 지내.
- Pretty good.
  매우 잘 지내.
- So so.
  그냥 그래.
- Very well.
  매우 잘 지내.
- What have you been doing lately?
  최근에 뭐하고 지냈어?
- What's up?
  (무슨 일 있어?) 잘 지내지?

23 약속

- Are you free tomorrow?
  내일 시간 되니?
- Shall we make it at seven?
  7시에 만날까?

- What time shall we make it?
  몇 시에 만날까?
- Where do you want to meet?
  어디서 만날까?
- Where shall we meet?
  어디서 만날까?

24 여행

- Can I ask you for directions?
  길 좀 물어볼 수 있을까요?
- Can I borrow your phone?
  전화기 좀 빌릴 수 있을까요?
- Can I get a room for tonight?
  오늘밤 방이 있나요?
- Can you give me a ride?
  저 좀 태워 줄 수 있나요?
- I have lost my passport.
  여권을 잃어버렸습니다.
- I have travel insurance.
  여행자 보험에 들었어요.
- I just want a one-way ticket.
  그냥 편도표 주세요.
- I prefer self-guided trip to package trip.
  나는 패키지 여행보다 자유 여행을 더 좋아해요.
- I want to go on a trip to London during the holidays.
  휴가 동안 런던 여행 가고 싶어요.
- I want you to keep my valuables.
  귀중품을 보관하고 싶어요.
- I'd like a room with an ocean view.
  바다가 보이는 방을 주세요.
- I'd like a round ticket.
  왕복표 주세요.
- I'd like a single room with bath.
  욕실이 있는 싱글 룸을 원합니다.

- I'd like a wake-up call at 6 p.m.
  6시에 모닝콜 해 주세요.
- I'd like to book a flight for New York.
  뉴욕행 비행기를 예약하고 싶어요.
- Is breakfast included?
  아침 식사는 포함되나요?
- Is it within walking distance?
  걸어갈 만한 거리인가요?
- Is that a window seat or an aisle seat?
  그거 창가 쪽 좌석인가요, 통로 쪽 좌석인가요?
- My destination is Seoul.
  내 목적지는 서울입니다.
- Please call the Korean embassy.
  한국 대사관에 전화해 주세요.
- Please fill in the registration card.
  숙박 카드에 기입해 주세요.
- The flight includes a stopover in Hawaii.
  그 비행은 하와이에서 한 번 경유를 합니다.
- The toilet doesn't flush.
  화장실 물이 내려가지 않아요.
- There is no reservation under your name.
  당신 이름으로 예약된 것이 없습니다.
- We travelled to California for our wedding anniversary.
  우리는 결혼기념일을 기념하기 위해 캘리포니아로 여행 갔었어.
- What are the major tourist attractions in this city?
  이 도시의 주요 관광 명소는 어디입니까?
- Where do I check in?
  탑승 수속은 어디서 합니까?
- Where is the nearest pharmacy?
  가장 가까운 약국은 어딘가요?
- Where is your destination?
  당신의 목적지는 어디입니까?
- Would you please take a picture for me?
  사진 좀 찍어 주실래요?
- You're not allowed to take pictures here.
  여기서는 사진 촬영을 하시면 안 됩니다.

25 외모

- He is handsome.
  그는 잘생겼어.
- She has curly hair.
  그녀는 곱슬머리야.
- She has long hair.
  그녀는 긴 머리야.
- She has straight hair.
  그녀는 직모야.
- She is tall.
  그녀는 키가 커.
- She's wearing glasses.
  그녀는 안경을 쓰고 있어.
- What does she look like?
  그녀는 어떻게 생겼어?

26 외식

- Anything else?
  다른 건요?
- Are you ready to order?
  주문하실래요?
- Can I change my order?
  주문을 바꿔도 될까요?
- Can I see the menu, please?
  메뉴 좀 볼 수 있나요?
- Can I take your order?
  주문하실래요?
- Could you please clear the table?
  식탁 좀 치워 주시겠어요?
- Do you have a dress code?
  드레스 코드가 있나요? 복장에 제약이 있나요?
- For here.
  여기서 먹을 겁니다.

- For here or to go?
  여기서 드시나요, 가져가시나요?
- How big is your party?
  일행은 몇 분입니까?
- How does it taste?
  맛은 어떻습니까?
- How large is your party?
  일행은 몇 분입니까?
- How many people are there in your party?
  일행은 몇 분입니까?
- I didn't have a reservation.
  예약은 하지 않았습니다.
- I didn't make a reservation.
  예약은 하지 않았습니다.
- I want to cancel my order.
  주문을 취소하고 싶어요.
- I will have a glass of orange juice.
  오렌지 주스 마실래요.
- I would like to have shrimp pizza.
  새우 피자를 먹고 싶어요.
- I'd like to cancel my reservation for 8 p.m.
  저녁 8시 예약을 취소하고 싶어요.
- I'd like to reserve a table for two.
  두 명 예약을 하고 싶습니다.
- I'll have the same.
  저도 같은 것으로 주세요.
- I'll pay for it.
  제가 내겠습니다.
- I'll take this one.
  이것으로 부탁드립니다.
- Let me treat you this time.
  제가 살게요.
- May I have more water?
  물 좀 더 주시겠어요?
- May I have the bill, please?
  계산서 좀 주시겠어요?

- May I take your order?
  주문하실래요?
- No smoking is allowed in this restaurant.
  이 식당은 금연입니다.
- Same here.
  저도 같은 것으로 주세요.
- The same for me.
  저도 같은 것으로 주세요.
- To go.
  가져갈 겁니다.
- What will you have?
  무엇을 드시겠습니까?
- What would you like to have?
  무엇을 드실래요?
- What would you recommend?
  추천 좀 해주시겠어요?

27 음식

(1) 음식 권유

- Do you want some pizza?
  피자 좀 먹을래?
- Help yourself to this pizza.
  이 피자 맘껏 먹어.
- How about having some pizza?
  피자 좀 먹을래?
- Why don't you get some salad?
  샐러드 좀 먹을래?
- Would you like some more pizza?
  피자 좀 더 드실래요?

(2) 음식 대답

- No, thank you. I had enough.
  고맙지만 됐어요. 충분히 먹었어요.

• No, thanks. I'm full.
고맙지만 됐어요. 배가 불러요.
• It's bland.
싱거워요.
• It's delicious.
아주 맛있어요.
• It's disgusting.
정말 맛없어요.
• It's fatty.
기름지네요.
• It's fishy.
비린내가 나요.
• It's good.
맛있네요.
• It's not good.
맛이 없어요.
• It's spicy.
좀 맵네요.
• It's tasty.
맛있네요.
• It's tough.
질겨요.
• Yes, please.
예, 주세요.

28 이유

• Can you tell me the reason why you hate him?
왜 그가 싫은지 말해 줄래?
• Do you know why he was absent from school?
그가 결석한 이유를 아니?
• How come you came home so late?
어째서 그렇게 늦게 집에 왔어?
• What makes you think so?
뭐가 그렇게 생각하게 만들어?

- Why did you come home so late?
  왜 그렇게 늦게 집에 왔어?
- Why do you think so?
  왜 그렇게 생각해?

29 이해 점검

- Am I clear?
  이해가 가나요?
- Are you following me?
  이해가 가나요?
- Are you with me?
  이해가 가나요?
- Can you understand what I am saying?
  무슨 말인지 이해가 가나요?
- Do you follow me?
  이해가 가나요?
- Do you get it?
  이해가 가나요?
- Do you know what I mean?
  무슨 뜻인지 알겠어요?
- Does that make sense to you?
  이해가 가나요?
- Is that clear?
  이해가 가나요?

30 의견

(1) 의견 묻기

- How about you?
  넌 어때?
- How did you like the movie?
  그 영화 어땠어?

- What about you?
  넌 어때?
- What do you think of the movie?
  그 영화에 대해 어떻게 생각해?

(2) 의견 대답

- I found it interesting.
  재밌었어.
- I think it is interesting.
  재미있다고 생각해.
- It's the best I've ever seen.
  내가 본 것 중 최고야.
- For me, this cake is too sweet.
  나에게 이 케이크는 너무 달아.
- In my opinion, we had better do it now.
  내 의견으로는 우리가 지금 그것을 하는 게 낫겠어.

31 의무

- You have to study hard.
  공부 열심히 해야 해.
- You must study hard.
  공부 열심히 해야 해.
- You ought to study hard.
  공부 열심히 해야 해.
- You should study hard.
  공부 열심히 해야 해.
- You're supposed to study hard.
  공부 열심히 해야 해.

32 전화

(1) 전화하기

- Can(May) I speak to Mr. Brown?
  브라운 씨와 통화할 수 있나요?
- Can(May) I talk to Mr. Brown?
  브라운 씨와 통화할 수 있나요?
- Is Mr. Brown there?
  브라운 씨와 통화할 수 있나요?

(2) 전화 받기

- Can I take a message?
  제가 메시지를 받아 둘까요?
- He is on another line.
  그는 통화 중입니다.
- He is on the phone.
  그는 통화 중입니다.
- Hold on, please.
  잠깐만 기다리세요.
- Speaking.
  접니다.
- The line is busy now.
  통화 중입니다.
- This is (s)he (speaking).
  접니다.
- Who's calling, please?
  전화 거신 분은 누구세요?
- Who's this, please?
  전화 거신 분은 누구세요?
- Will you leave a message?
  메시지를 남길래요?
- Would you like to leave a message?
  메시지를 남기시겠습니까?
- You have the wrong number.
  전화 잘못 거셨어요.

33 제안

(1) 권유 · 제안

- How about going to the movies?
  영화 보러 갈래?
- Let's go to the movies.
  영화 보러 가자.
- Shall we go to the movies?
  영화 보러 갈래?
- What about going to the movies?
  영화 보러 갈래?
- Why don't we go to the movies?
  영화 보러 갈래?

(2) 제안 대답

- I'd like to, but I can't.
  그러고 싶은데, 하지만 안 돼.
- I'm afraid I can't.
  안타깝지만 할 수 없어.
- I'm sorry, but I can't.
  미안해, 하지만 안 돼.
- Of course.
  물론이지.
- Sorry, maybe next time.
  미안해, 다음에.
- Sounds good.
  좋아.
- Sure thing.
  물론이지.
- (That) sounds great.
  좋아.
- That's fine with me.
  난 좋아.
- Why not?
  (왜 안 되겠어?) 좋아.

34 조언 · 충고

(1) 조언 · 충고 구하기

- Do you think I should buy the CD?
  그 CD를 사야 한다고 생각하니?
- What do you think I should do?
  내가 무엇을 해야 하니?
- What would you do if you were in my shoes?
  네가 나라면 무엇을 할 거니?

(2) 조언 · 충고하기

- I advise you to take a rest.
  쉬는 것이 낫겠어.
- I suggest you go (and) see a doctor.
  진찰받는 것이 좋겠어.
- I think you should go (and) see a doctor.
  내 생각에 너 진찰받아야 해.
- If I were you, I'd go home and rest.
  내가 너라면, 난 집에 가서 쉴 텐데.
- Why don't you see a doctor?
  진찰받는 것이 어때?
- You'd better calm down.
  진정하는 것이 낫겠어.

35 주의 끌기

- Guess what?
  무엇인지 맞춰 봐.
- I've got news for you!
  뉴스가 있어!
- Listen! We should finish it right now.
  들어봐! 우리는 지금 당장 그것을 끝내야 해.
- Look! It's a nice car, isn't it?
  여기 봐! 멋진 차야, 그렇지 않니?

- You know what?
  너 그거 아니?

36 축하

(1) 축하하기

- Congratulations (on your exam results)!
  (시험 잘 본 것) 축하해!
- Happy birthday to you!
  생일 축하해!
- Happy New Year!
  행복한 새해가 되길!
- I wish you a merry Christmas!
  메리 크리스마스!

(2) 축하 대답

- How nice of you!
  너 참 친절하구나!
- Nice of you to say so.
  그렇게 말해 주니 참 착하네.
- Thank you.
  고마워.
- The same to you!
  너도!

37 칭찬

(1) 칭찬하기

- Excellent!
  잘했어!
- Fantastic!
  환상적이군!
- Good for you!
  잘했어! 잘됐다!

- Good job!
  잘했어!
- Terrific!
  멋지군!
- That's cool!
  멋지다!
- That's great!
  멋지다!
- That's neat!
  멋지다!
- Well done!
  잘했어!
- What a lovely dress!
  정말 사랑스러운 드레스군!
- You did a good job.
  잘했어.
- Your tie looks good on you.
  네 넥타이 네게 잘 어울려.

(2) 칭찬 대답

- How sweet of you to say that.
  그렇게 말해 주니 참 착하다.
- It's nice of you to say so.
  그렇게 말해 주니 참 친절하군요.
- Thanks a lot.
  고맙다.

38 허락

(1) 허락 묻기

- Can I use your computer?
  네 컴퓨터를 쓸 수 있을까?
- Do you mind if I use your computer?
  네 컴퓨터를 써도 되니? (대답 주의)

- I wonder if I may go home now.
  지금 집에 가도 되는지 궁금해요.
- Is it okay if I sit here?
  여기 앉아도 되나요?
- May I sit here?
  여기 앉아도 되나요?
- Would you mind if I open the window?
  제가 창문을 열어도 될까요? 만약 제가 창문 열면 당신은 꺼리시나요?
  (대답 주의. Yes는 꺼리므로 창문을 열지 말라는 의미, No는 안 꺼린다는 의미로 창문을 열라는 대답)

(2) 허락하기

- Go ahead.
  어서 하세요.
- Yes, you can(may).
  예, 하셔도 됩니다.

39 확신 · 불확실

- Certainly, he will show up to the party.
  확실히(반드시), 그는 그 파티에 나타날 거야.
- I don't think it's possible.
  그게 가능하다고 생각하지 않아.
- I doubt if I can make it.
  내가 해낼까 의심이 들어.
- I'm confident that we will win the game.
  우리가 그 시합을 이길 거라 확신해.
- I'm not quite certain.
  그렇게 확실한 것은 아니고.
- I'm not sure whether it is true or not.
  그것이 사실인지 아닌지 확실치 않아.
- I'm sure Brian will win the game.
  브라이언이 그 게임을 이길 거라 확신해.
- It is certain that she is innocent.
  난 그녀가 결백하다고 확신해.

40 후회

- I regret that.
  나 그거 후회해.
- I should have finished my homework last night.
  어제 밤 내 숙제를 끝냈어야 했는데. (못했다)
- I shouldn't have said so yesterday.
  어제 그렇게 말하지 말았어야 했는데. (했다)
- I wish I didn't waste my time.
  내 시간을 낭비하지 않으면 좋을 텐데.

03 필수 격언 및 속담

• 영어의 필수 격언 및 속담 119개를 살펴본다.

001 A bad workman always blames his tools.
솜씨 없는 일꾼이 연장만 나무란다.

002 A bird in the hand is worth two in the bush.
손 안의 새 한 마리가 숲속의 두 마리보다 낫다.

003 A burnt child dreads the fire.
자라 보고 놀란 가슴 솥뚜껑 보고 놀란다.

004 A drowning man will catch at a straw.
물에 빠진 자는 지푸라기라도 붙잡으려 한다.

005 A friend in need is a friend indeed.
어려울 때의 친구가 참다운 친구이다.

006 A leopard cannot change his spots.
타고난 성품은 못 고친다.

007 A man is known by the company he keeps.
친구를 보면 그 사람을 알 수 있다.

008 A picture is worth a thousand words.
천 마디 말보다 한 번 보여 주는 게 낫다.

009 A rolling stone gathers no moss.
구르는 돌에는 이끼가 끼지 않는다.

010 A sound mind in a sound body.
건전한 신체에 건전한 정신이 깃든다.

011 A stitch in time and saves nine.
제때의 한 바늘이 아홉 바늘의 수고를 던다.

012 A watched pot never boils.
서두른다고 일이 되는 것은 아니다.

013 A wonder lasts but nine days.
남의 말도 사흘이다.

014 Absence makes the heart grow fonder.
보지 않으면 그리움이 깊어진다.

015 Actions speak louder than words.
행동은 말 보다 더 설득력 있다.

016 After a storm comes a calm.
폭풍 뒤에는 고요가 온다. 고진감래

017 All good things must come to an end.
좋은 일은 다 끝이 있는 법이다.

018 All is not gold that glitters.
반짝인다고 해서 모두 금은 아니다. 외양만 보고 판단하지 말라.

019 All work and no play makes Jack a dull boy.
쉼 없이 공부만 하면 사람을 바보로 만든다.

020 As you sow, so you reap.
뿌린 대로 거둔다. 인과응보

021 Barking dogs seldom bite.
짖는 개는 좀처럼 물지 않는다.

022 Beauty is in the eye of the beholder.
제 눈의 안경이다.

023 Beauty is only skin deep.
미모는 거죽 한 꺼풀. 용모로 사람을 판단하지 말라.

024 Beggars can't be choosers.
빌어먹는 놈이 콩밥을 마다할까.

025 Better bend than break.
꺾이는 것보다 휘는 게 낫다.

026 Better late than never.
늦어도 아주 안 하는 것보다 낫다.

027 Better safe than sorry.
나중에 후회하는 것보다 안전하게 가는 게 낫다.

028 Birds of a feather flock together.
같은 종류의 새들은 저절로 한곳에 모인다. 유유상종

029 Blood is thicker than water.
피는 물보다 진하다.

030 Call a spade a spade.
까놓고 말하라.

031 Cut your coat according to your cloth.
분수에 맞게 살아라.

032 Do in Rome as the Romans do.
로마에서는 로마법을 따르라.

033 Do to others as you would be done by.
대접받고 싶은 대로 베풀어라.

034 Don't bite off more than you can chew.
힘에 겨운 일을 하려고 하지 마라.

035 Don't bite the hand that feeds you.
은혜를 원수로 갚지 마라.

036 Don't count your chickens before they are hatched.
김칫국부터 마시지 마라.

037 Don't go asking for trouble.
사서 고생을 하지 마라.

038 Don't judge a book by its cover.
외모로 사람을 판단하지 마라.

039 Don't put all your eggs in one basket.
계란을 한 바구니에 담지 마라. 위험을 분산시켜라.

040 Don't put the cart before the horse.
말 앞에 마차를 놓지 마라. 순서를 거꾸로 하지 마라.

041 Drop by drop, water wears away a stone.
한 방울 한 방울 물이 돌을 닳아 없앤다.

042 Easier said than done.
말보다 실천이 어렵다.

043 Even Homer sometimes nods.
원숭이도 나무에서 떨어질 때가 있다.

044 Every cloud has a silver lining.
모든 구름의 안쪽은 은빛이다. 전화위복

045 Every dog has his day.
쥐구멍에도 볕들 날이 있다.

046 Every Jack has his Jill.
짚신도 제 짝이 있다.

047 Example is better than precept.
본보기는 교훈보다 낫다.

048 Fine feathers make fine birds.
옷이 날개다.

049 First come, first served.
먼저 온 자가 먼저 대접받는다. 선착순

050 Haste makes waste.
서두름이 낭비를 만든다. 아무리 급해도 바늘허리 매어 못 쓴다.

051 He who laughs last, laughs best.
마지막에 웃는 자가 진짜 웃는 자다.

052 Heaven helps those who help themselves.
하늘은 스스로 돕는 자를 돕는다.

053 Honesty is the best policy.
정직이 최선의 방책이다.

054 Hunger is the best sauce.
시장이 반찬이다.

055 Ill got, ill spent.
부정한 재물은 오래가지 못한다.

056 It is no use crying over the spilt milk.
엎질러진 우유를 놓고 울어봐야 소용없다.

057 It never rains but it pours.
비가 왔다 하면 억수로 퍼붓는다.

058 It takes all sorts to make a world.
세상은 가지가지다.

059 It takes two to tango.
손뼉도 부딪쳐야 소리가 난다.

060 Jack of all trades, and master of none.
무엇이나 할 줄 아는 사람은 어느 한 가지라도 뛰어나게 하지 못한다.

061 Let sleeping dogs lie.
잠자는 사자를 건드리지 말라.

062 Like father, like son.
그 아버지에 그 아들. 부전자전

063 Little strokes fell great oaks.
열 번 찍어 안 넘어가는 나무 없다.

064 Long absent, soon forgotten.
오래 안 보면 마음도 멀어진다.

065 Look before you leap.
실행하기 전에 잘 생각하라. 유비무환

066 Love and reason don't go together.
사랑에 눈멀다.

067 Love is blind.
사랑에 눈멀다.

068 Make hay while the sun shines.
해가 비칠 때 건초를 만들어라. 좋은 기회를 놓치지 마라.

069 Many a little makes a mickle.
티끌 모아 태산.

070 Many drops make a shower.
낙숫물이 홍수 된다. 티끌 모아 태산.

071 Necessity is the mother of invention.
필요는 발명의 어머니.

072 Never put off till tomorrow what you can do today.
오늘 할 일을 내일로 미루지 마라.

073 Never too old to learn.
배우기에 너무 늦은 법은 없다.

074 No gains without pains.
고생 없이는 소득도 없다.

075 No news is good news.
무소식이 희소식이다.

076 No pains, no gains.
수고가 없으면 얻는 것도 없다.

077 Nothing venture, nothing have.
모험이 없으면 얻는 것도 없다.

078 Old habits die hard.
묵은 습관을 버리기 힘들다.

079 One good turn deserves another.
친절로 베풀면 친절로 받는다.

080 One man's meat is another man's poison.
어떤 사람에게 독이 다른 사람에게는 약이 된다.

081 Out of sight, out of mind.
눈에서 멀어지면 마음에서도 멀어진다.

082 Out of the frying pan into the fire.
갈수록 태산.

083 Practice makes perfect.
연습이 완벽을 만든다.

084 Pride goes before a fall.
교만한 자는 오래가지 못한다.

085 Rome was not built in a day.
로마는 하루아침에 이루어지지 않았다.

086 Slow and steady wins the race.
느리지만 꾸준한 사람이 경주에 이긴다.

087 So many men, so many minds.
각양각색. 사람마다 생각이 다르다.

088 Spare the rod and spoil the child.
매를 아끼면 자식을 망친다.

089 Still waters run deep.
조용한 물이 깊게 흐른다. 생각이 많은 사람은 말이 없다.

090 Strike while the iron is hot.
쇠는 달구어졌을 때 두들겨라. 좋은 기회를 놓치지 마라.

091 Talk of the devil, and he is sure to appear.
호랑이도 제 말하면 온다.

092 The best things in life are free.
인생에서 가장 좋은 것은 돈이 들지 않는다.

093 The darkest place is under the candle stick.
등잔 밑이 어둡다.

094 The early bird catches the worm.
일찍 일어난 새가 벌레를 잡는다.

095 The grass is always greener on the side of the fence.
남의 떡이 커 보인다.

096 The longest day will have an end.
아무리 긴 날이라도 해는 저무는 법이다.

097 The pen is mightier than the sword.
문(文)은 무(武)보다 강하다.

098 The pot calls the kettle black.
가마솥이 주전자 보고 검다고 말한다. 똥 묻은 개가 겨 묻은 개 나무란다.

099 The truth will come out.
진실은 밝혀지는 법이다.

100 There is no place like home.
자기 집만 한 곳이 없다.

101 There is no rule without exceptions.
예외 없는 규칙은 없다.

102 There is no smoke without fire.
아니 땐 굴뚝에 연기 나랴.

103 They that know nothing fear nothing.
무식한 놈이 겁이 없다.

104 Think today and speak tomorrow.
말만 앞세우지 마라.

105 Time and tide wait for no man.
세월은 사람을 기다려 주지 않는다.

106 Time heals all wounds.
시간이 약이다.

107 Too many cooks spoil the broth.
요리사가 많으면 수프를 망친다. 사공이 많으면 배가 산으로 간다.

108 Two heads are better than one.
두 사람의 지혜는 한 사람의 지혜보다 낫다. 백지장도 맞들면 낫다.

109 Two of a trade seldom agree.
같은 장사꾼끼리는 화합이 안 된다.

110 Virtue is its own reward.
선행은 보답받기 위함이 아니라 그 자체가 아름다운 것이다.

111 Walls have ears.
벽에도 귀가 있다. 낮말은 새가 듣고 밤말은 쥐가 듣는다.

112 Waste not, want not.
낭비하지 않으면 부족함도 없다.

113 What is done cannot be undone.
일단 이루어진 것은 되돌릴 수 없다.

114 What is learned in the cradle is carried to the grave.
한 살 버릇 여든까지 간다.

115 When in Rome do as the Romans do.
로마에 가면 로마인들의 풍습을 따르라.

116 When the cat is away, the mice will play.
고양이가 없으면 쥐가 설친다.

117 Where there is a will, there is a way.
뜻이 있는 곳에 길이 있다.

118 You cannot have your cake and eat it.
먹으면서 가질 수는 없다. 양쪽 모두 좋은 경우는 없다.

119 You reap what you sow.
뿌린 대로 거둔다.

04 기출 및 적중예상문제

정답 및 해설 별책 10p

01 다음 대화의 빈칸에 들어갈 말로 가장 적절한 것은?

> A : What should I do to make more friends?
> B : It's important to ________________.

① get angry easily
② cancel your order now
③ check your reservation
④ be nice to people around you

02 다음 대화에서 밑줄 친 표현의 의미로 가장 적절한 것은?

> A : I want to do something to help children in need.
> B : That's great. Do you have any ideas?
> A : I will sell my old clothes and use the money for the children. But it's not going to be easy.
> B : Don't worry. <u>A journey of a thousand miles starts with a single step</u>.

① 모든 일에는 원인이 있다.
② 몸이 건강해야 마음도 건강하다.
③ 친구를 보면 그 사람을 알 수 있다.
④ 어려운 일도 일단 시작해야 이룰 수 있다.

03 다음 대화에서 알 수 있는 B의 심정으로 가장 적절한 것은?

> A : Is this your first time to do bungee jumping?
> B : Yes, it is. And I'm really nervous.
> A : Bungee jumping is perfectly safe. You'll be fine.
> B : That's what I've heard, but I'm still not sure if I want to do it.

① 만족 ② 불안
③ 실망 ④ 행복

04 다음 대화가 이루어지는 장소로 가장 적절한 것은?

> A : Hello, I'm looking for a dinner table for my house.
> B : Come this way, please. What type would you like?
> A : I'd like a round one.
> B : Okay. I'll show you two different models.

① 세탁소 ② 가구점
③ 도서관 ④ 체육관

05 다음 대화의 빈칸에 들어갈 말로 가장 적절한 것은?

> A : Mary's birthday is coming.
> ____________________?
> B : Good idea. What about giving her a phone case?
> A : She just got a new one. How about a coffee mug?
> B : Perfect! She likes to drink coffee.

① What is it for
② Where did you get it
③ Why don't we buy her a gift
④ What do you usually do after school

06 다음 대화의 빈칸에 들어갈 말로 가장 적절한 것은?

> A : What do you do for a living?
> B : ______________________________.

① I prefer winter to summer
② That wasn't what I wanted
③ I teach high school students
④ It'll take an hour to get to the beach

07 다음 대화의 주제로 가장 적절한 것은?

> A : I don't know what career I'd like to have in the future.
> B : Why don't you get experience in different areas?
> A : Hmm... how can I do that?
> B : How about participating in job experience programs? I'm sure it will help.

① 자원 개발의 필요성
② 진로 선택을 위한 조언
③ 자존감을 높이는 방법
④ 자원봉사 활동의 어려움

08 다음 대화에서 밑줄 친 표현의 의미로 가장 적절한 것은?

> A : What are you doing, Junho?
> B : I'm trying to solve this math problem, but it's too difficult for me.
> A : Let's try to figure it out together.
> B : That's a good idea. <u>Two heads are better than one</u>.

① 수고 없이 얻는 것은 없다.
② 사공이 많으면 배가 산으로 간다.
③ 겉모습만으로 사람을 판단해서는 안 된다.
④ 혼자보다 두 명이 함께 생각하는 것이 낫다.

09 다음 대화에서 알 수 있는 B의 심정으로 가장 적절한 것은?

> A : Did you get the results for the English speech contest?
> B : Yeah, I just got them.
> A : So, how did you do?
> B : I won first prize. It's the happiest day of my life.

① 행복 ② 실망
③ 분노 ④ 불안

10 다음 대화가 이루어지는 장소로 가장 적절한 것은?

> A : Good morning. How may I help you?
> B : Hi, I'd like to open a bank account.
> A : All right. Please fill out this form.
> B : Thanks. I'll do it now.

① 은행 ② 경찰서
③ 미용실 ④ 체육관

11 다음 대화의 빈칸에 들어갈 말로 가장 적절한 것은?

> A : ____________________?
> B : I'm going to teach Korean to foreigners.
> A : Great. Remember you should volunteer with a good heart.
> B : I'll keep that in mind.

① When is your birthday
② What did you do last Friday
③ What do you think about Korean food
④ What kind of volunteer work are you going to do

12 다음 대화의 빈칸에 들어갈 말로 가장 적절한 것은?

> A : Have you decided which club you're going to join this year?
> B : ____________________.

① I left Korea for Canada
② I went to see a doctor yesterday
③ I've decided to join the dance club
④ I had spaghetti for dinner last night

13 다음 대화의 주제로 가장 적절한 것은?

> A : Doctor, my eyes are tired from working on the computer all day. What can I do to look after my eyes?
> B : Make sure you have enough sleep to rest your eyes.
> A : Okay. Then what else can you recommend?
> B : Eat fruits and vegetables that have lots of vitamins.

① 비타민의 부작용
② 눈 건강을 돌보는 방법
③ 수면 부족의 원인
④ 시력 회복에 도움 되는 운동

14 다음 대화에서 밑줄 친 표현의 의미로 가장 적절한 것은?

> A : I'm going to Germany next week. Any advice?
> B : Remember to cut your potato with a fork, not a knife.
> A : Why is that?
> B : That's a German dining custom. <u>When in Rome, do as the Romans do.</u>

① 기회가 왔을 때 잡아야 한다.
② 진정한 배움에는 지름길이 없다.
③ 사귀는 친구를 보면 그 사람을 알 수 있다.
④ 다른 나라에 가면 그 나라의 풍습을 따라야 한다.

15 다음 대화에서 알 수 있는 B의 심정으로 가장 적절한 것은?

> A : How do you like your new job?
> B : It's a lot of work, but I like it very much.
> A : Really? That's great.
> B : Thanks. I'm very satisfied with it.

① 불안하다 ② 실망하다
③ 만족하다 ④ 지루하다

16 다음 대화가 이루어지는 장소로 가장 적절한 것은?

> A : I'd like to get a refund for this jacket.
> B : May I ask you what the problem is?
> A : It's too big for me.
> B : Would you like to exchange it for a smaller size?
> A : No, thank you.

① 옷 가게 ② 경찰서
③ 은행 ④ 가구점

17 다음 대화의 빈칸에 들어갈 말로 가장 적절한 것은?

> A : ______________________?
> B : Sure, Mom. What is it?
> A : Can you pick up some eggs from the supermarket?
> B : Okay. I'll stop by on my way home.

① Why are you so upset
② Will you teach me how
③ Can you do me a favor
④ How far is the bus stop

18 다음 대화의 빈칸에 들어갈 말로 가장 적절한 것은?

> A : How long have you been skating?
> B : ______________________.

① I went skiing last month
② I have been skating since I was 10
③ I will learn how to skate this winter
④ I want to go skating with my parents

19 다음 대화의 주제로 가장 적절한 것은?

> A : What can we do to save electricity?
> B : We can switch off the lights when we leave rooms.
> A : I see. Anything else?
> B : It's also a good idea to use the stairs instead of the elevator.

① 조명의 중요성
② 전기 절약 방법
③ 대체 에너지의 종류
④ 엘리베이터 이용 수칙

20 다음 대화에서 밑줄 친 표현의 의미로 가장 적절한 것은?

> A : Did you know that today is Children's Day?
> B : Yeah. I can't believe that it's May already.
> A : It seems like just yesterday that we celebrated New Year's Day.
> B : I know. My mom says to value every moment because time flies like an arrow.

① 세 살 버릇 여든까지 간다.
② 시간은 쏜살같이 지나간다.
③ 뜻이 있는 곳에 길이 있다.
④ 욕심이 지나치면 화가 된다.

21 다음 대화에서 알 수 있는 B의 심정으로 가장 적절한 것은?

A : How are you feeling today?
B : I'm so happy. I feel on top of the world!
A : That's great. What happened?
B : I just saw my favorite singer in person!

① 섭섭하다 ② 속상하다
③ 외롭다 ④ 행복하다

22 다음 대화가 이루어지는 장소로 가장 적절한 것은?

A : Hello. I'd like to check out these books.
B : Okay. Are you going to borrow all three of them?
A : Well, now that I think about it, I only need these two.
B : No problem.

① 도서관 ② 세탁소
③ 약국 ④ 은행

23 다음 대화의 빈칸에 들어갈 말로 가장 적절한 것은?

A : Everything on the menu looks so delicious!
B : Yeah. This is one of my favorite restaurants.
A : Great! ______________________?
B : How about the spaghetti with cream sauce? It's one of their best dishes.

① Can you recommend a dish for me
② What is your favorite restaurant
③ Why do you like Italian fashion
④ Have you ever been to Italy

24 다음 대화의 빈칸에 들어갈 말로 가장 적절한 것은?

A : ______________________?
B : It's because we have to save the environment.

① Why do we have to recycle
② How long have you lived here
③ What does your luggage look like
④ When was the best moment of your life

25 다음 대화의 주제로 가장 적절한 것은?

> A : I think writing by hand has many advantages.
> B : Really? Like what?
> A : For one, it helps us memorize things.
> B : I can see that. What else?
> A : It can also add a personal touch to a letter.

① 암기의 중요성
② 손으로 쓰기의 장점
③ 편지지 고르는 방법
④ 논리적 사고의 필요성

26 다음 대화에서 밑줄 친 표현의 의미로 가장 적절한 것은?

> A : I've always wanted to travel across the United States.
> B : What's stopping you? Just go for it!
> A : But I can't speak English.
> B : <u>It's never too late to learn</u>. You can start learning English today.

① 배움에 늦은 때는 없다.
② 정직이 최선의 방책이다.
③ 끝이 좋으면 모두 다 좋다.
④ 어려울 때 도와주는 친구가 진정한 친구다.

27 다음 대화에서 알 수 있는 B의 심정으로 가장 적절한 것은?

> A : Susan, you look down.
> B : My sister went to Canada last month, so I'm living by myself.
> A : Why did she go to Canada?
> B : To study. I feel so lonely these days. I miss her.

① 행복한 ② 외로운
③ 부끄러운 ④ 만족스러운

28 다음 대화가 이루어지는 장소로 가장 적절한 것은?

> A : Can I have tickets for two adults?
> B : Here you are. Do you have swimming caps?
> A : Yes, we do.
> B : Please make sure you take a shower before you go into the swimming pool.

① 도서관 ② 수영장
③ 박물관 ④ 스케이트장

29 다음 대화의 빈칸에 들어갈 말로 가장 적절한 것은?

> A : ____________________?
> B : I've decided to learn how to play the electric guitar.
> A : Why the electric guitar?
> B : Because I've always wanted to join the school band.

① Can I have some water, please
② Do you know where my pen is
③ How would you like your steak
④ Do you have any plans for this year

30 다음 대화의 빈칸에 들어갈 말로 가장 적절한 것은?

> A : What's the purpose of your visit to New Zealand?
> B : ____________________.

① I'm on a business trip
② That sounds like a good idea
③ You can take the bus to get there
④ The subway station is across the street

31 다음 대화에서 밑줄 친 표현의 의미로 가장 적절한 것은?

> A : Are you still writing your novel?
> B : Yes, I'm still working on it. It takes a long time.
> A : When do you think you will finish it?
> B : In about 2 or 3 years.
> A : <u>Rome was not built in a day</u>.

① 자신의 집보다 편한 곳은 없다.
② 하루아침에 이루어지는 일은 없다.
③ 외모로 사람을 판단해서는 안 된다.
④ 오해받을 행동은 하지 말아야 한다.

32 다음 대화에서 알 수 있는 B의 심정으로 가장 적절한 것은?

> A : Did you get the T-shirt you ordered?
> B : Yes. I got it this morning.
> A : Do you like it?
> B : Yes, I love it. It really looks good on me.

① 슬픈 ② 만족한
③ 속상한 ④ 무서운

33 다음 대화가 이루어지는 장소로 가장 적절한 것은?

> A : Your hair is done! How do you like your haircut?
> B : It's okay, but still a bit too long.
> A : Do you want me to make it shorter?
> B : Yes, can you cut a little more on the sides?
> A : Sure.

① 제과 ② 미용실
③ 편의 ④ 독서실

34 다음 대화의 빈칸에 들어갈 말로 가장 적절한 것은?

> A : There's a problem with my computer.
> B : ________________________?
> A : The power button doesn't work.
> B : Okay. I'll take a look at it.

① What's the matter
② What is your dream job
③ What do you do for a living
④ What is he going to do next year

35 다음 대화의 빈칸에 들어갈 말로 가장 적절한 것은?

> A : Why are you moving to Incheon?
> B : Because ____________________.

① she is on a diet
② I got a job there
③ I'm taller than him
④ you should always wash your hands

36 주어진 말에 이어질 두 사람의 대화를 〈보기〉에서 찾아 순서대로 가장 적절하게 배열한 것은?

> What are you doing here?

보기

> (A) Yes, I am. I've always been interested in them.
> (B) I'm watching a grasshopper. Oh, look, it's jumping!
> (C) Yeah, it can jump really high. Are you interested in insects?

① (A) – (B) – (C)
② (A) – (C) – (B)
③ (B) – (A) – (C)
④ (B) – (C) – (A)

37 다음 대화에서 밑줄 친 표현의 의미로 가장 적절한 것은?

A : We are planning to clean the playground for the school festival.
B : Sounds like a lot of work. Do you need any help?
A : Sure! <u>The more, the better</u>.

① 시작이 반이다.
② 많으면 많을수록 좋다.
③ 수고 없이 얻는 것은 없다.
④ 욕심이 지나치면 화가 된다.

38 다음 대화에서 알 수 있는 B의 심정으로 가장 적절한 것은?

A : Sumi, are you ready for the dance contest?
B : Jim, I don't think I can go on the stage. I'm so nervous.
A : Calm down. You've been practicing for months! You'll do fine.
B : I don't know. My hands are even shaking now.

① 지루한 ② 긴장한
③ 만족스러운 ④ 자랑스러운

39 다음 대화가 이루어지는 장소로 가장 적절한 것은?

A : Please give me your passport and arrival card.
B : Here you are.
A : Which flight did you come in on?
B : Sky Airlines 201.
A : What's the purpose of your visit to Canada?
B : I'm here on a business trip.

① 공항 ② 수장
③ 세탁소 ④ 미용실

40 다음 대화의 빈칸에 들어갈 말로 가장 적절한 것은?

A : What are you going to give Mom for her birthday tomorrow?
B : Oh, I totally forgot.
______________________.

① I don't know how to play cards
② I'll return the book to the library
③ I'll buy her something after school
④ I sincerely wish him a happy birthday

41 다음 대화의 빈칸에 들어갈 말로 가장 적절한 것은?

> A : Excuse me. How long does it take to get to the museum from here?
> B : ______________________.

① It takes about 5 minutes by bus
② There's no entrance fee for students
③ It took 10 years to build the museum
④ Take an umbrella with you in case it rains

42 다음 대화에서 밑줄 친 표현의 의미로 가장 적절한 것은?

> A : Did you know Tom went into hospital last week?
> B : No, I didn't. Sorry to hear that. Is he okay?
> A : I think he just needed some rest, but I haven't heard from him for a few days.
> B : Don't worry. <u>No news is good news</u>.

① 티끌 모아 태산이다.
② 무소식이 희소식이다.
③ 도둑이 제 발 저리다.
④ 배움에는 나이가 없다.

43 다음 대화에서 알 수 있는 B의 심정으로 가장 적절한 것은?

> A : What's the matter, Minho? You don't look well.
> B : I'm worried about the fish I had for lunch. It smelled strange.
> A : Are you feeling sick?
> B : Yes, I'm concerned I might have food poisoning.

① 행복하다 ② 만족하다
③ 걱정하다 ④ 지루하다

44 다음 대화가 이루어지는 장소로 가장 적절한 것은?

> A : My dog has strange red spots on her back.
> B : Let me check her. Oh, it looks like she has a skin problem.
> A : Is it serious?
> B : Don't worry. Give her this medicine twice a day, and come back here in three days.

① 문구점 ② 우체국
③ 철물점 ④ 동물병원

45 다음 대화의 빈칸에 들어갈 말로 가장 적절한 것은?

> A : What would you like to do in the future?
>
> B : ________________________.

① I'd like to become a writer.

② There is no one in the house.

③ I have been here for three years.

④ There are four members in my family.

EBS 교육방송교재

고졸 검정고시 **영어**

PART

IV

실용문

01 대표 기출 유형

분석

25문제 중 평균적으로 2문제를 출제하여 8%를 차지하는 문제다.
대표 기출 유형은 광고문과 안내문 같은 실용문을 보고 언급되지 않은 것 또는 일치하지 않는 것을 묻는 문제다.
솔루션은 실용문에 나온 내용과 보기 ①~④를 하나씩 맞춰 가며 풀면 된다.

유형 A 광고문에서 언급되지 않은 것 또는 일치하지 않는 것을 묻는 문제

01 다음 행사 광고문에서 언급되지 않은 것은?

K-POP CONCERT 2024

Eight World-famous K-Pop Groups Are Performing!

- Date : June 8th (Thursday), 2024
- Location : World Cup Stadium
- Time : 7:30 p.m. – 9:30 p.m.

① 날짜 ② 장소
③ 시간 ④ 입장료

정답 ④

해석 2024년 K팝 콘서트
8팀의 세계적으로 유명한 K팝 그룹이 공연을 한다!
• 날짜 : 2024년 6월 8일 목요일
• 장소 : 월드컵 경기장
• 시간 : 저녁 7시 30분에서 저녁 9시 30분

해설 • concert 콘서트
• world-famous 세계적으로 유명한
• perform 공연하다, 연주하다
• location 위치, 장소
• stadium 경기장

02 다음 기타 판매 광고문의 내용과 일치하지 않는 것은?

For Sale

- Features : It's a guitar with six strings.
- Condition : It's used but in good condition.
- Price : $150 (original price: $350)
- Contact : If you have any questions, call me at 014-4365-8704.

① 줄이 여섯 개 있는 기타이다.
② 새것이라 완벽한 상태이다.
③ 150달러에 판매된다.
④ 전화로 문의 가능하다.

정답 ②

해석 판매

- 특징 : 6줄 기타입니다.
- 상태 : 중고지만 좋은 상태입니다.
- 가격 : 150달러 (원래 가격은 350달러)
- 연락 : 질문이 있으시면, 014-4365-8704로 전화주세요.

해설 새것이 아니라 중고이므로 ②가 일치하지 않는다.

- sale 판매
- feature 특징
- string 줄
- condition 상태
- used 사용한, 중고의
- original 원래의
- contact 연락, 접촉

02 기출 및 적중예상문제

정답 및 해설 별책 18p

01 다음 축제 안내문에서 언급되지 않은 것은?

Gimchi Festival

Place : Gimchi Museum

Events :

- Learning to make gimchi
- Tasting various gimchi

Entrance Fee : 5,000 won

Come and taste traditional Korean food!

① 날짜　② 장소
③ 행사 내용　④ 입장료

02 다음 전시회 안내문에서 언급되지 않은 것은?

Art Exhibition

- Date : November 12th ~ 25th
- Time : 10 a.m. ~ 6 p.m.
- Place : Central Art Museum
- Tickets : Adults $15, Students $10

* We are closed on Tuesdays.

① 전시 기간　② 환불 규정
③ 티켓 가격　④ 휴관일

03 다음 캠프 안내문의 내용과 일치하지 않는 것은?

Summer Sports Camp

- Fun and safe sports programs for children aged 7 – 12
- From August 1st to August 7th
- What you will do : Badminton, Basketball, Soccer, Swimming

* Every child should bring a swim suit and lunch each day.

① 7세부터 12세까지 어린이들을 대상으로 한다.
② 기간은 8월 1일부터 8월 7일까지이다.
③ 네 가지 스포츠 활동을 할 수 있다.
④ 매일 점심이 제공된다.

04 다음 포스터에서 언급되지 않은 것은?

Happy Earth Day Event

When : April 22, 2022

Where : Community Center

What to do :

- Exchange used things
- Make 100% natural shampoo

① 참가 자격　② 행사 날짜
③ 행사 장소　④ 행사 내용

05 다음 박물관에 대한 안내문의 내용과 일치하지 않는 것은?

> ***Shakespeare Museum***
>
> 
>
> ***Hours***
> - Open daily : 9:00 a.m. − 6:00 p.m.
>
> ***Admission***
> - Adults : $12
> - Students and children : $8
> - 10% discount for groups of ten or more
>
> ***Photography***
> - Visitors can take photographs.

① 오전 9시부터 오후 6시까지 개방한다.
② 어른은 입장료가 12달러이다.
③ 10명 이상의 단체는 입장료가 10% 할인된다.
④ 모든 사진 촬영은 금지된다.

06 다음 자선 달리기 행사 안내문에서 언급되지 않은 것은?

> **CHARITY RUN**
>
> Come out and show your support for cancer patients!
> - Date : September 24th
> - Time : 9 a.m. − 4 p.m.
> - Place : Asia Stadium
>
> * Free T-shirts for participants

① 행사 날짜 ② 행사 시간
③ 행사 장소 ④ 행사 참가비

07 다음 수영장 이용 규칙에 대한 안내문의 내용과 일치하지 않는 것은?

> **SWIMMING POOL RULES**
>
> You must :
> - take a shower before entering the pool.
> - always wear a swimming cap.
> - follow the instructions of the lifeguard.
>
> * Diving is not permitted.

① 수영 후에는 샤워를 해야 한다.
② 항상 수영모를 착용해야 한다.
③ 안전 요원의 지시를 따라야 한다.
④ 다이빙은 허용되지 않는다.

08 다음 관광 안내문의 내용과 일치하지 않는 것은?

> **Saturday Tour to Tongyeong**
>
> What you will do :
> - ride a cable car on Mireuksan
> - visit the undersea tunnel and Jungang Market
>
> Lunch is provided.
> You must reserve the tour by Thursday.

① 케이블카를 탄다.
② 해저 터널과 시장을 방문한다.
③ 점심은 각자 준비한다.
④ 목요일까지 관광 예약을 해야 한다.

09 다음 광고문에서 언급되지 않은 것은?

HOT SUMMER SALE

All music CDs 30% off!

- Great opportunity to buy CDs at a discounted price
- From July 15 to July 29, 2023
- Open Monday～Saturday, 10 a.m. to 9 p.m.

① 할인율
② 매장 위치
③ 할인 판매 기간
④ 영업 요일과 영업 시간

10 다음 숙소 이용 안내문의 내용과 일치하지 않는 것은?

Home Sweet Home Guesthouse

- Location : Close to Itaewon Station
- Price : $30 a night
- Contact : sweethome77@kmail.com

** Free Internet provided **

① 위치가 이태원역과 가깝다.
② 하룻밤에 30달러이다.
③ 숙소는 전화로만 연락이 가능하다.
④ 인터넷이 무료로 제공된다.

11 다음 마스크 판매 안내문에서 언급되지 않은 것은?

Information about mask sales

Each person can buy two masks per week.

- Time : 9 a.m. – 8 p.m.
- Place : at any pharmacy
- Price : 1,500 won each

① 판매 시간
② 판매 장소
③ 구입 시 준비 서류
④ 마스크 개당 가격

12 다음 학교 도서관 이용에 관한 안내문 내용과 일치하지 않는 것은?

School Library

- All students can use the library.
- The library is open from 9 a.m. to 5 p.m.
- Students can borrow up to two books at a time.
- Food is not allowed in the library.

① 모든 학생들이 이용할 수 있다.
② 오전 9시부터 오후 5시까지 개방한다.
③ 한 번에 최대 다섯 권의 책을 대출할 수 있다.
④ 음식 반입이 금지된다.

13 다음 게시판에서 실종견에 대해 언급되지 않은 것은?

Lost Dog

- Name : Popo
- Breed : Mixed
- Weight : 6kg
- Feature : White with black spots
- Personality : Very friendly

① 이름 ② 나이
③ 몸무게 ④ 성격

14 다음 Hello Burger 광고문에서 알 수 있는 내용은?

Hello Burger

The most popular burger place in town!
Our secret sauce makes our burgers delicious.
Special offer : Get 3 for the price of 2.
* No deliveries.

① 가장 인기 있는 음료
② 비밀 소스의 재료
③ 특별 행사의 기간
④ 배달 가능 여부

15 다음 축제 포스터에서 언급되지 않은 것은?

Our Town Music Festival

- When : May 20th, 2023
- Where : Central Park
- Invited Singers : Kevin Ryan, Lucy Brown

① 축제 날짜 ② 축제 장소
③ 티켓 가격 ④ 초대 가수

EBS 교육방송교재

고졸 검정고시 **영어**

PART V

독해

01 대표 기출 유형

분석

25문제 중 평균적으로 9~10문제를 출제하여 36~40%를 차지하는 가장 중요한 문제다.
대표 기출 유형은 빈칸 추론, 중심 내용 또는 세부 내용을 파악하는 문제다.
빈칸 추론 문제는 빈칸에 알맞은 것을 찾는 문제다.
중심 내용을 파악하는 문제는 목적, 요지, 제목, 주제를 찾는 문제다.
세부 내용을 파악하는 문제는 글에서 알 수 없는 것이나 언급되지 않은 것을 찾는 문제다.
이외에도 문장 삽입 문제는 글의 흐름을 파악해서 들어가기에 적절한 곳을 찾는 문제다.
이어질 내용을 묻는 문제는 마지막 문장에 답이 있다.
지칭 추론 문제는 대명사 it 또는 they가 가리키는 것을 찾는 문제다.
유형은 다르지만 솔루션은 한 가지다. 해석해서 내용을 파악하면 되는 것이다.

유형 A 빈칸 추론 문제

다음 글의 빈칸에 들어갈 말로 가장 적절한 것은?

> People who improve themselves try to understand what they did wrong, so they can do better the next time. The process of learning from mistakes makes them smarter. For them, every __________ is a step towards getting better.

① love ② nation
③ village ④ mistake

정답 ④

해석 자신을 발전시키는 사람들은 그들이 무엇을 잘못했는지 이해하려고 노력하고, 그래서 그들은 다음에 더 잘할 수 있다. 실수에서 배우는 그 과정은 그들을 더 똑똑하게 만든다. 그들에게, 모든 실수는 더 나은 곳으로 향하는 단계이다.

해설
- improve 발전시키다, 향상시키다
- process 과정
- step 계단, 단계

유형 B 중심 내용 파악 문제

다음 글을 쓴 목적으로 가장 적절한 것은?

> Many people have difficulty finding someone for advice. You may have some personal problems and don't want to talk to your parents or friends about them. Why don't you join our online support group? We are here to help you.

① 거절하려고　　② 권유하려고
③ 비판하려고　　④ 사과하려고

정답 ②

해석 많은 사람들이 조언해 줄 누군가를 찾는 것을 힘들어한다. 여러분은 약간의 개인적인 문제가 있을 수도 있고 그것에 관해 부모님 또는 친구들에게 말하고 싶지 않을 수도 있다. 우리 온라인 협력 단체와 함께 하는 것은 어떤가? 우리는 여러분을 돕기 위해 이곳에 있다.

해설 협력 단체 가입을 권하는 목적으로 쓴 글이다.

- have difficulty ~ing ~하는 데 어려움을 겪다
- advice 조언, 충고
- personal 개인적인
- online support group 온라인 협력 단체

○ 유형 C 세부 내용 파악 문제

다음 Earth Hour campaign에 대한 설명과 일치하지 않는 것은?

> Why don't we join the Earth Hour campaign? It started in Sydney, Australia, in 2007. These days, more than 7,000 cities around the world are participating. Earth Hour takes place on the last Saturday of March. On that day people turn off the lights from 8:30 p.m. to 9:30 p.m.

① 호주 시드니에서 시작했다.
② 칠천 개 이상의 도시가 참여한다.
③ 3월 마지막 주 토요일에 열린다.
④ 사람들은 그날 하루 종일 전등을 끈다.

정답 ④

해석 지구의 시간 캠페인에 동참하는 것은 어떤가? 그 캠페인은 2007년 호주 시드니에서 시작되었다. 요즘은 전 세계 7,000개 이상의 도시들이 참여하고 있다. 지구의 시간 캠페인은 3월 마지막 주 토요일에 열린다. 그날에 사람들은 저녁 8시 30분에서 9시 30분까지 전등을 끈다.

해설 하루 종일이 아닌 저녁에 1시간 전등을 끈다.

- Earth Hour 어스아워, 지구촌 불끄기 캠페인
- participate 참가하다
- take place 개최되다, 열리다
- turn off 끄다
- light 전등

유형 D 문장 삽입 문제

글의 흐름으로 보아 다음 문장이 들어가기에 가장 적절한 곳은?

However, despite its usefulness, plastic pollutes the environment severely.

Plastic is a very useful material. (①) Its usefulness comes from the fact that plastic is cheap, lightweight, and strong. (②) For example, plastic remains in landfills for hundreds or even thousands of years, resulting in soil pollution. (③) The best solution to this problem is to create eco-friendly alternatives to plastic. (④)

정답 ②

해석 플라스틱은 매우 유용한 물질이다. 그 유용성은 플라스틱은 싸고, 가볍고, 그리고 강하다는 사실에서 나온다. (하지만, 그 유용성에도 불구하고, 플라스틱은 환경을 심하게 오염시킨다.) 예를 들어, 플라스틱은 쓰레기 매립지에 수백 또는 심지어 수천 년 동안 남아서, 토양을 오염시킨다. 이 문제의 가장 좋은 해결책은 플라스틱의 친환경적인 대안을 만드는 것이다.

해설
- despite ~에도 불구하고
- usefulness 유용성
- plastic 플라스틱
- pollute 오염시키다
- environment 환경
- severely 심하게
- useful 유용한
- material 물질
- fact 사실
- lightweight 가벼운
- remain 남아 있다
- landfill 쓰레기 매립지
- result in ~라는 결과를 낳다
- soil pollution 토양 오염
- solution 해결책
- create 만들다
- eco-friendly 친환경적인
- alternative 대안

○ 유형 E 이어질 내용을 묻는 문제

다음 글의 바로 뒤에 이어질 내용으로 가장 적절한 것은?

Beans have been with us for thousands of years. They are easy to grow everywhere. More importantly, they are high in protein and low in fat. These factors make beans one of the world's greatest superfoods. Now, let's learn how beans are cooked in a variety of ways around the world.

① 콩 재배의 역사
② 콩의 수확 시기
③ 콩 섭취의 부작용
④ 콩의 다양한 요리법

정답 ④

해석 콩은 수천 년 동안 우리와 함께 있어왔다. 콩은 어디서나 키우기 쉽다. 더 중요한 것은, 콩은 단백질이 많고 지방은 적다. 이 요인들이 콩을 전 세계 가장 위대한 수퍼푸드 중 하나로 만든다. 이제, 콩이 전 세계에서 어떻게 다양하게 요리되는지를 배워 보자.

해설 이 글 뒤에 콩의 다양한 요리법이 이어지는 것이 적절하다.

- bean 콩
- grow 기르다, 키우다
- protein 단백질
- fat 지방
- factor 요인
- superfood 수퍼푸드, 훌륭한 음식
- a variety of 다양한

유형 F 지칭 추론 문제

다음 글에서 밑줄 친 It이 가리키는 것으로 가장 적절한 것은?

> Smiling reduces stress and lowers blood pressure, contributing to our physical well-being. It also increases the amount of feel-good hormones in the same way that good exercise does. And most of all, a smile influences how other people relate to us.

① friend ② smiling
③ country ④ exercising

정답 ②

해석 웃는 것은 스트레스를 줄이고 혈압을 낮추며 우리의 신체 건강에 기여한다. 웃는 것은 또한 좋은 운동이 주는 같은 방식으로 기분을 좋게 하는 호르몬의 양을 증가시킨다. 그리고 무엇보다, 웃음은 다른 사람들과 우리가 어떻게 관계를 갖는지에 영향을 준다.

해설
- reduce 줄이다
- stress 스트레스
- lower 낮추다
- blood pressure 혈압
- contribute to ~에 기여하다
- physical well-being 신체 건강
- increase 증가시키다
- amount 양
- hormone 호르몬
- exercise 운동
- most of all 무엇보다
- influence 영향(을 미치다)
- relate to ~와 (사회적) 관계를 갖다

02 독해 솔루션

• 검정고시에 출제되는 영어 문장을 정확하게 독해하는 솔루션을 익힌다.

☑ 만점 독해 스킬

첫째, '어휘 + 문법 = 독해'라는 점을 명심할 것
둘째, 기출문제의 출제 유형을 정확하게 파악해 둘 것('대표 기출 유형' 참고)
셋째, 기출문제를 충분히 풀어 보고 지문 속의 단어와 숙어를 반드시 자기 것으로 만들 것

01 밑줄 친 It이 가리키는 것으로 가장 적절한 것은?

It is used to sell a product or service. People see it in newspapers, on TV, and on the Internet. It makes people want to buy something. After they see or hear it, they may buy the product or service.

It?
→ 상품 또는 서비스 판매에 사용
→ + 신문, TV, 인터넷에서 봄.
= ① 문화(×), ② 행동(×), ③ 악기(×), **④ 광고(○)**

① culture ② behavior
③ instrument ④ advertisement

02 글을 쓴 목적으로 가장 적절한 것은?

I bought a pair of running shoes from your website. When they arrived, there were some scratches on the side of the shoes. Also, you sent me the wrong size. I want to return them and get my money back.

목적?
→ 운동화 구매
→ + 스크래치
→ + 사이즈 잘못 보냄.
→ = **① get my money back 환불 요청**

① 환불 요청 ② 제품 추천
③ 부탁 거절 ④ 배송비 문의

03 다음 뮤지컬 안내에서 언급되지 않은 것은?

The musical 'City Dreamers' opens at the Art Center soon. 'City Dreamers' was one of the most popular musicals on Broadway in 2018. It runs from May 1st to May 31st, and starts at 7:30 p.m. each night. Tickets can be reserved online at www.citydreamers.com.

① 공연 장소　② 공연 기간
③ 출연 배우　④ 예매 방법

언급 ×?

→ ① 공연 장소 : Art Center

→ ② 공연 기간 : 5. 1. ~ 5. 31.

→ ④ 예매 방법 : reserved online 온라인 예매

= **③ 출연 배우는 없음.**

04 글의 주제로 가장 적절한 것은?

Your hair can be damaged in many ways, such as by coloring or heat from hair dryers. To keep your hair healthy, you can try some of the following tips. First, get a haircut once a month. This will remove damaged hair. Second, use a low heat on your hair dryer. Third, find a shampoo that is good for your hair.

① 세차를 효율적으로 하는 방법
② 직업을 선택할 때의 유의사항
③ 가장 좋은 샴푸를 고르는 방법
④ 머리카락을 건강하게 유지하는 방법

주제?

→ 헤어 데미지, 손상

→ + 헤어 건강 팁

+ ① 세차(X), ② 직업(X), ③ 샴푸(△), ④ 머리카락 건강(O)

+ 샴푸 고르는 방법은 아님.

= **주제는 ④ 머리카락 건강 유지 방법**

05 글의 빈칸에 들어갈 말로 가장 적절한 것은?

These days, students spend too much time on smartphones. For this reason, we are going to hold a 'No Smartphone Day' at our school on September 24th. Students will not be ________ to use smartphones at school on that day. Also, a short film about the negative effects of using smartphones too much will be shown in the auditorium at lunchtime.

① allowed ② treated
③ recycled ④ borrowed

빈칸?

→ 스마트폰에 너무 많은 시간을 씀.

→ + 스마트폰 없는 날

→ = **그 날에 스마트폰 사용 ① 허가 안 됨, 자연스러움.**

② 치료, ③ 재활용, ④ 빌리는 것은 안 됨, 어색함.

06 글의 바로 뒤에 이어질 내용으로 가장 적절한 것은?

Many health experts believe that there is no better medicine than laughter. A lot of studies support the health benefits of laughter. Here are some reasons why laughing a lot is good for health.

① 과식을 하지 않아야 하는 이유
② 많이 웃는 것이 건강에 좋은 이유
③ 운동이 체중 관리에 필수인 이유
④ 약을 규칙적으로 복용해야 하는 이유

뒤에 이어질 내용은?

마지막 문장이 핵심!

→ + 웃는 것이 건강에 좋은 이유

= **정답은 ②**

07 글의 흐름으로 보아 다음 문장이 들어가기에 가장 적절한 곳은?

She took the eggs home and kept them warm in her room.

→ **그 알을 집으로?**

Amy was walking through the forest one day. (①) Under a tree, she found five eggs. (②) Two weeks later, five baby birds were born in her room. (③) Now they think Amy is their mother. (④)

→ + 5개 알 발견 ➜ ② 그 알을 집으로

→ + 그 알이 2주 후 새가 됨.

= **정답은 ②**

03 기출 및 적중예상문제

정답 및 해설 별책 21p

01 다음 글의 빈칸에 들어갈 말로 가장 적절한 것은?

> I'd like to have a parrot as a ________. Let me tell you why. First, a parrot can repeat my words. If I say "Hello" to it, it will say "Hello" to me. Next, it has gorgeous, colorful feathers, so just looking at it will make me happy. Last, parrots live longer than most other animals kept at home.

① pet ② word
③ color ④ plant

02 다음 글에서 밑줄 친 It(it)이 가리키는 것으로 가장 적절한 것은?

> A donation is usually done for kind and good-hearted purposes. It can take many different forms. For example, it may be money, food or medical care given to people suffering from natural disasters.

① donation ② nature
③ people ④ suffering

[3~4] 다음 글을 읽고 물음에 답하시오.

> Volunteering gives you a healthy mind. According to one survey, 96% of volunteers report feeling happier after doing it. If you help others in the community, you will feel better about yourself. It can also motivate you to live with more energy that can help you in your ordinary daily life. Therefore, you will have a more __________ view of life.

03 윗글의 빈칸에 들어갈 말로 가장 적절한 것은?

① shy ② useless
③ unhappy ④ positive

04 윗글의 주제로 가장 적절한 것은?

① 외로움의 유용함
② 달 연구의 어려움
③ 자원봉사가 주는 이점
④ 온라인 수업 도구의 다양성

05 다음 글을 쓴 목적으로 가장 적절한 것은?

> We would like to ask you to put trash in the trash cans in the park. We are having difficulty keeping the park clean because of the careless behavior of some visitors. We need your cooperation. Thank you.

① 요청하려고
② 사과하려고
③ 거절하려고
④ 칭찬하려고

06 다음 학교 신문 기자 모집에 대한 설명과 일치하지 <u>않는</u> 것은?

> We're looking for reporters for our school newspaper. If you're interested, please submit three articles about school life. Each article should be more than 500 words. Our student reporters will evaluate your articles. The deadline is September 5th.

① 학교생활에 관한 기사를 세 편 제출해야 한다.
② 각 기사는 500단어 이상이어야 한다.
③ 담당 교사가 기사를 평가한다.
④ 마감일은 9월 5일이다.

07 다음 글의 주제로 가장 적절한 것은?

> Gestures can have different meanings in different countries. For example, the OK sign means "okay" or "all right" in many countries. The same gesture, however, means "zero" in France. French people use it when they want to say there is nothing.

① 세계의 음식 문화
② 예술의 교육적 효과
③ 다문화 사회의 특징
④ 국가별 제스처의 의미 차이

08 다음 글의 빈칸에 들어갈 말로 가장 적절한 것은?

> Many power plants produce energy by burning fossil fuels, such as coal or gas. This causes air pollution and influences the __________. Therefore, try to use less energy by choosing energy-efficient products. It can help save the earth.

① environment ② material
③ product ④ weight

09 다음 글의 빈칸에 들어갈 말로 가장 적절한 것은?

> The Internet makes our lives more convenient. We can pay bills and shop on the Internet. However, personal information can be easily stolen online. There are ways to __________ your information. First, set a strong password. Second, never click on unknown links.

① cancel ② destroy
③ protect ④ refund

10 글의 흐름으로 보아 다음 문장이 들어가기에 가장 적절한 곳은?

> But nowadays maps are more accurate because they are made from photographs.

> (①) Thousands of years ago, people made maps when they went to new places. (②) They drew maps on the ground or on the walls of caves, which often had incorrect information. (③) These photographs are taken from airplanes or satellites. (④)

11 다음 글의 바로 뒤에 이어질 내용으로 가장 적절한 것은?

> Sometimes we hurt others' feelings, even if we don't mean to. When that happens, we need to apologize. Then, how do we properly apologize? Here are three things you should consider when you say that you are sorry.

① 규칙 준수의 중요성
② 대화를 시작하는 방법
③ 효과적인 암기 전략의 종류
④ 사과할 때 고려해야 할 것들

12 다음 글에서 밑줄 친 It이 가리키는 것으로 가장 적절한 것은?

> One day, Michael saw an advertisement for a reporter in the local newspaper. It was a job he'd always dreamed of. So he made up his mind to apply for the job.

① actor ② teacher
③ reporter ④ designer

[13~14] 다음 글을 읽고 물음에 답하시오.

Many people have trouble falling asleep, thus not getting enough sleep. It can have __________ effects on health like high blood pressure. You can prevent sleeping problems if you follow these rules. First, do not have drinks with caffeine at night. Second, try not to use your smartphone before going to bed. These will help you go to sleep easily.

13 윗글의 빈칸에 들어갈 말로 가장 적절한 것은?

① harmful ② helpful
③ positive ④ calming

14 윗글의 주제로 가장 적절한 것은?

① 스마트폰의 변천사
② 운동 부족의 위험성
③ 카페인 중독의 심각성
④ 수면 문제를 예방하는 방법

15 다음 글을 쓴 목적으로 가장 적절한 것은?

This is an announcement from the management office. As you were informed yesterday, the electricity will be cut this afternoon from 1 p.m. to 2 p.m. We're sorry for any inconvenience. Thank you for your understanding.

① 공지하려고 ② 불평하려고
③ 거절하려고 ④ 문의하려고

16 다음 2023 Science Presentation Contest에 대한 설명과 일치하지 않는 것은?

The 2023 Science Presentation Contest will be held on May 20, 2023. The topic is global warming. Contestants can participate in the contest only as individuals. Presentations should not be longer than 10 minutes. For more information, see Mr. Lee at the teachers' office.

① 5월 20일에 개최된다.
② 발표 주제는 지구 온난화이다.
③ 그룹 참가가 가능하다.
④ 발표 시간은 10분을 넘지 않아야 한다.

17 다음 글의 주제로 가장 적절한 것은?

I'd like to tell you about appropriate actions to take in emergency situations. First, when there is a fire, use the stairs instead of taking the elevator. Second, in the case of an earthquake, go to an open area and stay away from tall buildings because they may fall on you.

① 지진 발생 원인
② 에너지 절약의 필요성
③ 환경 보호 실천 방안
④ 비상사태 발생 시 대처 방법

18 다음 글의 빈칸에 들어갈 말로 가장 적절한 것은?

These days, many people make reservations at restaurants and never show up. Here are some tips for restaurants to reduce no-show customers. First, ask for a deposit. If the customers don't show up, they'll lose their money. Second, call the customer the day before to __________ the reservation.

① cook ② forget
③ confirm ④ imagine

19 다음 글의 빈칸에 들어갈 말로 가장 적절한 것은?

Weather forecasters __________ the amount of rain, wind speeds, and paths of storms. In order to do so, they observe the weather conditions and use their knowledge of weather patterns. Based on current evidence and past experience, they decide what the weather will be like.

① ignore ② predict
③ violate ④ negotiate

20 글의 흐름으로 보아 다음 문장이 들어가기에 가장 적절한 곳은?

To overcome this problem, soap can be made by volunteer groups and donated to the countries that need it.

(①) Washing your hands with soap helps prevent the spread of disease. (②) In fact, in West and Central Africa alone, washing hands with soap could save about half a million lives each year. (③) However, the problem is that soap is expensive in this region. (④) This way, we can help save more lives.

[21~22] 다음 글을 읽고 물음에 답하시오.

Do you know flowers provide us with many health benefits? For example, the smell of roses can help __________ stress levels. Another example is lavender. Lavender is known to be helpful if you have trouble sleeping. These are just two examples of how flowers help with our health.

21 윗글의 빈칸에 들어갈 말로 가장 적절한 것은?

① insist ② reduce
③ trust ④ admire

22 윗글의 주제로 가장 적절한 것은?

① 고혈압에 좋은 식품
② 충분한 수면의 필요성
③ 꽃이 건강에 주는 이점
④ 아름다운 꽃을 고르는 방법

23 다음 글의 바로 뒤에 이어질 내용으로 가장 적절한 것은?

In the future, many countries will have the problem of aging populations. We will have more and more old people. This means jobs related to the aging population will be in demand. So when you're thinking of a job, you should consider this change. Now, I'll recommend some job choices for a time of aging populations.

① 노령화와 기술 발전
② 성인병을 관리하는 방법
③ 노화 예방 운동법 소개
④ 노령화시대를 위한 직업 추천

24 다음 글에서 밑줄 친 <u>it</u>이 가리키는 것으로 가장 적절한 것은?

One day in math class, Mary volunteered to solve a problem. When she got to the front of the class, she realized that <u>it</u> was very difficult. But she remained calm and began to write the answer on the blackboard.

① blackboard ② classroom
③ problem ④ school

25 다음 글을 쓴 목적으로 가장 적절한 것은?

I want to express my thanks for writing a recommendation letter for me. Thanks to you, I now have a chance to study in my dream university. I will never forget your help and kindness.

① 감사하려고 ② 거절하려고
③ 사과하려고 ④ 추천하려고

26 다음 International Mango Festival에 대한 설명과 일치하지 않는 것은?

The International Mango Festival, which started in 1987, celebrates everything about mangoes. It is held in India in summer every year. It has many events such as a mango eating competition and a quiz show. The festival provides an opportunity to taste more than 550 kinds of mangoes for free.

① 1987년에 시작되었다.
② 매년 여름 인도에서 열린다.
③ 망고 먹기 대회가 있다.
④ 망고를 맛보려면 돈을 내야 한다.

27 다음 글의 주제로 가장 적절한 것은?

The increasing amount of food trash is becoming a serious environmental problem. Here are some easy ways to decrease the amount of food trash. First, make a list of the food you need before shopping. Second, make sure not to prepare too much food for each meal. Third, save the food that is left for later use.

① 분리수거 시 유의 사항
② 장보기 목록 작성 요령
③ 음식물 쓰레기를 줄이는 방법
④ 올바른 식습관 형성의 필요성

28 다음 글의 빈칸에 들어갈 말로 가장 적절한 것은?

The students at my high school have ___________ backgrounds. They are from different countries such as Russia, Thailand, and Chile. I am quite happy to be in a multicultural environment with my international classmates.

① close ② diverse
③ negative ④ single

29 다음 글의 빈칸에 들어갈 말로 가장 적절한 것은?

> Tate Modern is a museum located in London. It used to be a power station. After the station closed down in 1981, the British government decided to ________ it into a museum instead of destroying it. Now this museum holds the national collection of modern British artwork.

① balance ② forbid
③ prevent ④ transform

30 글의 흐름으로 보아 다음 문장이 들어가기에 가장 적절한 곳은?

> What if your favorite flavor is strawberry?

> Do you love ice cream? (①) Like most people, I love ice cream very much. (②) According to a newspaper article, your favorite ice cream flavor could show what kind of person you are. (③) For example, if your favorite flavor is chocolate, it means that you are very creative and enthusiastic. (④) It means you are logical and thoughtful.

[31~32] 다음 글을 읽고 물음에 답하시오.

> When comparing tennis with table tennis, there are some similarities and differences. First, they are both racket sports. Also, both players hit a ball back and forth across a net. __________, there are differences, too. While tennis is played on a court, table tennis is played on a table. Another difference is that a much bigger racket is used in tennis compared to table tennis.

31 윗글의 빈칸에 들어갈 말로 가장 적절한 것은?

① Finally ② However
③ Therefore ④ For example

32 윗글의 주제로 가장 적절한 것은?

① 탁구와 테니스의 경기 방법
② 탁구와 테니스의 운동 효과
③ 탁구와 테니스의 라켓 사용법
④ 탁구와 테니스의 유사점과 차이점

33 다음 글의 바로 뒤에 이어질 내용으로 가장 적절한 것은?

As you know, many young people these days suffer from neck pain. This is because they spend many hours per day leaning over a desk while studying or using smartphones. But don't worry. We have some exercises that can help prevent and reduce neck pain. This is how you do them.

① 현대인들의 목 통증의 원인
② 목 통증을 유발하기 쉬운 자세
③ 목 통증을 예방하고 줄일 수 있는 운동법
④ 스마트폰 사용 시간과 목 통증의 상관관계

34 다음 글에서 밑줄 친 It이 가리키는 것으로 가장 적절한 것은?

All animals and plants depend on water to live. Our body is about 60 to 70 percent water. We can go weeks without food. But without water, we would die in a few days. <u>It</u> is very important for our lives.

① animal ② body
③ plant ④ water

35 다음 글을 쓴 목적으로 가장 적절한 것은?

I'm writing this email to say sorry to you because of what I did the last couple of days. I thought you and Jessica were ignoring me on purpose, so I treated you unkindly. Now I know I have misunderstood you. I want to say I'm really sorry.

① 거절하려고 ② 문의하려고
③ 사과하려고 ④ 소개하려고

36 다음 Lascaux 동굴에 대한 설명과 일치하지 <u>않는</u> 것은?

The Lascaux cave is located in southwestern France. It contains ancient paintings of large animals. No one knew about the cave until 1940. Four teenagers accidentally discovered it while running after their dog. In 1963, in order to preserve the paintings, the cave was closed to the public.

① 프랑스 남서부에 있다.
② 커다란 동물의 그림이 있다.
③ 십 대 청소년 네 명이 발견하였다.
④ 1963년에 대중에게 개방되었다.

37 다음 글의 주제로 가장 적절한 것은?

Walking can be just as beneficial to your health as more intense exercise. A physical benefit of walking is that it can reduce body fat. It also has a mental health benefit because it can help reduce stress. So get up and walk!

① 걷기의 장점
② 부상 예방 방법
③ 스트레스의 위험
④ 운동 시 주의 사항

38 다음 글의 빈칸에 들어갈 말로 가장 적절한 것은?

Cars should be able to endure the strong impact that they receive when they crash into another car or object. Thus, the bodies of cars are designed to absorb heavy shocks. The goal is to __________ drivers and passengers in case of serious car accidents.

① describe ② encourage
③ increase ④ protect

39 다음 글의 빈칸에 들어갈 말로 가장 적절한 것은?

Soft drink companies attract consumers by adding bright colors to their products. Most of these colors, however, are not __________. They are man-made. For example, the artificial color Yellow No. 6, used in some pineapple juices, adds nothing to the taste. It is just there to make the drink look pretty.

① convenient ② frightened
③ innovative ④ natural

40 글의 흐름으로 보아 다음 문장이 들어가기에 가장 적절한 곳은?

However, I think science does us more good than harm.

Some people argue that science can be dangerous. (①) They say the atomic bomb is the perfect example of the dangers of science. (②) For instance, science helps make better medicine. (③) It definitely improves the quality of our lives. (④) I believe that science will continue to make a better world for us.

[41~42] 다음 글을 읽고 물음에 답하시오.

Do you know how to invent new things? A good method is inventing by addition. This means inventing something by adding a new element to something that already exists. __________, Hyman Lipman became a great U.S. inventor by attaching an eraser to the top of a pencil. Now that you know how to invent something, try to make an invention.

41 윗글의 빈칸에 들어갈 말로 가장 적절한 것은?

① For example ② Instead
③ In contrast ④ Nevertheless

42 윗글의 주제로 가장 적절한 것은?

① 전기 자동차의 미래
② 체중 조절에 대한 조언
③ 새로운 것을 발명하는 방법
④ 좋은 학용품을 사용하는 이유

43 다음 글의 바로 뒤에 이어질 내용으로 가장 적절한 것은?

If you go to South Africa or Madagascar, you can see huge and strange-looking trees, called baobobs. Known as "upside-down trees," their branches look like their roots are spreading towards the sky. Why do you think the baobob tree has this unique shape? Let's find out.

① 바오바브나무의 유익한 성분
② 바오바브나무를 재배하는 방법
③ 바오바브나무의 모습이 특이한 이유
④ 바오바브나무가 생태계에 미치는 영향

44 다음 중 밑줄 친 It이 가리키는 것으로 가장 적절한 것은?

We need it when it rains. <u>It</u> keeps our body and clothes from getting wet. It has many colors and sizes. It has a long stick with a folding frame covered in cloth or other material.

① book ② fork
③ umbrella ④ computer

45 다음 글을 쓴 목적으로 가장 적절한 것은?

> To get to my office from Central Station, take line number 1 to 36th Street. Get out at exit 5 and cross the road. Turn right and walk 3 blocks. Our company building is next to the post office. My office is on the sixth floor.

① 길 안내 ② 환불 요청
③ 제품 홍보 ④ 학교 소개

46 다음 중 Tom에 관한 설명에서 언급되지 <u>않은</u> 것은?

> Tom is one of my best friends. He is very friendly and likes talking to people. He is majoring in English and wants to be an English teacher. He lives in Seoul with his family.

① 성격 ② 장래 희망
③ 사는 도시 ④ 가족 수

47 다음 글의 주제로 가장 적절한 것은?

> The Internet has both positive and negative effects on people's lives. It provides people with the information they need. It also helps people learn new things easily. On the other hand, if people spend too much time online, they may end up spending less and less time with their family and friends.

① 학생들의 작문 능력을 향상하기 위한 방법
② 인터넷 사용의 긍정적인 면과 부정적인 면
③ 학생들의 진로 선택을 위한 학교 교육의 역할
④ 환경 보호를 위해 우리가 실천할 수 있는 방안

48 다음 글의 빈칸에 들어갈 말로 가장 적절한 것은?

> Hello, my name is Sejun Lee. I would like to be a __________ because I really like making food. I feel happy when my family and friends eat the food I make. I'm especially interested in Chinese food. I would like to go to Jin's College in China and learn how to make Chinese food.

① cook ② dancer
③ soldier ④ teacher

49 다음 글의 바로 뒤에 이어질 내용으로 가장 알맞은 것은?

You may burn your hand or other parts of your body while cooking in the kitchen. Most burns are not serious and will heal on their own, but they can still be painful. Take the following steps to quickly heal a burn.

① 화재를 예방하는 방법
② 화상을 치료하는 방법
③ 성인병을 관리하는 방법
④ 지진 발생 시 대응 방법

50 글의 흐름으로 보아 다음 문장이 들어가기에 가장 적절한 곳은?

These women are called Haenyeo, professional female divers on Jeju Island.

(①) When I was living on Jeju Island, I spent a lot of time just watching the ocean beat against the cliffs. (②) The rocks and water, together with Jeju's traditional houses, formed a very beautiful scene. (③) I could even see a group of Korean women in diving suits standing on the rocks. (④) They were diving into the sea without using oxygen tanks and coming back with seafood.

EBS 교육방송교재

고졸 검정고시 영어

PART

VI

실전 모의고사

제 1 회 실전 모의고사

정답 및 해설 별책 31p

[1~3] 다음 밑줄 친 부분의 뜻으로 가장 적절한 것을 고르시오.

01

A good <u>education</u> is the gateway to success.

① 건강 ② 교육
③ 오염 ④ 환경

02

I can't <u>figure out</u> how to do this.

① 도와주다 ② 알아내다
③ 의존하다 ④ 집중하다

03

She is <u>in charge of</u> the project.

① 만든 ② 반대하는
③ 지지하는 ④ 책임지는

04 다음 중 두 단어의 의미 관계가 나머지 셋과 <u>다른</u> 것은?

① arrive – leave ② bad – good
③ early – late ④ fast – quick

05 다음 축제 포스터에서 언급되지 <u>않은</u> 것은?

Green Music Festival
- Date : May 1st, 2024
- Location : Community Center Park
- Invited Singers : Madonna, John Jackson

① 축제 날짜 ② 축제 장소
③ 티켓 가격 ④ 초대 가수

[6~8] 다음 빈칸에 공통으로 들어갈 말로 가장 적절한 것을 고르시오.

06

- Who wrote the ________?
- I'd like to ________ a room with a view of the sea.

① book ② make
③ pass ④ work

07

- Bill, ________ is the boy over there?
- The boy ________ is singing on the stage is my friend.

① what ② when
③ where ④ who

08

- Children depend ________ their parents.
- You need to focus ________ your work.

① at ② in
③ on ④ out

09 다음 대화에서 밑줄 친 표현의 의미로 가장 적절한 것은?

A : Tom is very short. I think he's not good at running.
B : <u>Don't judge a book by its cover</u>.
A : What does that mean?
B : He is short, but he runs fastest in his class.

① 끝이 좋으면 모두 다 좋다.
② 로마에선 로마법을 따르라.
③ 외모로 판단하지 마라.
④ 어려울 때 도와주는 친구가 진정한 친구다.

10 다음 대화에서 알 수 있는 B의 심정으로 가장 적절한 것은?

A : Dad, I feel really down today.
B : I'm sorry to hear that. What's wrong?
A : I'm really concerned about the result of my exam last week.

① bored ② excited
③ happy ④ worried

11 다음 대화가 이루어지는 장소로 가장 적절한 것은?

A : Good morning, sir. How can I help you?
B : I made a reservation.
A : May I have your name, please?
B : My name is Ted Johnson.
A : You booked a single room for May 1st. Here is your key.

① 가게 ② 기차역
③ 영화관 ④ 호텔

12 다음 글에서 밑줄 친 <u>This</u>가 가리키는 것으로 가장 적절한 것은?

<u>This</u> is a popular Korean rice dish. You can make this by mixing rice with vegetables, meat, and egg together in a bowl. This is loved and eaten throughout Korea and the world.

① 갈비찜 ② 떡볶이
③ 비빔밥 ④ 빈대떡

[13~14] 다음 대화의 빈칸에 들어갈 말로 가장 적절한 것을 고르시오.

13

A : Where are you going?
B : I am going to visit my uncle.
A : ______________________
B : I will help him to wash his car.

① How far is it from here?
② What will you do there?
③ When will you arrive there?
④ Which is the best way to get there?

14

A : How often do you get your hair cut?
B : ______________________.

① I wash my hair before every meal
② I get my hair cut once a month
③ I want to stay there for a long time
④ I get my hair cut at the barber shop

15 주어진 말에 이어질 두 사람의 대화를 〈보기〉에서 찾아 순서대로 가장 적절하게 배열한 것은?

You don't look good. What's the problem?

보기

(A) All right. I will try to be more cautious.
(B) I'm very tired because I ran for five hours.
(C) Please take care of yourself. Even exercise can be bad when it's too much!

① (A) − (C) − (B)
② (B) − (C) − (A)
③ (C) − (A) − (B)
④ (C) − (B) − (A)

16 다음 글을 쓴 목적으로 가장 적절한 것은?

Dear Mrs. Brown,
There is a boy whom I like in my class. I want to be his girlfriend but he seems to like another girl. Should I tell him how I feel about him? Please tell me what I should do.

① 고민 상담　② 수리 요청
③ 부탁 거절　④ 성적 고민

17 다음 청소기에 관한 설명서에서 언급되지 <u>않은</u> 것은?

> • Read the manual carefully before using the machine.
> • Charge the machine before using it.
> • Do not let children use the machine.

① 사용 전에 주의 깊게 닦을 것
② 사용 전에 설명서를 주의 깊게 읽을 것
③ 사용 전에 충전할 것
④ 아이들이 사용하지 않도록 할 것

18 다음 글에서 밑줄 친 some rules에 언급되지 <u>않는</u> 것은?

> Welcome to Seoul Museum! The museum has <u>some rules</u> which you should keep. Taking photographs is not allowed. Also, remember to turn off your cellphone and please be quiet.

① 사진 촬영 금지
② 실내 취식 금지
③ 휴대 전화 전원 끄기
④ 실내에서 조용히 하기

19 다음 글의 제목으로 가장 적절한 것은?

> Too much stress can seriously affect your health. Let's talk about tips to deal with your stress. Start by doing some physical activity. If that doesn't work, talk about your problems with someone.

① Where to Get a Job
② When to Get Married
③ How to Manage Stress
④ How to Make New Friends

20 글의 흐름으로 보아 다음 문장이 들어가기에 가장 적절한 곳은?

> This is because fires are very dangerous.

> When you go to Central Park, remember the following rules. (①) First, fires, even for cooking, are not allowed. (②) Next, food must be stored properly. (③) Leaving food out in the open attracts wild animals. (④)

[21~22] 다음 글의 빈칸에 들어갈 말로 가장 적절한 것을 고르시오.

21

The other day while I was surfing the Internet, I found some of my pictures on another website. The site used them without my ________. That's illegal!

① emotion ② life
③ permission ④ time

22

Do you want to be a wise consumer? If so, before you ________ a new product, think one more time whether you really need it. In other words, you should think carefully before you purchase a new item.

① buy ② cure
③ sell ④ protect

23 다음 글의 바로 뒤에 이어질 내용으로 가장 적절한 것은?

Have you ever seen someone cook using solar power? This kind of energy is called 'green energy'. Green energy doesn't harm the environment. Here are various types of green energy that can be used in our daily lives.

① 원자력 발전이 일상생활에 미치는 영향
② 일상생활에 사용되는 다양한 그린 에너지
③ 자원 고갈로 인한 환경오염의 심각성
④ 태양계의 그린 에너지 생성 원리

[24~25] 다음 글을 읽고 물음에 답하시오.

Many people think that sharks are dangerous. ________, that is not true. According to some scientists, there are more than 360 kinds of sharks and only four kinds of them sometimes attack human beings.

24 윗글의 빈칸에 들어갈 말로 가장 적절한 것은?

① Besides ② For example
③ However ④ Therefore

25 윗글의 주제로 가장 적절한 것은?

① 상어에 대한 오해
② 상어와 과학자들
③ 상어의 서식지
④ 상어의 크기와 모양

제 2 회 실전 모의고사

정답 및 해설 별책 36p

[1~3] 다음 밑줄 친 부분의 뜻으로 가장 적절한 것을 고르시오.

01

The <u>environment</u> has become a very hot issue.

① 목표　② 오염
③ 정치　④ 환경

02

I will <u>take part in</u> the race.

① 도와주다　② 사랑하다
③ 집중하다　④ 참가하다

03

<u>According to</u> the weather forecast, it will rain tomorrow.

① 대신에　② 마침내
③ 의하면　④ 처음으로

04 다음 중 두 단어의 의미 관계가 나머지 셋과 <u>다른</u> 것은?

① buy – sell　② clean – dirty
③ messy – tidy　④ slim – thin

05 다음 광고문에서 알 수 <u>없는</u> 것은?

STAR CINEMA

7th South Street

- Movie : Batman
- Times of movie : 5:00 p.m. 7:00 p.m. 9:00 p.m.
- Prices : $15.00 for adults, $7.00 for students

① 관람료　② 상영관
③ 상영 시간　④ 출연배우

[6~8] 다음 빈칸에 공통으로 들어갈 말로 가장 적절한 것을 고르시오.

06

- Go straight one block and ________ right.
- It's my ________ to cook today.

① make　② pass
③ plant　④ turn

07

- Julie, ________ is your birthday?
- This is the day ________ I met her.

① when　② where
③ which　④ who

08

- I'm looking ________ sneakers.
- I'm waiting ________ my friends.

① at　　② for
③ on　　④ to

09 다음 대화에서 밑줄 친 표현의 의미로 가장 적절한 것은?

A : Our team lost the soccer game. I don't know what to do.
B : I think that <u>practice makes perfect</u>.

① 꾸준히 연습하라.
② 규칙을 잘 지켜라.
③ 항상 정직해라.
④ 협동심을 길러라.

10 다음 대화에서 알 수 있는 B의 심정으로 가장 적절한 것은?

A : Tom, I heard you're taking a family trip to Paris this summer.
B : Yes, I'm very excited to see the Eiffel Tower.
A : That sounds great. Show me the pictures when you get back.
B : Sure. I can't wait for the trip!

① 걱정되다　　② 기대하다
③ 실망하다　　④ 후회하다

11 다음 대화가 이루어지는 장소로 가장 적절한 것은?

A : Can I take these two books home?
B : Okay, are you a student here?
A : Yes.
B : Then show me your student ID card.
A : Here it is.
B : Please return the books in one week.

① 경찰서　　② 도서관
③ 서점　　④ 은행

12 다음 글에서 밑줄 친 <u>This(this)</u>가 가리키는 것으로 가장 적절한 것은?

<u>This</u> tells about the things they did, the food they ate, the people they met and how they felt during that day. Most people feel that keeping <u>this</u> is a very private thing. They don't like to show this to others.

① a computer　　② a diary
③ a hobby　　④ a pet

[13~14] 다음 대화의 빈칸에 들어갈 말로 가장 적절한 것을 고르시오.

13

A : ____________________?
B : I have worked for this company for ten years.

① How do you get to work
② How long have you worked here
③ How can I get in touch with your company
④ How far is it from here to your company

14

A : Excuse me. How long does it take to get to the hospital from here?
B : ______________________________.

① It takes about 5 minutes by bus
② There's no entrance fee for students
③ It took 5 years to build the hospital
④ Take an umbrella with you in case it rains

15 다음 대화의 주제로 가장 적절한 것은?

A : May I help you?
B : I bought this phone last month. But it doesn't work well.
A : Can you tell me about the problem?
B : I think the buttons are out of order.

① 전화기 고장
② 전화기 분실
③ 전화기 광고
④ 전화 요금 미납

16 다음 글을 쓴 목적으로 가장 적절한 것은?

Dear Sir/Madam
I ordered a skirt from your website on Saturday. It arrived yesterday. I ordered a red one, but received a blue one. I'd like to exchange it for the correct color.

① 교환 요청 ② 예약 확인
③ 진료 예약 ④ 참가 신청

17 학교 수영장 이용에 관한 안내문의 내용과 일치하지 <u>않는</u> 것은?

> **School Swimming Pool**
> - Open to all students
> - Open hours : 2:00 p.m. to 5:00 p.m.
> - Shower rooms and lockers available
> - Food is not allowed but drinks are allowed.

① 모든 학생이 이용할 수 있다.
② 오후 2시부터 오후 5시까지 개방한다.
③ 샤워룸과 사물함을 사용할 수 있다.
④ 음식과 음료수 반입이 불가능하다.

18 Tom Park에 관한 다음 글에서 언급되지 <u>않는</u> 것은?

> Tom Park, a Korean doctor, built both a hospital and a school to help the poor. He treated patients suffering from diseases. He also gave shoes to people in need.

① 한국인 의사이다.
② 병원과 학교를 세웠다.
③ 신약을 개발하여 크게 성공했다.
④ 질병으로 고통받는 사람들을 치료해 주었다.

19 다음 글의 주제로 가장 적절한 것은?

> Have you ever been nervous before a job interview? Breathing deeply can help you relax. Practicing interview questions is also helpful. Practice gives you confidence which will reduce your nervousness.

① 취업 면접에 앞서 긴장감을 줄이는 방법
② 면접 볼 회사 선택하는 방법
③ 기업 간 분쟁을 해결하는 방법
④ 출장비용을 절감하는 방법

20 글의 흐름으로 보아 다음 문장이 들어가기에 가장 적절한 곳은?

> Second, in the afternoon, I washed the car.

> Yesterday was my dad's birthday. (①) I did the following three things for my dad yesterday. (②) First, in the morning, I prepared breakfast for him. (③) Finally, I bought him a birthday cake in the evening. (④)

[21~22] 다음 글의 빈칸에 들어갈 말로 가장 적절한 것을 고르시오.

21

Every society has rules of etiquette that people are expected to ________. We need to be careful about what we say and do. Etiquette helps us to be respectful of others.

* etiquette : 예절

① follow ② spend
③ strike ④ travel

22

I prefer online shopping for several reasons. First, I don't even have to leave my house. All I need is my computer or smartphone. Second, I can save money by comparing prices from various online stores. Lastly, I can get anything I want delivered to my front door. How easy and ________!

① convenient ② delicious
③ expensive ④ impolite

23 다음 글의 바로 뒤에 이어질 내용으로 가장 적절한 것은?

Today, tomatoes are one of the most common foods in the world. They are served alone or with your favorite dishes such as pizza and spaghetti. Here are some various recipes for tomatoes.

① 토마토의 가격
② 토마토의 요리법
③ 토마토의 생산지
④ 토마토의 재배 방법

[24~25] 다음 글을 읽고 물음에 답하시오.

Some studies have found that there are several benefits to positive thinking. One of them is that positive thinking could help you build better relationships with others. ________, thinking positively could help you deal with stress. Also, it could even help you live longer.

24 윗글의 빈칸에 들어갈 말로 가장 적절한 것은?

① For example ② However
③ In addition ④ Instead

25 윗글의 주제로 가장 적절한 것은?

① 긍정적 사고가 줄 수 있는 이점
② 시간을 효율적으로 사용하는 방법
③ 다른 사람들과의 관계가 좋아지는 방법
④ 부정적 사고가 줄 수 있는 단점

PART VII

2024년 기출문제

2024 제1회 영어

정답 및 해설 별책 40p

[1~3] 다음 밑줄 친 부분의 뜻으로 가장 적절한 것을 고르시오.

01

I will call the restaurant and make a reservation.

① 변경 ② 예약
③ 취소 ④ 칭찬

02

You need to keep in mind, "Slow and steady wins the race."

① 명심하다 ② 사용하다
③ 정돈하다 ④ 참여하다

03

Do not use your cellphone while you are driving.

① 대신에 ② 동안에
③ 만약에 ④ 처음에

04 다음 밑줄 친 두 단어의 의미 관계와 다른 것은?

It's easy to say you'll do something, but difficult to actually do it.

① heavy – light
② noisy – silent
③ painful – painless
④ rapid – quick

05 다음 콘서트 안내문에서 언급되지 않은 것은?

Fundraising Concert

- When : April 17th, 6 – 9 p.m.
- Where : Lobby of Children's Hospital
- Light snacks will be offered.

All funds will be donated to Children's Hospital.

① 날짜 ② 장소
③ 출연진 ④ 기금 용도

[6~8] 다음 빈칸에 공통으로 들어갈 말로 가장 적절한 것을 고르시오.

06

- Could you ______ my bag for me?
- My school will ______ a music festival next month.

① hold ② like
③ meet ④ walk

07

- I don't know ______ he is honest or not.
- You will miss the bus ______ you don't leave now.

① if ② that
③ what ④ which

08

- About 60 to 70% of your body consists ______ water.
- The garden is full ______ beautiful flowers.

① for ② in
③ of ④ to

09 다음 대화에서 밑줄 친 표현의 의미로 가장 적절한 것은?

A : I'm having a hard time right now.
B : Don't worry. I'm here for you, no matter what.
A : Thank you. Your support means everything to me.
B : Anytime. <u>A friend in need is a friend indeed</u>.

① 진정한 배움에는 지름길이 없다.
② 몸이 건강해야 마음도 건강하다.
③ 필요할 때 있는 친구가 진정한 친구다.
④ 사귀는 친구를 보면 그 사람을 알 수 있다.

10 다음 대화에서 알 수 있는 B의 심정으로 가장 적절한 것은?

A : I've been waiting for 30 minutes. What happened?
B : Sorry, but I thought we were meeting at 2 o'clock.
A : No, that's the time the baseball game starts, so we were supposed to meet 30 minutes earlier.
B : Oh, I totally forgot. I'm sorry for keeping you waiting.

① 미안하다 ② 안심하다
③ 지루하다 ④ 행복하다

11 다음 대화가 이루어지는 장소로 가장 적절한 것은?

A : Did you get our tickets? Where are our seats?
B : Let me see. J11 and J12.
A : Great. Let's buy some snacks before we go in.
B : That sounds good.

① 병원 ② 약국
③ 은행 ④ 영화관

12 다음 글에서 밑줄 친 them이 가리키는 것으로 가장 적절한 것은?

> Studies have shown that flowers have positive effects on our moods. Participants reported feeling less depressed and anxious after receiving them. In addition, they showed a higher sense of enjoyment and overall satisfaction.

① flowers　② moods
③ participants　④ studies

[13~14] 다음 대화의 빈칸에 들어갈 말로 가장 적절한 것을 고르시오.

13

> A : The speech contest is tomorrow. I have cold feet.
> B : Sorry, ______________________?
> A : I have cold feet. I'm nervous about tomorrow.
> B : Oh, I see. Don't worry. I'm sure that you will do well.

① how would you like it
② would you say that again
③ what is the weather like today
④ where should I go for the contest

14

> A : What do you like most about Korea?
> B : ______________________________.

① That is what lots of people think
② That's because I prefer tea to coffee
③ I like the food delivery service most
④ I'm not satisfied with the monitor you chose

15 다음 대화의 주제로 가장 적절한 것은?

> A : My lower back hurts a lot these days.
> B : I think you should do something before it gets worse.
> A : Do you have any tips to reduce the pain?
> B : Well, sit in a chair, not on the floor. And try to walk and stretch gently often.

① 의자를 고르는 방법
② 바닥을 청소하는 방법
③ 바른 자세로 걷는 방법
④ 허리 통증을 줄이는 방법

16 다음 글을 쓴 목적으로 가장 적절한 것은?

> I'm worried about not having confidence in myself. My friends always seem to know what they're doing, but I'm never sure I'm doing the right thing. I want to build my confidence. I wonder whether you could give me some solutions to my problem. I hope you can help.

① 책을 추천하려고
② 방송을 홍보하려고
③ 조언을 구하려고
④ 초대를 수락하려고

17 다음 배드민턴장에 대한 안내문의 내용과 일치하지 않는 것은?

> **Central Badminton Center**
>
> **Open Times:**
> - Monday to Friday, 10 a.m. to 9 p.m.
>
> 
>
> **We provide:**
> - lessons for beginners only
> - free parking for up to 4 hours a day
>
> *Proper shoes and clothes are required.*

① 평일 오전 10시부터 오후 9시까지 운영한다.
② 상급자를 위한 수업이 준비되어 있다.
③ 하루 4시간까지 무료 주차가 가능하다.
④ 적절한 신발과 옷이 필요하다.

18 다음 rice에 대한 설명과 일치하지 않는 것은?

> Rice is one of the major crops in the world. Since its introduction and cultivation, rice has been the main food for most Asians. In fact, Asian countries produce and consume the most rice worldwide. These days, countries in Africa have also increased their rice consumption.

① 세계의 주요 작물 중 하나이다.
② 대부분의 아시아 사람들의 주식이다.
③ 아시아 국가에서 가장 많이 생산한다.
④ 아프리카 국가에서 소비가 감소하고 있다.

19 다음 글의 주제로 가장 적절한 것은?

> When you go abroad, you may find yourself in a place where the people, language, and customs are different from your own. Learning about cultural differences can be a useful experience. It can help you understand the local people better. It could also help you understand yourself and your own culture more.

① 사람들과 소통하는 방법
② 지역 문화 보존의 필요성
③ 해외여행을 할 때 주의할 점
④ 문화적 차이를 배우는 것의 유용성

[20~21] 다음 글의 빈칸에 들어갈 말로 가장 적절한 것을 고르시오.

20

Eating dinner lasts a long time in France because it is meant to be enjoyed with family and friends. French people don't ________ this process. Trying to finish dinner quickly can be interpreted as a sign of being impolite.

① enjoy ② rush
③ serve ④ warn

21

In life, it's important to take ________ for any choices that you make. If the result of your choice isn't what you wanted, don't blame others for it. Being in charge of your choices will help you learn from the results.

① conflict ② desire
③ help ④ responsibility

22 글의 흐름으로 보아 다음 문장이 들어가기에 가장 적절한 곳은?

On the other hand, there is a big advantage to it.

Taking online classes can be good and bad. (①) If you take classes online, you may worry about the lack of face-to-face communication. (②) Taking courses online makes it difficult to create strong relationships with your teachers and classmates. (③) You are free to take online classes anywhere, anytime. (④) By simply turning on your computer, you can start studying.

23 다음 글의 바로 뒤에 이어질 내용으로 가장 적절한 것은?

Walking dogs is a common activity in the park. But with more people doing this, problems are arising in the park. To avoid these issues, please follow these guidelines when you walk your dog.

① 반려견을 키우면 좋은 점
② 반려견 산책 시 지켜야 할 사항
③ 반려견 관련 산업의 발전 가능성
④ 반려견이 아이들 정서에 미치는 영향

[24~25] 다음 글을 읽고 물음에 답하시오.

Have you noticed that shoes and socks are displayed together? They are items strategically placed with each other. Once you've already decided to buy a pair of shoes, why not buy a pair of socks, too? Remember that the placement of items in a store is not ________. It seems that arranging items gives suggestions to customers, in a way that is not obvious, while they shop.

24 윗글의 빈칸에 들어갈 말로 가장 적절한 것은?

① accurate ② enough
③ positive ④ random

25 윗글의 주제로 가장 적절한 것은?

① 소비자 교육의 효과
② 상품 가격 결정의 원리
③ 전략적 상품 진열 방식
④ 매체 속 다양한 광고의 유형

2024 제 2 회 영어

기출을 보면 합격이 보인다!

정답 및 해설 별책 45p

[1~3] 다음 밑줄 친 부분의 뜻으로 가장 적절한 것을 고르시오.

01

I am lucky to have the <u>opportunity</u> to learn from him.

① 갈등　② 기회
③ 법칙　④ 인기

02

Many people <u>are aware of</u> the health risks of energy drinks.

① 걷다　② 놓다
③ 묻다　④ 알다

03

Our trip to the beach was canceled <u>due to</u> the storm.

① 게다가　② 대신에
③ 때문에　④ 반면에

04 다음 밑줄 친 두 단어의 의미 관계와 <u>다른</u> 것은?

Every <u>flower</u> in the garden is beautiful, but I really love this red <u>rose</u>.

① color – gray　② sport – basketball
③ north – south　④ language – English

05 다음 마술 공연 안내문에서 언급되지 <u>않은</u> 것은?

The Great Magic Show

Come and be amazed!

- **Date** : August 17th, 2 p.m.-5 p.m.
- **Location** : The Grand Hotel
- **Tickets** : 20,000 won

* *There is a parking area behind the hotel.*

① 관람 장소　② 관람 연령
③ 티켓 가격　④ 주차 정보

[6~8] 다음 빈칸에 공통으로 들어갈 말로 가장 적절한 것을 고르시오.

06

- We will ______ ice cream for dessert.
- Please put the books in alphabetical ______.

① drive　② order
③ respect　④ work

07

- She believes ______ she can pass the exam.
- He bought a car ______ is quiet and fast.

① that　② what
③ where　④ why

08

- France is famous ___ the Eiffel Tower.
- He called his friends and asked ___ help.

① for ② of
③ on ④ out

09 다음 대화에서 밑줄 친 표현의 의미로 가장 적절한 것은?

A : Ah! There's a spider as big as my hand!
B : As big as your hand? Really?
A : Yes, it's huge!
B : Let me check. Seeing is believing.

① 남의 것이 더 좋아 보인다.
② 눈으로 확인해야 믿을 수 있다.
③ 겉모습만으로 판단해서는 안 된다.
④ 눈에서 멀어지면 마음도 멀어진다.

10 다음 대화에서 알 수 있는 A의 심정으로 가장 적절한 것은?

A : Finally, I booked tickets to see my favorite band!
B : That's awesome! When is the concert?
A : It's on Friday. I can't wait to see them perform live.
B : You're so lucky. Enjoy it!

① 미안하다 ② 속상하다
③ 창피하다 ④ 행복하다

11 다음 대화가 이루어지는 장소로 가장 적절한 것은?

A : Can you show me some short hairstyles?
B : Sure. Here are some pictures. Do you like any of them?
A : I like this one. Can you cut my hair like this?
B : Absolutely, we can start right away.

① 식당 ② 약국
③ 미용실 ④ 세탁소

12 다음 글에서 밑줄 친 It이 가리키는 것으로 가장 적절한 것은?

Exercise can help you maintain a healthy weight. It burns calories and builds muscle, which is important for overall health. It will also help you feel more energetic and productive so you can focus on your work. By staying active, you can prevent many health problems.

① exercise ② heart
③ problem ④ stay

[13~14] 다음 대화의 빈칸에 들어갈 말로 가장 적절한 것을 고르시오.

13

A : ______________________________?

B : Not too often, maybe once a week. How about you?

A : I eat out almost every day. It's easier with my schedule.

B : Yes, I understand.

① Are there any restaurants around here
② What kind of food do you eat
③ Where can I get easy recipes
④ How often do you eat out

14

A : How can I improve my communication skills?

B : One way is to __________________.

① eat more fruit and vegetables
② buy baking soda for your mom
③ wear gloves to keep your hands warm
④ practice speaking with people regularly

15 다음 대화의 주제로 가장 적절한 것은?

A : Do you know the benefits of drinking tea?

B : Sure. It can help you relax and reduce stress. Do you like to drink tea?

A : Yes, I do. I heard it can also help with digestion.

① 차 재배의 어려움
② 차를 우려내는 방법
③ 차를 마시는 것의 장점
④ 국가별 차의 종류와 특징

16 다음 글을 쓴 목적으로 가장 적절한 것은?

I live downstairs and have been hearing a lot of noise from your apartment lately. I can't sleep at night. Please keep the noise levels down, especially during the late hours. This would be greatly appreciated.

① 거절하려고 ② 동의하려고
③ 사과하려고 ④ 요청하려고

17 다음 동아리 안내문의 내용과 일치하지 않는 것은?

BREAKDANCING CLUB

Join us to learn some moves!

- Tuesdays at 5:00 p.m. in Margaret Hall
- No dance experience is required.
- Bring your sneakers.
- For more information, email us at dancer@email.com

① 매주 화요일에 참여할 수 있다.
② 댄스 경험이 없어도 참여 가능하다.
③ 동아리 가입 시 운동화가 제공된다.
④ 이메일로 추가 문의를 할 수 있다.

18 다음 Paradise Resort에 대한 설명과 일치하지 <u>않는</u> 것은?

> Paradise Resort is located in Thailand. The resort is next to the ocean, so you can enjoy swimming and fishing. Also, there are many diving spots where you can observe colorful marine life. The resort has restaurants where you can enjoy various dishes from around the world. Come visit us in paradise!

① 태국에 위치해 있다.
② 수영과 낚시를 즐길 수 있다.
③ 다이빙은 안전상의 이유로 금지된다.
④ 세계 여러 나라의 음식을 먹을 수 있다.

19 다음 글의 주제로 가장 적절한 것은?

> Let me give you some tips that could make you look taller. First, avoid loose clothes. Many of you might prefer big and oversized clothes, but they can make you appear short. Second, wear similar colors. Wearing different colors divides your body and can cause you to look shorter.

① 옷을 저렴하게 구입하는 방법
② 키가 커 보이게 옷을 입는 방법
③ 신체 치수를 정확히 측정하는 방법
④ 나에게 어울리는 색상을 찾는 방법

[20~21] 다음 글의 빈칸에 들어갈 말로 가장 적절한 것을 고르시오.

20

> Film-making can be ________ because it requires careful planning and teamwork. Finding the right locations, making schedules with actors, and managing a budget are all difficult tasks. Weather and technical issues during filming can also cause delays.

① challenging ② selfish
③ independent ④ wearable

21

> What is a 3D printer? It's like a normal printer but a little ________. First, we don't put in ink but other materials like plastic or metal. Next, using software, we don't print out paper but real-life products like toys and even houses. Isn't that amazing?

① common ② different
③ frequent ④ wrong

22 글의 흐름으로 보아 다음 문장이 들어가기에 가장 적절한 곳은?

> However, heavy snow fell unexpectedly.

> On New Year's Day, my friend and I planned to climb a mountain near my town. (①) It stopped us from going up the mountain because it could have been dangerous. (②) As a result, we stayed indoors. (③) We were very disappointed but we hope to try again. (④)

23 다음 글의 바로 뒤에 이어질 내용으로 가장 적절한 것은?

> Today, pets such as dogs, cats, and rabbits hold a special place in their owners' hearts. Many people spend a lot of time with their pets. Some people spend much money on them. Pets can mean a lot to their owners. Here are some reasons why.

① 반려동물을 입양할 때 유의할 점
② 반려동물이 주인들에게 중요한 이유
③ 가정에서 키울 수 있는 반려동물의 종류
④ 반려동물을 건강하게 키울 수 있는 방법

[24~25] 다음 글을 읽고 물음에 답하시오.

> Humans are social beings. We cannot live alone and need support from others. We should try to do things in cooperation. When we work as a team, we can be more successful. Helen Keller once said, "Alone we can do so little; together we can do so much." None of us is as smart as all of us. When we keep this in mind, I'm sure that we will ________ a better society.

24 윗글의 빈칸에 들어갈 말로 가장 적절한 것은?

① build
② forget
③ submit
④ trick

25 윗글의 주제로 가장 적절한 것은?

① 협력의 중요성
② 사회적 약자의 의미
③ 목표 설정의 필요성
④ 계획적인 생활의 장점

EBS 교육방송교재

2025
고졸 검정고시

EBS 교육방송교재

고졸 검정고시

- 최신기출 완벽분석
- 시험에 꼭 나오는 핵심 이론 정리
- 적중률 높은 문제 구성

2025

고졸 검정고시

영어

정답 및 해설

인터넷 강의

검스타트

www.gumstart.co.kr

신지원

인터넷 강의
검스타트
www.gumstart.co.kr

2025
고졸 검정고시
영어

정답 및 해설

정답 및 해설

PART I 어휘

기출 및 적중예상문제 본문 40~47p

01 ②	02 ①	03 ③	04 ①	05 ③
06 ②	07 ②	08 ①	09 ②	10 ②
11 ③	12 ③	13 ④	14 ④	15 ②
16 ①	17 ②	18 ①	19 ①	20 ②
21 ①	22 ③	23 ①	24 ④	25 ③
26 ④	27 ④	28 ②	29 ①	30 ③
31 ③	32 ②	33 ④	34 ③	35 ④
36 ①	37 ①	38 ③	39 ②	40 ①
41 ②	42 ①	43 ④	44 ②	45 ①
46 ②	47 ①	48 ④	49 ①	50 ④

01 정답 ②

해석 영어를 잘하기 위해서, 당신은 자신감이 필요하다.

어휘 • confidence 자신감, 확신

02 정답 ①

해석 난 네 덕분에 많은 좋은 사람들을 만났다.

어휘 • thanks to ~ 덕분에, ~ 때문에

03 정답 ③

해석 그 나라는 식량 부족 문제를 처리해야 한다.

어휘 • deal with 다루다, 처리하다
• shortage 부족

04 정답 ①

해석 햇빛이 창문을 통해 들어와서, 그 결과, 그 집은 따뜻해진다.

어휘 • as a result 그 결과
• sunlight 햇빛
• become warm 따뜻해지다

05 정답 ③

해석 인내는 <u>쓰지만</u>, 그 열매는 <u>달다</u>.
① 새로운 – 오래된 ② 깨끗한 – 더러운
③ 좋은 – 좋은 ④ 쉬운 – 어려운

해설 반의어 관계인데 ③은 동의어 관계이다.

어휘 • bitter 쓴
• sweet 단, 달콤한
• patience 인내, 참을성
• fruit 과일, 열매

06 정답 ②

해석 • 2시에 식당 앞에서 만나자.
• 그 호텔 매니저는 고객의 욕구를 충족시키기 위해서 최선을 다했다.

어휘 • meet 만나다, 충족시키다
• restaurant 식당
• manager 매니저
• do one's best 최선을 다하다
• guest 고객, 손님
• need 욕구, 필요

07 정답 ②

해석 • 환영합니다. 오늘 당신을 위해 무엇을 해 드릴까요(무엇을 도와드릴까요)?
• 나는 버스를 기다리는 데 거의 한 시간을 썼다.

어휘 • for you 당신을 위해
• wait for ~을 기다리다
• spend – spent + 시간 ~ing ~하는 데 시간을 쓰다

08 정답 ①

해석 아이들에게, 좋은 행동을 권장하는 것은 중요하다.

어휘 • behavior 행동
• encourage 권장하다, 장려하다

09 정답 ②

해석 그녀는 폭우 때문에 여행을 연기해야 했다.

어휘 • put off 연기하다
• heavy rain 폭우

10 정답 ②

해석 많은 온라인 수업은 무료다. 게다가, 언제 어디서나 그것들을 볼 수 있다.

어휘 • besides 게다가
• online lesson 온라인 수업
• free of charge 공짜인, 무료의

11 정답 ③

해석 몇몇은 잔이 절반 찼다고 말하는 반면, 다른 몇몇은 절반이 비었다고 말한다.

① 높은 – 낮은 ② 더운 – 추운
③ 아주 작은 – 작은 ④ 빠른 – 느린

해설 반의어 관계인데 ③은 동의어 관계이다.

12 정답 ③

해석 • 당신이 기차에서 떠날 때, 모든 소지품을 챙기세요.
• 책을 읽은 후 테이블 위에 두세요.

해설 leave는 "남겨 놓다, 떠나다"란 의미로 공통으로 들어가기에 적절하다.

어휘 • make sure 반드시 ~하다
• belongings 소지품

13 정답 ④

해석 • 아빠의 마음은 나를 사랑하는 마음으로 가득하다.
• 앨리스는 그녀의 공연(성과, 연기)에 만족했다.

어휘 • be filled with ~로 가득하다
• be satisfied with ~에 만족하다
• performance 공연, 성과, 연기

14 정답 ④

해석 과학은 세상에 많은 혜택을 가져왔다.

어휘 • benefit 이익, 이점, 혜택

15 정답 ②

해석 나는 올해 반 친구들과 더 잘 어울릴 거야.

어휘 • get along with ~와 사이좋게 지내다, 어울리다

16 정답 ①

해석 결국, 그 뉴스는 사실로 판명되었다.

어휘 • after all 결국
• turn out to be ~으로 판명되다
• true 사실인, 진실인

17 정답 ②

해석 사람들이 나에게 가장 좋아하는 음식을 물을 때, 나는 항상 피자라고 대답한다.

① 동물 – 말 ② 위험 – 안전
③ 야채 – 양파 ④ 감정 – 행복

해설 음식 속에 피자가 속하는 관계이며 ②는 반의어 관계이다.

어휘 • favorite 가장 좋아하는
• answer 대답하다

18 정답 ①

해석 • 그녀는 얼굴에 큰 미소를 띠고 있다.
• 넌 네 문제에 맞서는 것을 배워야 해.

어휘 • face 얼굴, 맞서다, 직면하다, 향하다
• learn to ~하는 것을 배우다
• problem 문제

19 정답 ①

해석 • 진정하고 내 말을 들어봐.
• 볼륨을 낮춰 줄 수 있나요?

어휘 • calm down 진정하다
• turn down 소리를 줄이다, 거절하다
• volume 볼륨

20 정답 ②

해석 나는 집을 꽃으로 꾸미도록 널 도와줄 수 있어.

어휘 • decorate 꾸미다, 장식하다

21 정답 ①

해석 네가 내 고양이를 돌봐 주다니 정말 친절하다.

어휘 • take care of 돌보다

22 정답 ③

해석 사실상, 스마트폰은 여러 면에서 컴퓨터를 대체했다.

어휘 • in fact 사실상, 사실은
• replace 대체하다

23 정답 ①

해석 밖은 비록 <u>어둡지만</u>, 집은 <u>밝다</u>.
① 동등한 – 같은 ② 단단한 – 부드러운
③ 긍정적인 – 부정적인 ④ 넓은 – 좁은

해설 반의어 관계인데 ①은 동의어 관계이다.

24 정답 ④

해석 • 나는 매일 아침 달리기를 하러 간다.
• 그의 부모님은 작은 커피숍을 운영한다.

어휘 • go for a run 달리기를 하러 가다
• run a shop 가게를 운영하다

25 정답 ③

해석 • 집 앞에 큰 나무들이 있다.
• 많은 사람들이 한국에 관심을 가지고 있다.

어휘 • in front of ~ 앞에
• be interested in ~에 관심을 가지다

26 정답 ④

해석 오래된 습관을 바꾸는 것은 쉽지 않다.

어휘 • habit 습관
• change 바꾸다

27 정답 ④

해석 난 내년에 서울 마라톤 대회에 참가할 거야.

어휘 • participate in 참가하다, 참여하다
• marathon 마라톤

28 정답 ②

해석 두 시간 동안 운전한 후, 우리는 마침내 집에 도착했다.

어휘 • at last 마침내
• drive 운전하다
• arrive 도착하다

29 정답 ①

해석 ① 큰 – 큰 ② 빠른 – 느린
③ 예의 바른 – 무례한 ④ 비싼 – 싼

해설 ②, ③, ④는 반의어 관계이고 ①은 동의어 관계이다.

30 정답 ③

해석 • 당신은 가능한 빨리 부산행 티켓을 예약할 필요가 있어요.
• 난 이 책을 학교 도서관에서 빌렸다.

해설 book은 "예약하다"와 "책"이란 의미로 사용되어 공통으로 알맞은 말이다.

어휘 • as soon as possible 가능한 빨리
• borrow 빌리다

31 정답 ③

해석 • 난 토요일마다 하이킹을 가곤 했다.
• 불 좀 켜 주실래요?

해설 on + 요일, turn on은 "켜다"의 의미로 공통으로 on이 적절하다.

어휘 • used to ~하곤 했다
• light 불, 빛, 전등

32 정답 ②

해석 여러분이 목표를 세울 때, 상세하게 그것을(목표를) 마음속에 그리려고 노력해야 한다.

어휘 • set a goal 목표를 세우다
• try to ~하려고 노력하다
• in detail 상세하게

33 정답 ④

해석 나는 피자와 아이스크림을 좋아해서 살을 빼는 것이 쉽지 않다.

어휘 • lose weight 살을 빼다, 체중을 줄이다

34 정답 ③

해석 일기예보에 따르면, 오늘 오후에 비가 내릴 것이다.

어휘 • according to ~에 따르면, 의하면
• wether forecast 날씨예보, 일기예보

35 정답 ④

해석 ① 직업 – 간호사 ② 동물 – 고양이
③ 색 – 노란 ④ 여름 – 겨울

해설 ①, ②, ③은 왼쪽 단어에 포함되는 관계이고 ④는 반의어 관계이다.

36 정답 ①

해석 • 나는 기차 여행을 좋아한다.
• 그녀는 모델처럼 보인다.

해설 make, catch, carry는 동명사를 목적어로 사용할 수 없다. like는 동명사와 to부정사 둘 다 목적어로 사용할 수 있다.

어휘 • look like ~처럼 보이다

37 정답 ①

해석 • 10시에 만나자.
• 그는 테니스를 잘 친다.

해설 at + 시간

어휘 • be good at ~을 잘하다

38 정답 ③

해석 나는 당신이 옳은 결정을 했다고 확신합니다.

어휘 • decision 결정
• right decision 옳은 결정

39 정답 ②

해석 넌 반 친구들을 놀리지 말아야 해.

어휘 • make fun of 놀리다
• classmate 반친구

40 정답 ①

해석 ① 식물 – 고양이 ② 색 – 빨간색
③ 스포츠 – 축구 ④ 과목 – 수학

해설 plant – cat이 아닌 animal – cat이 적절하다.

41 정답 ②

해석 내가 마지막으로 내 친구 제인을 본 이후로 3개월이 되었다. 난 그녀를 다시 보기를 정말로 기대한다.

어휘 • look forward to ~을 기대하다, 학수고대하다
• since ~ 이후로

42 정답 ①

해석 • 그녀는 그녀의 부모님을 가장 존경한다.
• 넌 뭔가를 하는 도중에 포기해서는 안 된다.

어휘 • look up to ~을 존경하다
• give up 포기하다
• in the middle of ~하는 도중에

43 정답 ④

해석 • 흡연은 암의 주된 원인들 중 하나다.
• 내 목표는 영어 선생님이 되는 것이다. 그래서 나는 영어 교육을 전공할 것이다.
① 마지막, 지속하다 ② 느린
③ 의미하다 ④ 주요한, 전공하다

어휘 • major cause 주요한 원인
• major in ~을 전공하다
• cause 원인; 유발하다
• cancer 암

• goal 목표
• education 교육

44 정답 ②

해석 당신은 밖이 춥기 때문에 따뜻한 재킷을 입어야 한다.

어휘 • put on 입다
• should ~해야 한다
• warm 따뜻한
• jacket 재킷
• because ~ 때문에

45 정답 ①

해석 우리는 승강기가 고장 났기 때문에 계단을 걸어 올라가야 했다.

어휘 • out of order 고장 난
• have to ~해야 한다
• walk up 걸어 올라가다
• stair 계단
• elevator 승강기, 엘리베이터

46 정답 ②

해석 ① 높은 – 낮은 ② 얇은 – 가는
③ 긴 – 짧은 ④ 꽉 끼는 – 느슨한

해설 ①, ③, ④는 반의어 관계이고 ②는 동의어 관계이다.

어휘 • high 높은
• low 낮은
• thin 얇은
• slim 가는, 날씬한
• tight 꽉 끼는, 꽉 조이는
• loose 느슨한, 풀린

47 정답 ①

해석 데이빗은 그 시험에 많은 노력을 들였다.

어휘 • effort 노력
• put effort into ~에 노력을 들이다
• a lot of 많은
• exam 시험

48 정답 ④

해석 • 우리는 몇 시간째 일하는 중이야. 좀 쉬자.
• 당신은 학교 규칙을 어겨서는 안 된다.
① 시간 ② 일
③ 요리사 ④ 쉬는 시간, 휴식

어휘 • take a break 쉬다, 휴식을 취하다
• break a rule 규칙을 어기다
• have been ~ing (과거부터 지금까지) ~하는 중이다
• for several hours 몇 시간 동안

49 정답 ①

해석 • 그 건물에는 많은 주차 공간이 있다.
• 네 아빠와 나는 네가 너무 자랑스러워.

어휘 • plenty of 많은
• be proud of ~을 자랑스러워하다
• there are ~이 있다
• parking space 주차 공간
• building 건물
• dad 아빠

50 정답 ④

해석 많은 나라들이 물 부족으로 고통받는다.

어휘 • suffer from ~으로 고생하다, 고통받다
• many 많은
• country 나라
• lack 부족

PART II 문법

기출 및 적중예상문제

본문 129~135p

01 ④	02 ①	03 ③	04 ④	05 ②
06 ①	07 ③	08 ④	09 ③	10 ④
11 ①	12 ①	13 ③	14 ④	15 ②
16 ②	17 ②	18 ③	19 ①	20 ③
21 ②	22 ④	23 ①	24 ②	25 ②
26 ①	27 ②	28 ①	29 ④	30 ①
31 ④	32 ②	33 ①	34 ②	35 ②

01 정답 ④

해석 • 짐, 넌 언제 집에 올 예정이니?
• 당신이 기분이 나쁠 때 음악을 듣는 것은 도움이 될 수 있다.

어휘 • when 언제, ~할 때
• helpful 도움이 되는

02 정답 ①

해석 • 민수야, 주말에 무엇을 할 거야?
• 누구도 정확히 무슨 일이 발생할지는 알지 못한다.

어휘 • exactly 정확히

03 정답 ③

해석 • 톰, 넌 어디를 갈 계획이니?
• 우리가 머무를 수 있는 안전한 장소가 있어.

해설 장소를 묻고, 선행사를 장소로 사용하는 관계부사는 where이 적절하다.

04 정답 ④

해석 • 나는 미국에 사는 친구가 있다.
• 아빠, 어젯밤 테니스 시합 누가 이겼어요?

해설 사람 선행사(a friend)를 수식하는 관계대명사, '누구'라는 의미의 의문사는 who가 공통으로 알맞다.

05 정답 ②

해석 • 그는 그녀가 몇 살인지 모른다.
• 난 스파게티 만드는 법을 알고 싶다.

해설 how to ~하는 방법의 의미로 공통으로 how가 적절하다.

어휘 • how old 몇 살
• spaghetti 스파게티

06 정답 ①

해석 • 이번 주말에 하이킹(도보여행) 가는 건 어때?
• 왜 너는 축구 동아리에 가입하길 원하니?

해설 why don't you ~? ~하는 건 어때?, 그리고 동아리 가입 이유를 묻는 표현으로 공통으로 why가 적절하다.

어휘 • go hiking 도보여행을 가다, 하이킹을 가다
• want to ~하고 싶다, ~하기를 원하다
• join 가입하다, 함께 하다
• soccer club 축구 동아리, 축구 클럽

07 정답 ③

해석 • 넌 어떤 종류의 음식을 가장 좋아하니?
• 넌 몇 시에 영화를 보러 가고 싶니?

어휘 • What kind of 무슨 종류의, 어떤 종류의
• What time 몇 시

08 정답 ④

해석 • 이곳은 하루 24시간을 여는 편의점이다.
• 제인, 파스타와 피자 중에 어느 것이 더 좋아?

해설 선행사(a convenience store)가 사물일 때 관계대명사 which를 사용하고, 어느 것인지 선택을 물을 때 의문사 which를 사용하므로 공통으로 알맞은 것은 which이다.

어휘 • convenience store 편의점
• like better 더 좋아하다
• pasta 파스타
• pizza 피자

09 정답 ③

해석 • 나는 그를 처음 만났던 날을 기억한다.
• 난 그녀가 언제 돌아올지 모른다.

해설 시간 선행사에 사용하는 관계부사 when과 '언제'라는 의문사 when이 공통으로 알맞다.

10 정답 ④

해석 • 복사기를 어떻게 사용하는지 설명해 줄 수 있나요?
• 나는 그가 어떻게 그 문제를 풀었는지 이해할 수 없다.

해설 '어떻게'라는 의문사 how가 공통으로 알맞다.

11 정답 ①

해석 • 여동생이 나에게 그가 누구인지 물었다.
• 나는 길 건너에 살고 있는 그 남자를 안다.

해설 '누구'라는 의미의 의문사 who와 사람 선행사에 사용하는 관계대명사 who가 공통으로 알맞다.

12 정답 ①

해석 • 그녀의 억양은 그녀가 어디 출신인지를 나에게 말해준다.
• 이곳은 우리가 지난 여름에 머물렀던 호텔이다.

해설 어디 출신인지 나타내는 의문사 where와 장소를 선행사로 사용하는 관계부사 where가 공통으로 알맞다.

13 정답 ③

해석 • 저녁으로 무엇을 먹고 싶니?
• 내가 원하는 것은 돈이 아니라 건강이다.

해설 '무엇을'에 해당되는 의문사 what과, 내가 원하는 것이란 what I want에서 what은 관계대명사로 사용된 공통 단어다.

14 정답 ④

해석 • (지난 번에) 너 본 이후로 오래되었구나.
• 춥기 때문에 넌 코트를 입어야 해.

해설 since는 ~ 이후로, ~ 때문에의 의미를 가지므로 공통으로 알맞은 단어다.

15 정답 ②

해석 • 오늘밤 쉬는 게 어때?
• 넌 왜 사람들이 스포츠 관람을 즐긴다고 생각하니?

어휘 • why don't you ~하는 게 어때?
• why 왜~?
• take a rest 쉬다, 휴식하다

16 정답 ②

해석 • 그 영화는 너무 인상적이어서 나는 그것을 세 번 봤다.
• 이것은 내가 작년에 찍었던 사진이다.

해설 so A that B 너무 A해서 B하다 구문에 that이 빈칸이다. 또한 선행사가 사물 picture인 관계대명사는 that 또는 which를 사용하므로 공통으로 that이 들어간다.

17 정답 ②

해석 A : 너 새로운 시계를 차고 있네.
B : 응, 지난주에 샀어.

해설 지난주 last week은 과거 시점이므로 과거 시제를 사용한다.

18 정답 ③

해석 • 그것이 정확히 내가 의미하는 것이다.
• 그는 그의 친구들이 무엇을 하고 있는지에 관해 나에게 말했다.

해설 명사 선행사가 없는 관계대명사 what과 '무엇'이라는 의문사 what이 공통으로 들어간다.

19 정답 ①

해석 선생님은 나에게 숙제를 다시 하라고 시키셨다.

해설 make 사역동사는 목적 보어에 동사원형을 사용한다.

20 정답 ③

해석 • 종이 울리면, 쓰는 것을 멈추어라.
• 그는 에세이 쓰는 것을 끝냈니?

해설 stop, finish는 동명사를 목적어로 사용한다.

21 정답 ②

해석 수잔은 바로 지금 그녀의 친구를 만나고 싶어 한다.

해설 right now는 현재이고 주어가 3인칭 단수이므로 wants를 사용한다.

22 정답 ④

해석 • 그가 시험에 합격하는 것은 쉽다.
• 나는 10년 동안 이곳에 살았다.

해설 to부정사 의미상 주어로 for him, 숫자가 있는 기간 동안은 for + 시간으로 나타낸다.

23 정답 ①

해석 그녀는 스포츠에 나보다 더 관심이 있다.

해설 more 비교급 뒤에 than을 사용한다.

24 정답 ②

해석 커피는 차보다 더 싸다.

해설 커피가 차보다 더 싸므로 cheap – cheaper – cheapest를 이용한다. than 앞에는 비교급을 사용하므로 cheaper가 알맞다.

25 정답 ②

해석 복숭아는 사과보다 더 싸다.

해설 복숭아가 사과보다 더 싸므로 cheap – cheaper – cheapest를 이용한다. than 앞에 비교급을 사용하여 cheaper가 알맞다.

26 정답 ①

해석 제인은 미나와 키가 같다.

해설 as + 원급 + as이므로 tall이 적절하다.

27 정답 ②

해석 정말 친절한 소녀구나!

해설 감탄문은 What + a + 형용사 + 명사 + 주어 + 동사!

28 정답 ①

해석 넌 정말 키가 크네!

해설 감탄문은 How + 부사/형용사 + 주어 + 동사!

29 정답 ④

해석 난 그가 피아노 치기를 원했다.

해설 want + 목적어 + to부정사 목적 보어

30 정답 ①

해석 톰은 내가 그의 고양이와 놀게 해 줬다.

해설 let + 목적어 + 동사원형 목적 보어

31 정답 ④

해석 난 정크푸드를 너무 많이 먹고 싶지는 않아.

해설 want + to부정사 목적어

32 정답 ②

해석 그는 주말에 캠핑 가는 것을 즐겼다.

해설 enjoy + 동명사 목적어

33 정답 ①

해석 내가 그 일을 끝마치는 것은 매우 중요하다.

해설 for + 의미상 주어 + to부정사

34 정답 ②

해석 당신이 그렇게 말해 주시니 정말 친절하시군요.

해설 사람 판단 형용사 + of + 의미상 주어 + to부정사

35 정답 ②

해석 많은 사람들이 그 뉴스에 놀랐다.

해설 뉴스는 놀람을 주고 사람들은 놀람을 받은 수동이므로 과거분사 surprised가 적절하다.

PART III 생활영어

기출 및 적중예상문제 본문 188~199p

01 ④	02 ④	03 ②	04 ②	05 ③
06 ③	07 ②	08 ④	09 ①	10 ①
11 ④	12 ③	13 ②	14 ④	15 ③
16 ①	17 ③	18 ②	19 ②	20 ②
21 ④	22 ①	23 ①	24 ①	25 ②
26 ①	27 ②	28 ②	29 ④	30 ①
31 ②	32 ②	33 ②	34 ①	35 ②
36 ④	37 ②	38 ②	39 ①	40 ③
41 ①	42 ②	43 ③	44 ④	45 ①

01 정답 ④

해석 A : 친구를 더 만들려면 무엇을 해야 할까?
B : ④ 네 주변 사람들에게 친절하게 대하는 것이 중요해.
① 쉽게 화를 내는 것
② 지금 네 주문을 취소하는 것
③ 예약을 확인하는 것

어휘
• important 중요한
• get angry 화를 내다
• cancel 취소하다
• order 명령, 주문
• reservation 예약

02 정답 ④

해석 A : 난 어려움에 처한 아이들을 돕기 위해 뭔가를 하고 싶어.
B : 좋은데. 어떤 아이디어라도 있니?
A : 내 오래된 옷을 팔아서 아이들에게 그 돈을 사용하고 싶어. 하지만 쉽지는 않을 것 같아.
B : 걱정하지 마. <u>천 리 길도 한 걸음부터야</u>.

해설 밑줄 친 문장은 천 마일의 여행도 한 걸음으로 시작한다. 즉, 천 리 길도 한 걸음부터라는 의미다. 일단 시작을 해야 뭔가를 이룰 수 있다는 ④가 적절하다.

어휘
• in need 궁핍한, 어려움에 처한
• clothes 옷
• journey 여행
• thousand 1000, 천
• single 하나
• single step 한 걸음

03 정답 ②

해석 A : 번지점프가 이번이 처음이니?
B : 응. 나 정말 긴장돼.
A : 번지점프는 완벽하게 안전해. 너 괜찮을 거야.
B : 그 말을 내가 듣긴 했는데, 하지만 내가 그것(번지점프)을 하고 싶은지 아닌지 여전히 확실하지가 않아(여전히 잘 모르겠어).

해설 번지점프가 처음이어서 긴장되고 불안한 심정이다.

어휘
• bungee jumping 번지점프
• nervous 긴장된, 불안한
• perfectly 완벽하게
• safe 안전한
• what ~한 것
• if ~인지 아닌지; 만약 ~한다면

04 정답 ②

해석 A : 안녕하세요, 집에 놓을 식탁을 사러 왔어요.
B : 이쪽으로 오세요. 어떤 종류를 원하세요?
A : 둥근 것이 좋겠어요.
B : 알겠습니다. 제가 2개의 다른 모델을 보여 드리겠습니다.

해설 식탁을 구매하려는 장소로 가구점이 적절하다.

어휘
• look for 찾다
• round 둥근
• different 다른
• model 모델

05 정답 ③

해석 A : 매리 생일이 오고 있어. 그녀에게 선물을 사는 것이 어때?

B : 좋은 생각이야. 휴대폰 케이스는 어때?
A : 새것을 산 지 얼마 안 돼. 머그잔은 어때?
B : 완벽해! 그녀는 커피를 좋아하거든.

어휘 • why don't we ~하는 게 어때?
• phone case 휴대폰 케이스
• mug 머그잔

06 정답 ③

해석 A : (생계로, 직업으로) 무엇을 하시나요?
B : ③ 저는 고등학생을 가르칩니다.
① 난 여름보다 겨울이 더 좋아요.
② 그것은 내가 원한 것이 아니었어요.
④ 그 해변으로 가는 데 1시간 걸립니다.

어휘 • do for a living 생계로 ~을 하다

07 정답 ②

해석 A : 난 장래에 어떤 직업을 갖고 싶은지 모르겠어.
B : 다양한 분야에서 경험을 해 보는 것이 어때?
A : 음, 어떻게 할 수 있지?
B : 직업 체험 프로그램에 참가해 보는 것은 어때? 확실히 그것이 도움이 될 거야.

어휘 • career 경력, 직업
• experience 경험, 경험하다
• area 분야, 영역, 지역
• participate in ~에 참가하다, 참여하다

08 정답 ④

해석 A : 준호야, 뭐 하고 있어?
B : 이 수학 문제를 풀려고 하는데, 나에게 너무 어려워.
A : 함께 풀어 보자.
B : 좋은 생각이야. 머리 2개가 하나보단 낫겠지.

어휘 • solve 풀다
• figure out 풀다, 해결하다

09 정답 ①

해석 A : 영어 말하기 대회 결과 나왔어?
B : 응, 방금 받았어.
A : 그래서, 어떻게 됐어?
B : 1등 했어. 오늘이 내 인생 가장 행복한 날이야.

어휘 • result 결과
• speech 말하기, 연설
• first prize 1등

10 정답 ①

해석 A : 좋은 아침입니다. 어떻게 도와드릴까요?
B : 안녕하세요. 은행 계좌 하나 만들고 싶어요.
A : 좋아요. 이 양식을 작성해 주세요.
B : 고마워요. 지금 작성할게요.

어휘 • bank account 은행 계좌
• fill out 작성하다
• form 서류, 양식

11 정답 ④

해석 A : ④ 어떤 종류의 자원봉사 일을 할 예정이니?
B : 한국어를 외국인들에게 가르칠 예정이야.
A : 멋지다. 좋은 마음으로 자원봉사를 해야 한다는 것을 기억해.
B : 명심할게.
① 생일이 언제니?
② 지난주 금요일에 뭐했어?
③ 한국 음식에 대해 어떻게 생각해?

해설 be going to로 묻고 be going to로 답한 것과 질문 내용으로 ④가 가장 적절하다.

어휘 • foreigner 외국인
• volunteer 자원봉사의
• keep in mind 명심하다

12 정답 ③

해석 A : 올해 어느 동아리에 가입하기로 결정했니?
B : ③ 댄스 동아리에 가입하기로 결정했어.
① 한국을 떠나 캐나다로 향했어.
② 어제 진찰받으러 갔어.
④ 어제 저녁 스파게티 먹었어.

어휘 • decide 결심하다, 결정하다
• club 동아리, 클럽

• see a doctor 진찰받다
• spaghetti 스파게티

13 정답 ②

해석 A : 의사 선생님, 하루 종일 컴퓨터 작업을 해서 눈이 피곤해요. 눈을 돌보기 위해 무엇을 할 수 있나요?
B : 눈을 쉬게 하기 위해 꼭 충분한 수면을 취하세요.
A : 좋아요. 추천해 줄 다른 것은요?
B : 비타민이 많은 과일과 야채를 드세요.

해설 눈 건강을 돌보는 방법에 관한 대화를 나누고 있다.

어휘 • look after 돌보다
• make sure 꼭 ~하다
• rest 쉬게 하다
• recommend 추천하다
• fruit 과일
• vegetable 야채
• vitamin 비타민

14 정답 ④

해석 A : 나 다음 주에 독일 가. 조언이라도?
B : 감자를 칼이 아니라 포크로 자르는 것을 기억해.
A : 왜?
B : 그게 독일 식사 풍습이야. 로마에서는 로마법을 따라야지.

해설 밑줄 친 부분은 다른 나라에서는 그 나라 풍습을 따르라는 의미다.

어휘 • Germany 독일
• advice 조언, 충고
• remember 기억하다
• potato 감자
• fork 포크
• knife 칼
• German 독일의
• dining custom 식사 풍습
• Rome 로마
• Roman 로마의, 로마인

15 정답 ③

해석 A : 새 직장 마음에 들어?
B : 일이 많아, 하지만 너무 좋아.
A : 정말? 잘됐다.
B : 고마워. 난 만족해.

해설 B는 새 직장에 만족하는 심정이다.

어휘 • be satisfied with ~에 만족하다

16 정답 ①

해석 A : 이 재킷 환불하고 싶어요.
B : 무슨 문제가 있는지 여쭤봐도 될까요?
A : 저한테는 너무 커요.
B : 좀 더 작은 사이즈로 교환해 드릴까요?
A : 아니요, 감사합니다.

해설 옷 가게에서 옷을 환불하고 있는 내용이다.

어휘 • refund 환불
• jacket 상의, 재킷
• problem 문제
• exchange 교환하다

17 정답 ③

해석 A : ③ 부탁 좀 들어줄래?
B : 물론이죠, 엄마. 뭔데요?
A : 슈퍼마켓에 가서 달걀 좀 사올래?
B : 네. 집에 오는 길에 들릴게요.
① 넌 왜 그렇게 화가 났니?
② 방법 좀 가르쳐 줄래?
④ 버스 정거장이 얼마나 머나요?

어휘 • pick up 사가지고 오다, 집어 들다, 태워 주다

18 정답 ②

해석 A : 넌 얼마나 스케이트를 탔니?
B : ② 난 10살 이후로 죽 스케이트를 타 왔어.
① 난 지난달에 스키 타러 갔어.
③ 난 이번 겨울에 스케이트 타는 법을 배울 거야.
④ 난 부모님과 스케이트를 타러 가고 싶어.

해설 현재완료 진행시제로 묻고 현재완료 진행시제로

답하는 것이 적절하다. 거의 문법 문제에 가까운 대화 문제이다.

어휘 • how long 얼마나 오랫동안
• skate 스케이트를 타다
• learn 배우다

19 정답 ②

해석 A : 전기를 절약하기 위해 우리는 무엇을 할 수 있을까?
B : 우리가 방을 나갈 때 불을 끌 수 있지.
A : 그래. 다른 건 없나?
B : 엘리베이터 대신 계단을 이용하는 것도 좋은 방법이야.

해설 전기 절약 방법에 관한 대화이다.

어휘 • save 절약하다
• electricity 전기
• switch off 스위치를 끄다
• light 전등
• leave 떠나다
• stair 계단
• instead of ~ 대신에
• elevator 엘리베이터

20 정답 ②

해석 A : 오늘이 어린이날인 것은 아니?
B : 응. 벌써 5월인 게 믿기지 않네.
A : 새해 기념한 것이 막 어제 같은데.
B : 알아. 엄마가 시간이 빨리 흘러가니 모든 순간을 소중히 여기라고 말씀하셨지.

해설 Time flies like an arrow는 시간이 참 빠르다는 표현이다.

21 정답 ④

해석 A : 오늘 기분이 어때?
B : 너무 행복해. 세상 제일 높은 곳에 있는 느낌이야(기분 엄청 좋아)!
A : 잘됐다. 무슨 일이 있었는데?
B : 내가 가장 좋아하는 가수를 직접 봤어.

해설 happy라는 심정이 대화에 담겨 있다.

어휘 • in person 몸소, 직접

22 정답 ①

해석 A : 안녕하세요. 이 책들을 대출하고 싶어요.
B : 좋아요. 세 권 모두 빌릴 건가요?
A : 글쎄요, 생각해 보니, 이 두 권만 필요하네요.
B : 알겠습니다.

해설 책을 빌리는 도서관이 적절하다.

어휘 • check out 대출하다
• borrow 빌리다
• now that ~이니까

23 정답 ①

해석 A : 메뉴의 모든 것이 맛있어 보인다!
B : 응. 이곳은 내가 가장 좋아하는 식당 중에 하나야.
A : 잘됐다. ① 나에게 요리 좀 추천해 줄 수 있어?
B : 크림소스 스파게티는 어때? 그들의 최고 요리 중에 하나야.
② 네가 가장 좋아하는 식당은 어디니?
③ 넌 왜 이탈리아 패션이 좋아?
④ 너 이탈리아에 가본 적이 있니?

해설 스파게티를 추천해 주는 대답으로 알 수 있듯이 음식 추천이 빈칸에 적절하다.

어휘 • delicious 맛있는
• restaurant 식당
• recommend 추천하다
• dish 요리, 접시

24 정답 ①

해석 A : ① 우리가 왜 재활용을 해야 하니?
B : 그것은 환경을 보호해야 하기 때문이야.
② 얼마나 오랫동안 이곳에 살았니?
③ 네 짐(가방)은 어떻게 생겼니?
④ 네 삶의 최고의 순간은 언제였니?

해설 Why? 이유를 묻고 It's because~로 이유를 답하는 것이 적절하다.

어휘 • save 구하다
• environment 환경

25 정답 ②

해석 A : 내 생각에 손으로 쓰기는 많은 장점이 있어.
B : 정말? 예를 들면?
A : 하나는, 우리가 일들을 기억(암기)하는 데 도움이 돼.
B : 알았어. 다른 건?
A : 그것은 또한 편지에 개인적인 손길도 더할 수 있지.

해설 손으로 쓰기의 장점에 대한 주제의 글이다.

어휘 • advantage 장점
• like what? 예를 들면?
• memorize 기억하다, 암기하다
• add 더하다
• personal touch 개인적인 손길

26 정답 ①

해석 A : 난 항상 미국 전역을 여행하고 싶었어.
B : 무엇이 널 막고 있니? 그냥 가!
A : 하지만 난 영어를 못해.
B : 배움에 늦은 때는 없다. 넌 오늘이라도 영어 공부를 시작할 수 있어.

해설 It's never too late to learn은 배움에는 늦은 때는 없다란 의미다.

어휘 • travel across ~을 가로질러 여행하다, 전역을 여행하다

27 정답 ②

해석 A : 수잔, 너 우울해 보여.
B : 내 여동생이 지난달에 캐나다에 가서 혼자 살고 있어.
A : 그녀는 왜 캐나다에 갔니?
B : 공부하러. 요즘 외롭다. 그녀가 그리워.

해설 B는 여동생이 캐나다 유학을 가서 혼자 살고 있어 외로운 심정이다.

어휘 • look down 우울해 보이다
• by oneself 혼자
• lonely 외로운
• these days 요즘
• miss 그리워하다

28 정답 ②

해석 A : 성인표 2장 있나요?
B : 여기 있어요. 수영모자 있나요?
A : 예, 있어요.
B : 수영장에 들어가시기 전에 꼭 샤워 부탁드립니다.

해설 수영장에서 이루어지는 대화이다.

어휘 • adult 성인, 어른
• swimming cap 수영모자
• make sure 꼭 ~하다, 반드시 ~하다
• take a shower 샤워하다
• swimming pool 수영장

29 정답 ④

해석 A : 올해 어떤 계획 있어?
B : 전기 기타를 배울 결심을 했어.
A : 왜 전기 기타야?
B : 왜냐하면 나는 항상 학교 밴드에 들어가고 싶었어.

해설 올해 계획을 묻고 전기 기타를 배우겠다는 계획을 답하는 것이 적절하다.

어휘 • decide 결심하다, 결정하다
• electric guitar 전기 기타
• join 가입하다, 함께 하다
• band 밴드, 악단

30 정답 ①

해석 A : 뉴질랜드 방문 목적이 뭔가요?
B : 사업차 왔습니다.

해설 뉴질랜드 방문 목적을 묻고 답하는 내용이 적절하다.

어휘 • purpose 목적
• visit 방문, 방문하다
• be on a business trip 사업차 오다, 출장 가다

31 정답 ②

해석 A : 넌 여전히 소설을 쓰고 있니?
B : 응, 아직도 작업 중이야. 오랜 시간이 걸려.
A : 언제 끝날 것 같니?
B : 대략 2~3년 후에.
A : 로마는 하루아침에 지어지는 것이 아니지.

해설 밑줄 친 속담은 '로마는 하루아침에 만들어지지 않았다.'라는 뜻이다.

어휘
- still 아직도, 여전히
- novel 소설
- work on ~을 (노력, 연구)하다, 작업하다
- take a long time 오랜 시간이 걸리다
- finish 끝마치다
- in + 시간 (지금부터) ~ 후에

32 정답 ②

해석 A : 네가 주문한 티셔츠는 받았니?
B : 응. 오늘 아침에 받았어.
A : 마음에 들어?
B : 응. 마음에 들어. 나한테 정말 잘 어울려.

해설 옷이 잘 어울려 만족하는 심정이다.

어휘
- get 받다, 얻다
- order 주문하다
- look good on ~에게 잘 어울리다

33 정답 ②

해석 A : 머리 다 됐습니다! 머리는 마음에 드세요?
B : 괜찮은데, 하지만 아직 약간 길어요.
A : 더 짧게 해 드릴까요?
B : 예, 옆을 조금만 더 쳐 주실래요?

해설 머리 손질을 하는 미용실에서 이루어지는 대화로 적절하다.

어휘
- be done 끝마치다
- haircut 이발, 커트
- on the sides (양)옆에

34 정답 ①

해석 A : 내 컴퓨터에 문제가 있어.
B : 뭐가 문제인데?
A : 전원 버튼이 작동을 하지 않아.
B : 알았어. 내가 한번 볼게.

해설 무엇이 문제인지 묻는 표현이 적절하다.

어휘
- problem 문제
- power button 전원 버튼
- work 작동하다
- take a look at ~을 보다
- do for a living 생계로 하다

35 정답 ②

해석 A : 왜 인천으로 이사를 가니?
B : 왜냐하면 그곳에 직장을 얻었어.

해설 인천으로 이사 가는 이유를 답한 것은 ②이다.

어휘
- move to ~로 이동하다, 이사 가다
- be on a diet 다이어트를 하다
- get a job 일을 얻다, 직장을 얻다

36 정답 ④

해석 여기서 뭐해?
(B) 메뚜기를 보고 있어. 오, 봐, 점프해!
(C) 응, 정말 높이 뛸 수 있네. 곤충에 관심 있구나?
(A) 응. 난 항상 곤충에 관심을 가져 왔지.

해설 이어질 글이 (B)-(C)-(A)가 자연스럽다.

어휘
- be interested in ~에 관심이 있다
- grasshopper 메뚜기
- insect 곤충

37 정답 ②

해석 A : 학교 축제를 위해 우리는 운동장을 청소할 계획이야.
B : 할 일이 많을 것 같네. 도움이 필요하니?
A : 물론이지! 많으면 많을수록 좋지.

해설 more 더 많은, better 더 좋은
The more, the better 많을수록 좋다는 의미다.

어휘
- be planning to ~할 계획이다

• playground 운동장
• festival 축제
• sound like ~처럼 들리다, ~인 것 같다

38 정답 ②

해석 A : 수미야, 춤 경연대회 준비되어 있니?
B : 짐, 내가 무대 위로 올라갈 수 없을 것 같아. 너무 긴장돼.
A : 진정해. 넌 몇 달이나 연습을 했잖아. 너 잘할 거야.
B : 모르겠어. 심지어 내 손이 지금도 떨리고 있어.

해설 nervous 긴장한, 불안한, shake 떨리다 등으로 보았을 때 긴장한 것을 알 수 있다.

어휘 • be ready for ~할 준비가 되다
• contest 경연대회, 시합
• stage 무대
• practice 연습하다

39 정답 ①

해석 A : 여권과 입국신고서를 주세요.
B : 여기 있어요.
A : 어떤 비행기를 타고 오셨나요?
B : 스카이 항공사 201기입니다.
A : 캐나다 방문 목적은 무엇인가요?
B : 사업차 이곳에 왔습니다.

해설 passport 여권, arrival card 입국신고서, flight 비행기, 항공편 등으로 대화가 공항에서 이루어지고 있음을 알 수 있다.

어휘 • airline 항공사
• purpose 목적
• on a business trip 사업차

40 정답 ③

해석 A : 내일 엄마 생신에 무엇을 드릴 거니?
B : 오, 나 완전히 잊고 있었네.
③ 방과 후에 엄마에게 뭔가 사 드릴게요.
① 난 카드 치는 법을 몰라.
② 난 도서관에 그 책을 반납할 거야.
④ 난 진심으로 그의 행복한 생일이 되길 빌어.

해설 엄마 생신 선물로 무엇을 줄 것인지에 대한 대답으로 방과 후에 뭔가를 사 드릴 것이라는 ③이 적절하다.

41 정답 ①

해석 A : 실례합니다. 여기서 박물관 가는 데 얼마나 걸리나요?
B : ① 버스로 대략 5분 걸려요.
② 학생들은 입장료가 없다.
③ 그 박물관을 짓는 데 10년이 걸렸다.
④ 비가 오면 우산을 가져가.

해설 박물관 가는 데 얼마나 걸리는지 묻는 질문에 버스로 5분 걸린다는 ①이 적절하다.

어휘 • get to ~에 가다, 도착하다
• entrance fee 입장료
• in case ~하는 경우에 (대비해서)

42 정답 ②

해석 A : 톰이 지난주 병원에 입원한 거 너 알고 있었어?
B : 아니. 정말 안타깝다. 그는 괜찮아?
A : 내 생각에 톰은 그냥 좀 쉴 필요가 있나봐, 하지만 며칠 동안 그로부터 소식을 듣지 못했어.
B : 걱정하지 마. <u>무소식이 희소식이야</u>.

해설 No news is good news는 무소식이 희소식이란 뜻의 속담이다.

어휘 • go into hospital 병원에 입원하다
• sorry 안타까운, 미안한
• need 필요하다
• rest 휴식
• hear from ~로부터 소식을 듣다
• worry 걱정하다

43 정답 ③

해석 A : 민호야, 무슨 일이야? 너 별로 안 좋아 보여.
B : 나 점심에 먹은 생선이 걱정돼. 냄새가 좀 이상했거든.
A : 너 토할 것 같아?
B : 응, 나 식중독일까 봐 걱정되네.

해설 worried와 concerned 모두 "걱정되는"의 의미로 식중독에 걸릴까봐 걱정하는 내용이다.

어휘
- matter 문제
- look well (건강이나 기분이) 좋아 보이다
- be worried about ~을 걱정하다
- fish 물고기, 생선
- smell 냄새가 나다
- strange 이상한
- feel sick 구역질이 나다, 토할 것같이 아프다
- be concerned 걱정되다
- might ~일지 모른다
- food poisoning 식중독

44 정답 ④

해석 A : 제 개가 등에 이상한 붉은 반점들이 있어요.
B : 어디 검사 좀 해봅시다. 오, 피부질환이 있어 보이네요.
A : 심각한가요?
B : 걱정 마세요. 하루에 2번 이 약을 먹이시고 3일 후에 다시 오세요.

해설 개의 피부질환과 그에 대한 약을 처방하고 있는 동물병원이 대화 장소로 적절하다.

어휘
- strange 이상한
- spot 반점, 점
- back 등
- let me ~ 제가 ~할게요
- check 검사하다
- look like ~처럼 보이다
- skin problem 피부질환
- serious 심각한, 진지한
- medicine 약
- twice a day 하루 2번

45 정답 ①

해석 A : 장래에(커서) 넌 뭘 하고 싶니?
B : ① 나는 작가가 되고 싶어요.
② 집에 아무도 없어요.
③ 난 3년 동안 이곳에 있었어요.
④ 우리 가족은 4식구예요.

해설 장래희망에 대한 대답으로 적절한 것은 ①이다.

어휘
- would like to ~하고 싶다
- in the future 미래에, 장래에
- become 되다
- writer 작가
- member 구성원, 회원

PART Ⅳ 실용문

기출 및 적중예상문제 본문 204~207p

01 ①	02 ②	03 ④	04 ①	05 ④
06 ④	07 ①	08 ③	09 ②	10 ③
11 ③	12 ③	13 ②	14 ④	15 ③

01 정답 ①

해석 김치 축제

장소 : 김치 박물관

행사 : 김치 만드는 것 배우기, 다양한 김치 맛보기

입장료 : 5,000원

와서 전통 한국 음식을 맛보세요!

해설 날짜는 언급되지 않았다.

어휘
- festival 축제
- place 장소
- event 행사
- learn 배우다
- taste 맛보다
- various 다양한
- entrance fee 입장료
- traditional 전통적인

02 정답 ②

해석 미술 전시회
- 날짜 : 11월 12일 ~ 25일
- 시간 : 오전 10시 ~ 오후 6시
- 장소 : 중앙 미술관(또는 미술 박물관)
- 티켓 : 성인 15달러, 학생 10달러
- 우리는 화요일에 문을 닫습니다.

해설 환불에 관한 내용은 언급되지 않았다.

어휘
- exhibition 전시(회)
- adult 성인, 어른
- be closed 문을 닫다

03 정답 ④

해석 여름 스포츠 캠프
- 7~12세 아이들을 위한 재미있고 안전한 스포츠 프로그램
- 8월 1일부터 8월 7일까지
- 여러분이 할 일 : 배드민턴, 농구, 축구, 수영

* 모든 아이들은 수영복과 점심식사를 매일 가져와야 합니다.

해설 점심은 제공되지 않고 가져와야 한다.

어휘
- aged 나이가 ~세인
- swim suit 수영복

04 정답 ①

해석 행복한 지구의 날 행사

언제 : 2022년 4월 22일

어디서 : 시민 문화 회관

무엇을 하나 : 중고품 교환, 100% 천연 샴푸 만들기

해설 참가 자격은 언급되지 않았다.

어휘
- community center 시민 회관
- exchange 교환하다
- used thing 중고품
- natural 천연의

05 정답 ④

해석 셰익스피어 박물관
- 시간 : 매일 오전 9시에서 오후 6시까지
- 입장료 : 성인 12달러, 학생과 아이들 8달러, 10명 이상 단체는 10% 할인
- 사진 촬영 : 방문객은 사진 촬영을 할 수 있습니다.

해설 사진 촬영은 가능하다.

어휘
- discount 할인
- photography 사진 촬영

06 정답 ④

해석 자선 달리기

와서 암환자들에게 당신이 후원한다는 것을 보여 주세요.

- 날짜 : 9월 24일
- 시간 : 오전 9시 ~ 오후 4시
- 장소 : 아시아 스타디움(경기장)

* 참가자들에게 무료 티셔츠를 드립니다.

해설 행사 참가비는 언급되지 않았다.

어휘
- charity 자선
- support 지원, 후원
- cancer patient 암 환자
- date 날짜
- stadium 경기장
- free 공짜의, 무료의, 자유로운
- participant 참가자

07 정답 ①

해석 수영장 규칙
- 수영장에 들어가기 전에 샤워를 해야 한다.
- 항상 수영모를 착용해야 한다.
- 안전 요원의 지시를 따라야 한다.

* 다이빙은 허용되지 않는다.

해설 수영 후가 아닌 수영 전에 샤워를 해야 한다.

어휘
- rule 규칙
- take a shower 샤워를 하다
- enter 들어가다
- wear 착용하다
- swimming cap 수영모
- follow 따르다
- instruction 지시
- lifeguard 수영장 구조원, 안전 요원
- diving 다이빙
- permit 허락하다

08 정답 ③

해석 통영 토요 관광

여러분이 할 일 : 미륵산 케이블카 타기, 해저 터널과 중앙 시장 방문

점심은 제공됩니다.

목요일까지 관광 예약을 해야 합니다.

해설 점심은 제공되므로 ③이 일치하지 않는 내용이다.

어휘
- cable car 케이블카
- undersea 해저
- provide 제공하다
- reserve 예약하다

09 정답 ②

해석 핫 여름 세일

모든 음악 CD 30% 할인!
- 할인된 가격에 CD를 살 수 있는 좋은 기회
- 2023년 7월 15일부터 7월 29일까지
- 월요일부터 토요일 오전 10시부터 오후 9시까지

해설 ② 매장 위치는 언급되지 않았다.

어휘
- opportunity 기회
- discounted price 할인된 가격

10 정답 ③

해석 홈 스위트 홈 게스트하우스(숙소)
- 위치 : 이태원역에서 가까움.
- 가격 : 하룻밤에 30달러
- 연락처 : sweethome77@kmail.com

* 공짜 인터넷이 제공됨.

해설 숙소는 전화가 아닌 이메일로 연락이 가능하다.

어휘
- guesthouse 숙소, 여관
- location 위치
- contact 연락, 연락처
- provide 제공하다

11 정답 ③

해석 마스크 판매에 관한 정보

각 개인은 1주일에 마스크 2장을 구매할 수 있다.
- 시간 : 오전 9시 ~ 오후 8시
- 장소 : 모든 약국에서
- 가격 : 1장에 1,500원

해설 구입 시 준비 서류에 관한 내용은 언급되지 않았다.

어휘
- information 정보
- sale 판매
- each 각각

12 정답 ③

해석 학교 도서관

- 모든 학생들이 도서관을 이용할 수 있다.
- 도서관은 오전 9시부터 오후 5시까지 개방한다.
- 학생들은 한 번에 두 권까지 빌릴 수 있다.
- 도서관에 음식 반입은 허락되지 않는다.

해설 한 번에 두 권까지 빌릴 수 있다.

어휘
- library 도서관
- from A to B A부터 B까지
- borrow 빌리다
- up to ~까지
- at a time 한 번에
- be allowed 허락되다

13 정답 ②

해석 실종된 개

- 이름 : 포포
- 종 : 잡종
- 몸무게 : 6kg
- 특징 : 검은 점이 있는 흰색
- 성격 : 매우 다정함.

해설 나이는 언급되어 있지 않다.

어휘
- lost 실종된
- breed 종
- weight 무게
- feature 특징
- personality 성격

14 정답 ④

해석 헬로 햄버거

시내에서 가장 인기 있는 햄버거 가게!

우리의 비밀 소스가 우리 햄버거를 맛있게 만듭니다.

특별 제공 : 2개의 가격으로 3개를 구입하세요.

* 배달은 안 함.

해설 마지막 줄에 No deliveries에서 배달을 하지 않는다는 것을 알 수 있다.

어휘
- popular 인기 있는
- secret 비밀의
- sauce 소스
- delicious 맛있는
- offer 제공, 제안
- delivery 배달

15 정답 ③

해석 우리 마을 음악제

- 시간 : 2023년 5월 20일
- 장소 : 센터럴 파크
- 초대 가수 : 케빈 라이언, 루시 브라운

해설 티켓 가격은 포스터에 나와 있지 않다.

어휘
- invite 초대하다
- invited 초대된

PART V 독해

기출 및 적중예상문제

본문 219~231p

01 ①	02 ①	03 ④	04 ③	05 ①
06 ③	07 ④	08 ①	09 ③	10 ③
11 ④	12 ③	13 ①	14 ④	15 ①
16 ③	17 ④	18 ③	19 ②	20 ④
21 ②	22 ③	23 ④	24 ③	25 ①
26 ④	27 ③	28 ②	29 ④	30 ④
31 ②	32 ④	33 ③	34 ④	35 ③
36 ④	37 ①	38 ④	39 ④	40 ②
41 ①	42 ③	43 ③	44 ③	45 ①
46 ④	47 ②	48 ①	49 ②	50 ④

01 정답 ①

해석 난 애완동물로 앵무새를 키우고 싶다. 네게 그 이유를 말해 줄게. 첫째, 앵무새는 내 말을 따라 한다(반복한다). 내가 앵무새에게 "안녕"이라고 말하면, 그 녀석은 나에게 "안녕"이라 말할 것이다. 다음은, 멋진 화려한 깃털을 가지고 있어서 그것을 보는 것이 나를 행복하게 만들 것이다. 마지막으로, 앵무새는 집에서 키우는 대부분의 다른 동물들보다 더 오래 산다.

어휘
- parrot 앵무새
- repeat 반복하다
- gorgeous 멋진
- feather 깃털
- keep 키우다

02 정답 ①

해석 기부는 보통 친절하고 마음 따뜻한 목적으로 행해진다. 그것은(기부는) 다양한 형태를 가질 수 있다. 예를 들어, 기부는 자연 재해로 고생하는 사람들에게 주어지는 돈, 음식 또는 의료가 될 수도 있다.
① 기부, ② 자연, ③ 사람들, ④ 고생

해설 it은 기부를 가리킨다.

어휘
- donation 기부, 기증품
- good-hearted 마음 따뜻한
- purpose 목적
- different forms 다양한 형태
- medical care 의료, 치료
- suffer from ~을 겪다, 고생하다
- natural disaster 자연 재난, 재해

03 정답 ④

해석 자원봉사를 하는 것은 당신에게 건강한 정신을 준다. 한 설문조사에 따르면, 자원봉사자의 96%가 자원봉사를 한 후 더 행복함을 느낀다고 한다. 만약 당신이 지역사회에서 다른 사람들을 돕는다면, 당신은 자신에 대해 더 좋게 느낄 것이다. 또한 그것은 당신이 일상생활에서 당신을 도울 수 있는 더 많은 에너지를 가지고 살 수 있는 동기를 줄 수 있다. 그러므로, 당신은 삶에 더 ④ 긍정적인 관점을 가지게 될 것이다.
① 부끄러운, ② 쓸모없는, ③ 불행한

어휘
- volunteer 자원봉사를 하다, 자원봉사자
- healthy 건강한
- mind 마음, 정신
- according to ~에 따르면
- survey 설문조사
- report 보고하다, ~라고 (말)하다
- community 지역사회
- motivate 동기를 부여하다
- in one's ordinary daily life 일상생활에서
- therefore 그러므로
- view 관점, 보기

04 정답 ③

해설 자원봉사의 이점에 관한 글이다.

05 정답 ①

해석 우리는 여러분들에게 쓰레기를 공원 쓰레기통에 넣어 달라고 부탁하고 싶습니다. 우리는 몇몇 방문객들의 부주의한 행동 때문에 공원을 깨끗하게 유지하기가 힘듭니다. 우리는 여러분들의 협조가 필요합니다. 감사합니다.

해설 도움을 요청하는 목적으로 쓴 글이다.

어휘
• trash 쓰레기
• trash can 쓰레기통
• have difficulty ~ing ~하는 데 어려움을 겪다
• careless 부주의한
• behavior 행동
• visitor 방문객
• cooperation 협동, 협력

06 정답 ③

해석 우리는 학교 신문 기자를 모집하고 있습니다. 만약 관심이 있으시면, 학교생활에 관한 기사 세 편을 제출해 주세요. 각각의 기사는 500단어 이상이어야 합니다. 학생 기자들이 당신의 기사를 평가할 것입니다. 마감일은 9월 5일입니다.

해설 담당 교사가 아닌 학생 기자들이 평가한다.

어휘
• reporter 기자
• submit 제출하다
• article 기사
• word 단어
• evaluate 평가하다
• deadline 마감일

07 정답 ④

해석 제스처는 다른 나라에서 다른 의미를 가질 수 있다. 예를 들어, OK 사인은 많은 나라에서 "좋아" 또는 "괜찮아"를 의미한다. 하지만, 같은 제스처가 프랑스에서는 "숫자 0(또는 쓸모없는 것)"을 의미한다. 프랑스 사람들은 그들이 아무것도 없다고 말하고 싶을 때 그것을 사용한다.

어휘
• gesture 제스처
• meaning 의미
• sign 기호, 사인, 표시
• zero 숫자 0
• nothing 아무것도 없는 것, 아무것도 아닌 것

08 정답 ①

해석 많은 발전소들은 석탄 또는 (천연)가스 같은 화석 연료를 태워서 에너지를 생산한다. 이것은 대기 오염을 유발하고 환경에 영향을 미친다. 그러므로, 에너지 효율적인 제품을 선택해서 에너지를 덜 사용하려고 노력해라. 그것이 지구를 살리는 데 도움이 될 수 있다.
① 환경, ② 물질, 재료, ③ 제품, ④ 무게

어휘
• power plant 발전소
• produce 생산하다
• burn 태우다
• fossil fuel 화석 연료
• coal 석탄
• cause 유발하다
• pollution 오염
• influence 영향을 미치다
• choose 선택하다
• efficient 효율적인
• product 제품

09 정답 ③

해석 인터넷은 우리 삶을 더 편리하게 만든다. 우리는 인터넷에서 쇼핑을 하고 계산을 한다. 하지만, 온라인에서는 개인 정보가 쉽게 도난당할 수 있다. 당신의 (개인) 정보를 보호하는 방법이 있다. 첫째, 강력한 암호를 설정하라. 둘째, 모르는 링크는 클릭하지 마라.
① 취소하다, ② 파괴하다, ③ 보호하다, ④ 환불하다

어휘
• Internet 인터넷
• convenient 편리한
• pay bills (계산서를) 지불하다
• personal information 개인 정보
• steal 훔치다
• be stolen 도난당하다
• password 암호, 패스워드
• click 클릭하다
• unknown link 모르는 링크

10 정답 ③

해석 수천 년 전에, 사람들은 새로운 장소를 갔을 때 지도를 만들었다. 그들은 땅이나 동굴의 벽에 지도를 그렸는데, 그것은 종종 부정확한 정보를 가지고 있었다. (하지만 요즘은 지도가 사진으로 만들어졌기 때문에 더 정확하다.) 이 사진들은 비행기 또는 인공위성에서 찍힌다.

어휘
- accurate 정확한
- photograph 사진
- place 장소
- draw–drew 그리다
- wall 벽
- cave 동굴
- incorrect 부정확한
- information 정보
- be taken 찍히다
- satellite 인공위성

11 정답 ④

해석 비록 우리가 의도하지는 않았지만, 가끔 우리는 다른 사람들의 감정을 다치게 한다. 그런 일이 발생할 때, 우리는 사과할 필요가 있다. 그렇다면, 우리는 어떻게 적절하게 사과를 하는가? 여기에 우리가 사과할 때 고려해야 할 세 가지가 있다.

해설 사과할 때 고려해야 할 세 가지가 뒤에 이어지는 것이 적절하다.

어휘
- hurt 다치게 하다, 상처 주다
- mean to ~할 의도이다
- apologize 사과하다
- properly 적절하게
- consider 고려하다, 생각하다

12 정답 ③

해석 어느 날, 마이클은 지역 신문에서 기자 광고를 봤다. 그 일은 그가 늘 꿈꾸던 직업이었다. 그래서 그는 그 직업에 지원하기로 결심했다.

어휘
- advertisement 광고
- reporter 기자
- local 지역의
- dream of ~에 관해 꿈을 꾸다
- make up one's mind 결심하다
- apply for 신청하다, 지원하다

13 정답 ①

해석 많은 사람들이 잠드는 데 어려움을 겪어서 충분히 잠을 자지 못한다. 그것은 고혈압 같은 건강에 부정적인(해로운) 영향을 가질 수 있다. 만약 이 규칙을 따른다면 당신은 수면 문제를 예방할 수 있다. 첫째, 밤에 카페인 음료를 마시지 마라. 둘째, 자기 전에 스마트폰을 사용하지 않도록 노력하라. 이것들이 쉽게 잠들 수 있게 도움이 될 것이다.

① 해로운, ② 도움이 되는, ③ 긍정적인, ④ 차분한

어휘
- have trouble ~ing ~하는 데 어려움을 겪다
- fall asleep 잠들다
- thus 그래서
- effect 효과
- health 건강
- high blood pressure 고혈압
- prevent 예방하다
- follow 따르다
- caffeine 카페인

14 정답 ④

해설 해석 참조

15 정답 ①

해석 관리사무실에서 공지할 것이 있습니다. 어제 통지된 것과 같이, 오늘 오후 1시부터 2시까지 단전이 될 것입니다. 불편을 드려 죄송합니다. 이해해 주셔서 감사합니다.

해설 단전을 공지하려고 쓴 글이다.

어휘
- announcement 공고, 알림
- management office 관리사무실
- inform 알리다, 통지하다

• electricity 전기
• inconvenience 불편

16 정답 ③

해석 2023년 과학 발표 대회가 2023년 5월 20일에 개최됩니다. 주제는 지구 온난화입니다. 참가자들은 개인으로만 참가가 가능합니다. 발표는 10분보다 더 길면 안 됩니다. 더 많은 정보가 필요하시면, 교무실에서 이 선생님을 만나 보세요.

해설 그룹이 아닌 개인 참가만 가능하다.
• presentation 발표, 프레젠테이션
• be held 개최되다
• topic 주제
• global warming 지구 온난화
• participate in ~에 참가하다
• individual 개인

17 정답 ④

해석 비상사태 발생 시 취해야 하는 적절한 조치에 대해 말하겠습니다. 첫째, 화재가 난 경우, 승강기 대신 계단을 이용하세요. 둘째, 지진이 난 경우, 낙하물이 있을 수 있으니 높은 건물은 피하고 개방된 곳으로 가세요.

어휘 • appropriate 적절한
• take actions 조치를 취하다
• stair 계단
• instead of ~ 대신에
• elevator 승강기
• in case of ~하는 경우에
• earthquake 지진

18 정답 ③

해석 요즘, 많은 사람들이 식당에 예약을 하고 나타나지 않는다. 여기에 식당에 나타나지 않는 고객들을 줄이기 위한 팁이 있다. 첫째, 예치금을 요구하라. 만약 고객들이 나타나지 않으면, 그들은 그 돈을 잃는 것이다. 둘째, 예약을 확인하기 위해 전날에 고객들에게 전화를 해라.
① 요리하다, ② 잊다, ③ 확인하다, ④ 상상하다

어휘 • make reservations 예약하다
• show up 나타나다
• tip 팁
• reduce 줄이다
• customer 고객
• deposit 예치금

19 정답 ②

해석 일기 예보관들은 비의 양, 바람의 속도, 그리고 폭풍의 방향을 예측한다. 그렇게 하기 위해서, 그들은 날씨 상태를 관찰하고 날씨 패턴에 관한 지식을 이용한다. 현재의 증거와 과거의 경험을 바탕으로, 그들은 날씨가 어떻게 될 것인지 결정하게 된다.
① 무시하다, ② 예측하다, ③ 위반하다, ④ 협상하다

어휘 • weather forecaster 일기 예보관
• amount 양
• path 길, 방향
• observe 관찰하다
• knowledge 지식
• pattern 패턴
• based on ~에 근거하여
• current 현재의
• evidence 증거
• experience 경험

20 정답 ④

해석 비누로 손을 씻는 것은 질병 확산을 막는 데 도움이 된다. 사실, 서아프리카와 중앙아프리카에서만, 비누로 손을 씻는 것으로 매년 50만 명의 목숨을 구할 수 있다. 하지만, 문제는 이 지역에서 비누가 비싸다는 것이다. (이 문제를 극복하기 위해, 비누는 자원봉사자들에 의해 만들어져서 필요한 나라에 기부될 수 있다.) 이런 식으로, 우리는 더 많은 목숨을 구하는 데 도움을 줄 수 있다.

어휘 • overcome 극복하다
• volunteer 자원봉사의
• donate 기부하다

• prevent 막다, 예방하다
• spread 퍼짐, 확산
• disease 질병
• in fact 사실은
• life – lives 목숨

21 정답 ②

해석 여러분은 꽃이 우리에게 많은 건강상의 이점을 준다는 것을 알고 있나요? 예를 들어, 장미향은 스트레스 수준을 낮추는(줄이는) 도움을 줄 수 있다. 다른 예로 라벤더가 있다. 라벤더는 수면에 문제가 있다면 도움이 되는 것으로 알려져 있다. 이것들은 꽃이 우리의 건강에 어떻게 도움이 되는지 보여 주는 두 가지 예이다.

어휘 • provide 제공하다, 주다
• health 건강
• benefit 이점, 혜택
• smell 냄새, 향
• stress level 스트레스 수준, 스트레스 수치
• helpful 도움이 되는
• example 예

22 정답 ③

해설 해석 참조

23 정답 ④

해석 미래에, 많은 국가가 노령화 인구 문제를 가지게 될 것이다. 우리는 점점 더 많은 노령 인구를 가지게 된다. 이것은 노령화 인구와 관련된 직업의 수요가 있을 것이라는 것을 의미한다. 그래서 직업을 생각할 때, 이런 변화를 고려해야 한다. 자 이제, 난 노령화 인구 시대를 위한 직업 선택 몇 가지를 추천할 것이다.

해설 노령화시대를 위한 직업을 추천한다고 했으므로 ④의 내용이 뒤에 이어질 내용으로 적절하다.

어휘 • aging population 노령화 인구
• mean 의미하다
• related to ~와 관련된
• in demand 수요가 있는
• recommend 추천하다
• choice 선택

24 정답 ③

해석 어느 날 수학 시간에, 매리는 문제를 풀겠다고 지원했다. 그녀가 교실 앞으로 갔을 때, 그 문제가 어렵다는 것을 깨달았다. 그러나 그녀는 차분함을 유지하며 칠판에 답을 쓰기 시작했다.

해설 it은 내용상 a problem인 것을 알 수 있다.

어휘 • one day 어느 날
• math 수학
• volunteer to 자진하여 ~하다, 지원하다
• solve 풀다, 해결하다
• get to ~로 가다
• realize 깨닫다
• difficult 어려운
• remain calm 차분함을 유지하다
• begin – began 시작하다
• write 쓰다
• answer 답
• blackboard 칠판

25 정답 ①

해석 저를 위해 추천서를 써 주신 것에 대해 감사를 표현하고 싶어요. 선생님 덕분에, 저는 지금 꿈의 대학교에서 공부할 기회를 가지게 되었어요. 저는 선생님의 도움과 친절을 결코 잊지 못할 겁니다.

해설 추천서를 써 주신 선생님이나 어떤 분에게 감사하려고 쓴 글이다.

어휘 • want to ~하고 싶다
• express 표현하다
• thanks 감사
• recommendation letter 추천서
• thanks to ~ 덕분에
• chance 기회
• university 대학교
• forget 잊다
• kindness 친절

26 정답 ④

해석 1987년에 시작된 국제 망고 축제는 망고에 관한 모든 것을 경축한다. 그 축제는 매년 여름에 인도에서 열린다. 망고 먹기 대회와 퀴즈쇼와 같은 많은 행사가 있다. 그 축제는 550종류 이상의 망고를 무료로 맛볼 수 있는 기회를 제공한다.

어휘
- International 국제적인
- mango 망고
- start 시작하다
- celebrate 경축하다, 기리다
- be held 열리다
- event 이벤트, 행사
- such as ~와 같은
- competition 대회, 시합
- quiz show 퀴즈쇼
- provide 제공하다
- opportunity 기회
- taste 맛보다
- kind 종류
- for free 공짜로

27 정답 ③

해석 증가하고 있는 음식물 쓰레기의 양은 심각한 환경 문제가 되고 있다. 여기에 음식물 쓰레기를 줄이는 몇 가지 방법이 있다. 첫째, 쇼핑하기 전에 필요한 음식 목록을 만들어라. 둘째, 매 끼니 너무 많은 음식을 준비하지 않도록 해라. 셋째, 나중에 사용할 수 있도록 남은 음식을 보관해라.

해설 음식물 쓰레기를 줄이는 방법 3가지에 관한 글이다.

어휘
- increasing 증가하는
- amount 양
- food trash 음식물 쓰레기
- serious 심각한
- environmental problem 환경 문제
- way 방법
- decrease 줄이다
- make sure 반드시 ~하다
- prepare 준비하다
- meal 식사
- save 절약하다, 남겨 두다
- for later use 나중에 사용하기 위해서

28 정답 ②

해석 나의 고등학교 학생들은 다양한 배경을 가지고 있다. 그들은 러시아, 태국, 칠레 같은 다양한 나라에서 왔다. 나는 나의 국제적인 반친구들과 함께 하는 다문화 환경 속에 있다는 것이 너무 행복하다.
① 가까운, ② 다양한, ③ 부정적인, ④ 하나의

어휘
- background 배경
- different 다른, 다양한
- such as ~와 같은
- quite 꽤, 상당히
- multicultural 다문화의
- environment 환경
- international 국제적인
- classmate 반친구

29 정답 ④

해석 테이트 모던은 런던에 위치한 미술관(박물관)이다. 그곳은 예전에 발전소였다. 발전소가 1981년에 문을 닫고, 영국 정부는 그곳을 부수는 대신 미술관(박물관)으로 바꾸기로 결정했다. 지금 이 미술관은 현대 영국 미술품의 국립 소장품을 가지고 있다.
① 균형을 맞추다, ② 금지하다, ③ 막다, ④ 바꾸다, 변형시키다

어휘
- located in ~에 위치한
- used to (예전에) ~였었다 (지금은 아니지만)
- power station 발전소
- close down 문을 닫다
- government 정부
- transform Ⓐ into Ⓑ A를 B로 바꾸다, 변형시키다
- instead of ~ 대신에
- destroy 부수다, 파괴하다
- hold 가지고 있다, 보관하다

30 정답 ④

해석 아이스크림을 좋아하는가? 대부분 사람들처럼, 나도 아이스크림을 굉장히 좋아한다. 신문 기사에 따르면, 당신이 가장 좋아하는 아이스크림 맛은 당신이 어떤 사람인지를 보여 줄 수 있다고 한다. 예를 들어, 가장 좋아하는 맛이 초콜릿이면, 그것은 당신이 매우 창의적이고 열정적이라는 것을 의미한다. (가장 좋아하는 것이 딸기라면 어떨까?) 그것은 당신이 논리적이고 생각이 깊다는 의미이다.

어휘
- what if ~라면 어떨까?
- favorite 가장 좋아하는
- flavor 맛
- strawberry 딸기
- ice cream 아이스크림
- like ~처럼
- according to ~에 따르면, 의하면
- article 기사
- kind 종류
- person 사람
- chocolate 초콜릿
- creative 창의적인
- enthusiastic 열정적인
- logical 논리적인
- thoughtful 생각이 깊은

31 정답 ②

해석 테니스와 탁구를 비교할 때, 몇 가지 유사점과 차이점이 있다. 먼저, 둘 다 라켓을 사용하는 스포츠다. 또한, 선수 둘 다 네트를 왔다 갔다 하게 공을 친다. 그러나, 또한 차이점도 있다. 테니스는 코트에서 경기를 하지만, 탁구는 테이블 위에서 한다. 다른 차이점은 탁구와 비교하면 테니스는 훨씬 더 큰 라켓이 사용된다는 것이다.

① 마침내, ② 그러나, 하지만, ③ 그러므로, ④ 예를 들면

어휘
- compare Ⓐ with Ⓑ A와 B를 비교하다
- tennis 테니스
- table tennis 탁구
- similarity 유사점
- difference 차이점
- both 둘 다
- racket 라켓
- back and forth 앞뒤로, 왔다 갔다
- net 그물, 네트
- court 경기장, 코트
- compared to ~와 비교하면

32 정답 ④

해설 탁구와 테니스의 유사점과 차이점에 관한 글이다.

33 정답 ③

해석 여러분도 알다시피, 요즘 많은 젊은 사람들이 목 통증으로 고생을 한다. 이것은 그들이 하루에 많은 시간을 공부나 스마트폰을 사용하며 책상 위로 몸을 구부리기 때문이다. 그러나 걱정하지 마라. 우리는 목 통증을 예방하고 줄이는 데 도움을 줄 수 있는 몇 가지 운동이 있다. 이것이 여러분이 그것을 하는 방법이다.

해설 글의 마지막 내용에 따르면 목 통증을 예방하고 줄이는 데 도움을 주는 방법이라고 했으므로 ③이 뒤에 이어지는 것이 가장 적절하다.

어휘
- as you know 당신도 알다시피
- these days 요즘
- suffer from ~로 고생하다
- neck pain 목 통증
- This is because ~ 때문이다
- spend (돈이나 시간을) 보내다, 쓰다
- lean over ~ 위로 기대다, 몸을 구부리다
- exercise 운동
- prevent 막다, 예방하다
- reduce 줄이다
- This is how ~ 이것이 ~하는 방법이다

34 정답 ④

해석 모든 동식물은 살기 위해 물에 의존한다. 우리 몸은 대략 60~70%가 물이다. 우리는 음식 없이 몇 주를

살 수 있다. 그러나 물 없이는, 며칠이면 죽을 것이다. 물은 우리 삶에 매우 중요하다.

어휘 • plant 식물
• depend on ~에 의존하다
• important 중요한
• life – lives 삶, 생활

35 정답 ③

해석 지난 며칠간 내가 했던 짓 때문에 당신에게 사과하려고 이 이메일을 씁니다. 난 당신과 제시카가 고의로 나를 무시하는 줄 알고 난 당신에게 불친절하게 대했습니다. 이제 내가 당신을 오해했다는 것을 알게 되었습니다. 난 정말 미안하다고 말하고 싶어요.

해설 사과가 목적인 글이다.

어휘 • ignore 무시하다
• on purpose 고의로
• treat 대하다
• unkindly 불친절하게
• misunderstand 오해하다

36 정답 ④

해석 라스코 동굴은 프랑스 남서부에 위치하고 있다. 그곳에 커다란 동물들의 고대의 그림이 있다. 1940년까지는 그 동굴에 대해 아무도 알지 못했다. 4명의 십 대들이 개를 쫓다가 우연히 발견하였다. 1963년, 그 그림을 보존하기 위해, 그 동굴은 대중에게 폐쇄되었다.

어휘 • be located in ~에 위치하다
• contain 담고 있다, 포함하다
• accidentally 우연히
• discover 발견하다
• in order to ~하기 위해서
• preserve 보존하다
• the public 대중

37 정답 ①

해석 걷기는 더 격렬한 운동만큼 당신의 건강에 이로울 수 있다. 걷기에 신체적 이점은 체지방을 줄일 수 있다는 것이다. 또한 스트레스를 줄이는 데 도움을 줄 수 있기 때문에 정신 건강의 이점이 있다. 그러니 일어나서 걸으세요!

해설 걷기의 장점에 관한 글이다.

어휘 • beneficial 이로운
• health 건강
• intense 격렬한
• physical 물리적인, 신체적인
• benefit 이점, 혜택
• reduce 줄이다
• body fat 체지방
• mental 정신적인
• stress 스트레스

38 정답 ④

해석 차는 다른 차나 물체와 충돌 시 받는 강한 충격을 견딜 수 있어야 한다. 그래서, 차체는 심한 충격을 흡수하게 디자인되어 있다. 목적은 심각한 차 사고가 나는 경우에 대비하여 운전자와 승객을 <u>보호하는</u> 것이다.
① 묘사하다, ② 격려하다, ③ 증가시키다, ④ 보호하다

해설 차가 승객을 보호하는 것이 목적이라는 내용으로 빈칸에 ④가 적절하다.

어휘 • endure 견디다
• impact 충격
• crash into ~와 충돌하다
• object 물체
• be designed to ~하기로 디자인되다
• absorb 흡수하다
• passenger 승객
• in case of ~하는 경우(를 대비해서)
• serious 심각한

39 정답 ④

해석 음료수 회사들은 제품에 밝은 색소를 첨가해서 소비자의 마음을 끈다. 그러나 이 색소들 대부분은 <u>천연</u> 물질이 아니다. 그것들은 인공 물질이다. 예를 들어, 파인애플 주스에 사용되는 인공색소 황색 6호는 맛에는 어떤 것도 첨가하지 않는다(맛에 변화는 없다). 그 음료수를 단지 예쁘게 보이게 그것을 넣는다.

① 편리한, ② 겁먹은, ③ 혁신적인, ④ 천연의

해설 natural 천연 물질이 아닌 man-made 인공 물질이란 내용이 적절하다.

어휘
- soft drink 음료수
- company 회사
- attract 끌다
- by ~ing ~함으로써, ~해서
- add Ⓐ to Ⓑ A를 B에 더하다, 첨가하다
- product 제품
- artificial 인공적인
- artificial color Yellow No. 6 인공색소 황색 6호
- taste 맛

40 정답 ②

해석 몇몇 사람들은 과학이 위험할 수 있다고 주장한다. 그들은 과학의 위험성으로 원자폭탄이 완벽한 예라고 말한다. (하지만, 난 과학이 해를 끼치는 것보다 이로움이 더 많다고 생각한다.) 예를 들어, 과학은 더 좋은 약을 만드는 데 도움을 준다. 명확히 삶의 질을 개선시켜 준다. 난 과학이 우리 세상을 더 좋게 계속 만들어 줄 것이라 믿는다.

어휘
- do good 이롭게 하다
- do harm 해를 끼치다
- argue 주장하다
- dangerous 위험한
- atomic bomb 원자폭탄
- perfect 완벽한
- example 예
- danger 위험
- medicine 약
- definitely 명확히
- improve 개선시키다, 향상시키다
- quality 질, 품질
- continue to 계속 ~하다

41 정답 ①

해석 새로운 것을 발명하는 방법을 알고 있는가? 좋은 방법 하나는 더해서(추가해서) 발명하는 것이다. 이것은 이미 존재하는 것에 새로운 요소 하나를 더해서 어떤 것을 발명하는 것을 의미한다. <u>예를 들어</u>, Hyman Lipman은 연필 끝에 지우개를 붙여 미국의 위대한 발명가가 되었다. 이제 어떤 것을 발명하는 법을 알게 되었으니, 발명 하나 해보도록 노력해 보세요.

① 예를 들면, ② 대신에, ③ 대조적으로, ④ 그럼에도 불구하고

어휘
- invent 발명하다
- method 방법
- addition 더함, 추가
- element 요소
- exist 존재하다
- attach 붙이다
- eraser 지우개
- make an invention 발명하다

42 정답 ③

해설 해석 참조

43 정답 ③

해석 만약 남아프리카나 마다가스카르에 간다면, 거대하고 이상하게 생긴 바오바브라 불리는 나무를 볼 수 있다. "뒤집어진 나무"로 알려져 있는, 그들의 나뭇가지는 뿌리가 하늘로 뻗어가는 것처럼 보인다. 바오바브나무가 왜 이런 독특한 모양을 가지게 되었다고 생각하는가? 알아보자.

해설 마지막 문장에 모습이 특이한 이유를 알아보자고 한 것으로 그 내용이 이어지는 것이 적절하다.

어휘
- huge 거대한
- strange 이상한
- known as ~로 알려진
- branch 가지
- root 뿌리
- spread 벌리다, 펴다, 펼치다
- unique 독특한
- shape 모양

44 정답 ③

해석 우리는 비가 올 때 그것이 필요하다. 그것은 우리 몸과 옷을 젖지 않게 막아 준다. 그것은 많은 색과 크기가 있다. 그것은 천이나 다른 재료로 덮인 접는 뼈대를 가진 긴 막대기 같은 물건을 가지고 있다.

해설 비가 올 때 우리를 비에 젖지 않게 막아 주는 우산이 적절하다.

어휘
- keep Ⓐ from Ⓑ A를 B에서 막아 주다
- clothes 옷
- get wet 젖다
- stick 막대
- fold 접다
- frame 뼈대, 프레임
- cover 덮다
- cloth 천
- material 재료

45 정답 ①

해석 센트럴역에서 내 사무실에 도착하기 위해서는, 36번가에서 1호선을 타. 5번 출구에서 나와서 길을 건너. 우회전해서 3블록 걸어. 회사 건물이 우체국 옆에 있어. 내 사무실은 6층이야.

해설 사무실 길 안내를 하기 위한 목적의 글이다.

어휘
- get to 도착하다
- get out 내리다
- exit 출구

46 정답 ④

해석 톰은 내 절친 중의 한 명이다. 그는 매우 다정하고 사람들과 이야기하는 것을 좋아한다. 그는 영어를 전공하고 있고 영어 선생님이 되길 원한다. 그는 가족과 서울에 산다.

해설 가족 수는 언급되지 않았다.

어휘
- friendly 다정한, 우호적인
- major in ~을 전공하다

47 정답 ②

해석 인터넷은 사람들의 삶에 긍정적이고 부정적인 영향 둘 다 가지고 있다. 인터넷은 사람들이 필요한 정보를 제공한다. 또한 사람들이 새로운 것을 쉽게 배울 수 있게 도와준다. 반면에, 만약 사람들이 온라인에 시간을 너무 많이 사용하게 되면, 그들은 결국 가족이나 친구들과의 시간을 점점 더 적게 쓰게 될지도 모른다.

해설 인터넷의 긍정적이고 부정적인 면을 주제로 다루고 있다.

어휘
- both Ⓐ and Ⓑ A와 B 둘 다
- positive 긍정적인
- negative 부정적인
- effect 영향, 효과
- provide 제공하다
- information 정보
- on the other hand 반면에
- spend 시간이나 돈을 쓰다
- end up ~ing 결국 ~하게 되다
- little – less 적은 – 더 적은

48 정답 ①

해석 안녕, 난 이세준이야. 난 음식 만드는 것이 정말 좋아서 요리사가 되고 싶어. 난 가족들과 친구들이 내가 만든 음식을 먹을 때 행복해. 난 특히 중국 음식에 관심이 있어. 난 중국에 있는 Jin's College에 가서 중국 음식 만드는 법을 배우고 싶어.

해설 음식 만드는 것이 좋아서 요리사가 되고 싶다는 뜻이므로 빈칸에 cook 요리사가 적절하다.

어휘
- would like to ~하고 싶다
- cook 요리사, 요리하다
- be interested in ~에 관심을 가지다
- especially 특히
- college 대학

49 정답 ②

해석 부엌에서 요리하는 동안 손이나 몸의 다른 부분에 화상을 입을지도 모른다. 대부분의 화상은 심각하지 않고 스스로 치료가 될 것이지만 화상은 여전히 고통스러울 수 있다. 화상을 빠르게 치료하기 위해 다음과 같은 조치를 취해 봐라.

해설 이어질 내용으로 알맞은 것은 빠른 화상 치료를 위한 조치이다.

어휘 • burn 태우다, 화상
• serious 심각한
• heal 치료하다, 치유하다
• on one's own 스스로
• painful 고통스러운
• take steps 조치를 취하다
• following 다음의

50 정답 ④

해석 내가 제주도에 살았을 때, 난 바다가 절벽에 부딪치는 모습을 보며 많은 시간을 보냈다. 제주도 전통 가옥과 함께 바위와 물은 매우 아름다운 장면을 만들었다. 난 심지어 잠수복을 입고 바위에 서 있는 한 그룹의 한국 여성들도 볼 수 있었다. (이 여성들은 제주도에서 전문 여성 다이버들인 해녀라고 불린다.) 그들은 산소 탱크를 사용하지 않고 바다로 잠수를 해서 해산물을 가지고 다시 돌아왔다.

해설 a group of Korean women이 these women이므로 ④에 들어가는 것이 적절하다.

어휘 • professional 전문적인
• female 여성의
• diver 다이버, 잠수부
• spend – spent 돈을 쓰다, 시간을 보내다
• ocean 바다
• beat against ~에 부딪치다, ~을 치다
• cliff 절벽
• traditional 전통적인
• form 만들다
• scene 장면
• diving suit 잠수복
• oxygen tank 산소 탱크
• seafood 해산물

PART Ⅵ 실전 모의고사

제1회 정답

본문 234~238p

01 ②	02 ②	03 ④	04 ④	05 ③
06 ①	07 ④	08 ③	09 ③	10 ④
11 ④	12 ③	13 ②	14 ②	15 ②
16 ①	17 ①	18 ②	19 ③	20 ②
21 ③	22 ①	23 ②	24 ③	25 ①

01 정답 ②

해석 좋은 교육은 성공에 이르는 길이다.

어휘 • education 교육
• gateway 문, 출입구; 길, 수단
• success 성공

02 정답 ②

해석 나는 이것을 어떻게 하는 것인지 알 수가 없다.

어휘 • figure out 계산하다, 알아내다, 이해하다

03 정답 ④

해석 그녀가 그 프로젝트를 책임지고 있다.

어휘 • in charge of ~을 책임지는
• project 프로젝트

04 정답 ④

해석 ① 도착하다 – 떠나다, ② 나쁜 – 좋은,
③ 이른 – 늦은, ④ 빠른 – 빠른

해설 ①, ②, ③은 반의어 관계이고 ④는 동의어 관계이다.

05 정답 ③

해석 그린 음악 축제
• 날짜 : 2024년 5월 1일
• 장소 : 커뮤니티 센터 파크
• 초대 가수 : 마돈나, 존 잭슨

해설 티켓 가격은 포스터에 나와 있지 않다.

어휘 • festival 축제
• location 장소
• invite 초대하다
• invited 초대된

06 정답 ①

해석 • 누가 그 책을 썼니?
• 난 바다가 보이는 방을 예약하고 싶어.

어휘 • book 책, 예약하다
• would like to ~하고 싶다
• view 광경, 풍경

07 정답 ④

해석 • 빌, 저기 저 소년은 누구니?
• 무대에서 노래하는 그 소년은 내 친구야.

해설 사람을 묻는 의문사, 사람 선행사(The boy)를 사용하는 관계대명사는 who가 적절하다.

08 정답 ③

해석 • 아이들은 그들의 부모에 의존한다.
• 넌 네 일에 집중할 필요가 있어.

어휘 • depend on ~에 의존하다
• focus on ~에 집중하다

09 정답 ③

해석 A : 톰은 키가 매우 작아. 달리기를 잘할 것 같지는 않아.
B : 외모로 사람을 판단하지 마라.
A : 무슨 뜻이야?
B : 그가 키는 작지만, 반에서 가장 빨라.

어휘 • be good at ~을 잘하다
• judge 판단하다
• cover 표지
• mean 의미하다

10 정답 ④

해석 A : 아빠, 오늘 나 정말 우울해.
B : 그런 얘기를 들어 안타깝다. 무슨 일이니?
A : 지난주 시험 결과가 정말 걱정돼.
① 따분한, ② 흥분한, ③ 행복한, ④ 걱정되는

어휘 • concerned = worried 걱정되는
• feel down 우울하다
• today 오늘
• what's wrong? 무슨 일이니?
• be concerned about ~을 걱정하다
• result 결과
• exam 시험
• last week 지난주

11 정답 ④

해석 A : 좋은 아침입니다. 어떻게 도와드릴까요?
B : 전 예약을 했는데요.
A : 성함이 어떻게 되시죠?
B : 테드 존슨입니다.
A : 5월 1일에 1인용 객실 예약하셨습니다. 여기 열쇠 있습니다.

해설 방을 예약하는 호텔이 알맞은 장소이다.

어휘 • make a reservation 예약하다
• book 예약하다, 책
• single room 1인용 객실
• key 열쇠

12 정답 ③

해석 이것은 한국의 인기 있는 밥 요리입니다. 여러분은 밥을 야채, 고기, 그리고 달걀과 함께 그릇 안에서 섞어 이것을 만들 수 있습니다. 이것은 한국과 전 세계에서 먹고 사랑받는 것입니다.

해설 밥과 야채, 고기를 섞어 비벼 먹는 비빔밥에 대한 글이다.

어휘 • popular 인기 있는
• rice dish 밥 요리
• mix 섞다
• vegetable 야채
• meat 고기
• bowl 그릇

13 정답 ②

해석 A : 어디를 가는 중이니?
B : 삼촌을 방문하러 가는 중이야.
A : ② 그곳에서 무엇을 할 거야?
B : 세차하는 것을 도울 거야.
① 이곳에서 얼마나 머니?
③ 넌 언제 그곳에 도착할 거니?
④ 어느 것이 그곳에 가는 가장 좋은 길이니?

어휘
- visit 방문하다
- uncle 삼촌
- wash one's car 세차하다
- arrive 도착하다
- get there 그곳에 가다

14 정답 ②

해석 A : 얼마나 자주 머리를 자르니?
B : ② 한 달에 한 번 잘라.
① 난 식사 전에 머리를 감아.
③ 난 그곳에 오랫동안 머물고 싶어.
④ 난 이발소에서 머리를 잘라.

해설 How often은 횟수를 묻는 표현으로 ② 한 달에 한 번이라는 횟수의 대답이 적절하다.

어휘
- how often 얼마나 자주
- get hair cut 머리를 자르다
- wash 씻다
- every meal 식사 때마다
- want 원하다
- stay 머무르다
- barber shop 이발소

15 정답 ②

해석 안 좋아 보이네. 무슨 일이야?
(B) 달리기를 5시간 동안 해서 너무 피곤해.
(C) 몸조심 좀 해. 심지어 운동도 너무 지나치면 나쁠 수 있어.
(A) 알았어. 더 조심할게.

어휘
- problem 문제
- all right 괜찮은, 알았어, 좋아
- try to ~하려고 노력하다
- cautious 조심하는
- tired 피곤한
- run – ran 달리다
- take care of 돌보다
- even 심지어
- exercise 운동
- bad 나쁜
- too much 너무 많은, 너무 지나친

16 정답 ①

해석 브라운 선생님께,
우리 반에 제가 좋아하는 한 소년이 있어요. 난 그의 여자 친구가 되고 싶지만 그는 다른 여학생을 좋아하는 것 같아요. 제가 어떤 감정인지 그에게 말을 해야 할까요? 제가 무엇을 해야 할지 말씀 좀 해 주세요.

해설 이성 문제 고민 상담에 관한 글이다.

어휘
- seem to ~인 것 같다
- feel 느끼다

17 정답 ①

해석
- 그 기계를 사용 전에 매뉴얼(설명서)을 주의 깊게 읽으세요.
- 사용 전에 충전하세요.
- 아이들이 사용하지 않게 하세요.

어휘
- manual 매뉴얼, 설명서
- carefully 주의 깊게
- machine 기계
- charge 충전하다
- let 하게 하다
- children 아이들

18 정답 ②

해석 서울 박물관에 오신 것을 환영합니다! 박물관에서 지켜야 할 몇 가지 규칙이 있습니다. 사진 촬영은 허용되지 않습니다. 또한 휴대폰을 꺼 주시고 정숙하길 부탁드립니다.

해설 음식물에 관한 내용은 언급되지 않았다.

어휘 • welcome to ~에 온 것을 환영하다
• museum 박물관
• rule 규칙
• should ~해야 한다
• keep 지키다
• take photographs 사진을 찍다
• allow 허락하다
• be allowed 허용되다
• remember 기억하다
• turn off 끄다
• cellphone 휴대폰
• quiet 조용한

19 정답 ③

해석 너무 많은 스트레스는 당신의 건강에 심각하게 영향을 줄 수 있다. 스트레스를 다루는 비결(팁)에 관해서 이야기해 보자. 몇몇 신체적인 활동을 해서 시작해라. 만약 그것(신체적 활동)이 효과가 없다면, 다른 누군가와 당신의 문제에 관해 이야기해 봐라.
① 직업을 구하는 장소
② 결혼하는 시기
③ 스트레스를 관리하는 방법
④ 새로운 친구를 사귀는 방법

해설 스트레스를 처리하는 방법에 관한 글이다.

어휘 • stress 스트레스
• seriously 심각하게
• affect 영향을 미치다
• health 건강
• tip 비결, 조언, 팁
• deal with 다루다, 처리하다
• by ~ing ~함으로써
• physical activity 신체적 활동
• work 효과가 있다
• problem 문제
• get a job 직업을 구하다
• get married 결혼하다
• manage 관리하다

20 정답 ②

해석 당신이 센트럴 파크(공원)에 갈 때, 다음 규칙을 기억하세요. 먼저, 심지어 요리용으로도 불은 허용되지 않습니다. (이것은 불이 매우 위험하기 때문입니다.) 다음은, 음식은 제대로 보관되어야 합니다. 음식을 야외 밖에 두는 것은 야생동물들을 모여들게 합니다.

해설 • this is because 이것은 ~ 때문이다

어휘 • dangerous 위험한
• park 공원
• remember 기억하다
• following 다음의
• rule 규칙
• allow 허락하다
• be allowed 허용되다
• store 보관하다, 저장하다
• be stored 보관되다, 저장되다
• properly 적절하게, 제대로
• leave out 밖에 두다
• in the open 개방된, 노출된 곳에
• attract 끌어들이다, 당기다
• wild animal 야생 동물

21 정답 ③

해석 며칠 전에 인터넷 검색을 하는 동안, 난 다른 웹사이트에서 내 사진 몇 장을 발견했다. 그 사이트는 내 허락도 없이 그것들을 사용했다. 그것은 불법이다!
① 감정, ② 생활, ③ 허락, ④ 시간

어휘 • the other day 며칠 전에, 일전에
• surf the Internet 인터넷을 검색하다
• find – found 발견하다
• picture 사진
• website 웹사이트
• use 사용하다
• without ~ 없이
• illegal 불법적인

22 정답 ①

해석 당신은 현명한 소비자가 되고 싶나요? 그렇다면, 새로운 제품을 사기 전에, 그것이 필요한 것인지 한 번만 더 생각해 보세요. 다시 말해, 새로운 물건을 구매하기 전에 주의 깊게 생각해 보세요.

① 사다, ② 치료하다, ③ 팔다, ④ 보호하다

해설 제품 구매 전에 한 번 더 생각해 보라는 문장으로 buy가 적절하다.

어휘
- wise 현명한
- consumer 소비자
- product 제품
- whether ~인지 아닌지
- in other words 다시 말해
- carefully 주의 깊게
- purchase 구매하다
- item 물건, 품목, 항목

23 정답 ②

해석 태양(열 발전) 에너지를 이용해서 누군가 요리하는 것을 본 적이 있는가? 이런 종류의 에너지는 그린 에너지(친환경 에너지)라고 불린다. 그린 에너지는 환경에 해를 끼치지 않는다. 여기에 일상생활에서 사용될 수 있는 다양한 종류의 그린 에너지가 있다.

해설 마지막 줄에 일상에서 사용되는 다양한 그린 에너지가 있다고 했으니 그 내용이 이어지는 것이 알맞다.

어휘
- cook 요리하다
- solar power 태양열 발전
- kind 종류
- green energy 그린 에너지, 친환경 에너지
- harm 해를 끼치다
- environment 환경
- various 다양한
- type 종류
- daily life 일상생활

24 정답 ③

해석 많은 사람들이 상어가 위험하다고 생각한다. 하지만, 그것은 사실이 아니다. 몇몇 과학자들에 의하면, 360 종류 이상의 상어가 있고 단지 4종류만 가끔 인간을 공격한다고 한다.

어휘
- think 생각하다
- shark 상어
- dangerous 위험한
- true 사실인
- according to ~에 의하면
- scientist 과학자
- more than ~ 이상
- kind 종류
- sometimes 가끔
- attack 공격하다
- human being 인간

25 정답 ①

해설 사람들은 상어가 위험하다고 생각하는데 그렇지 않다는 상어에 대한 오해에 관한 글이다.

제2회 정답

본문 239~243p

01	④	02	④	03	③	04	④	05	④
06	④	07	①	08	②	09	①	10	②
11	②	12	②	13	②	14	①	15	①
16	①	17	④	18	③	19	①	20	③
21	①	22	①	23	②	24	③	25	①

01 정답 ④

해석 환경은 매우 뜨거운 쟁점이 되었다.

어휘 • environment 환경
• hot 뜨거운
• issue 이슈, 쟁점

02 정답 ④

해석 나는 그 경주에 참가할 거야.

어휘 • take part in 참가하다
• race 경주

03 정답 ③

해석 일기예보에 의하면, 내일 비가 내릴 것이다.

어휘 • according to ~에 의하면
• weather forecast 날씨예보, 일기예보
• tomorrow 내일

04 정답 ④

해석 ① 사다 – 팔다, ② 깨끗한 – 더러운,
③ 지저분한 – 정돈된, ④ 날씬한 – 얇은

해설 ①, ②, ③은 반의어 관계이고 ④는 동의어 관계이다.

05 정답 ④

해석 스타 영화관
• South Street 7번가
• 영화 : 배트맨
• 상영 시간 : 오후 5:00, 7:00, 9:00
• 관람료 : 성인 15달러, 학생 7달러

해설 출연배우는 나와 있지 않다.

어휘 • cinema 영화, 영화관
• movie 영화
• price 가격
• adult 성인

06 정답 ④

해석 • 한 블록 직진하고 우회전하세요.
• 오늘은 내가 요리할 차례야.

어휘 • turn right 우회전하다
• my turn 내 차례

07 정답 ①

해석 • 줄리, 넌 생일이 언제야?
• 이날이 내가 그녀를 만난 날이야.

해설 시간을 묻는 의문사, 선행사를 시간(the day)으로 사용하는 관계부사는 when이 적절하다.

08 정답 ②

해석 • 나는 운동화를 사러 왔어요.
• 나는 내 친구들을 기다리고 있어요.

어휘 • look for ~을 찾다, 사러 오다
• wait for ~을 기다리다
• sneakers 운동화

09 정답 ①

해석 A : 우리 팀이 축구 경기에 졌어. 무엇을 해야 할지 모르겠어.
B : 연습하면 완벽해질 거야.

해설 꾸준히 연습하면 완벽해진다는 의미의 표현이다.

어휘 • lose – lost 지다
• practice 연습
• perfect 완벽한

10 정답 ②

해석 A : 톰, 난 네가 이번 여름에 파리로 가족 여행 간다고 들었어.

B : 응, 에펠탑을 볼 수 있어 매우 흥분돼.
A : 좋겠다. 돌아오면 그 사진들 좀 보여 줘.
B : 물론이지. 난 그 여행을 기다릴 수가 없을 만큼 기대돼.

해설 can't wait for ~을 기다릴 수 없을 만큼 기대된다는 뜻이다.

어휘 • take a trip 여행 가다
• excited 흥분된
• picture 사진
• get back 돌아오다
• trip 여행

11 정답 ②

해석 A : 제가 이 두 권의 책을 집으로 가져갈 수 있나요?
B : 네, 이곳 학생인가요?
A : 네.
B : 그렇다면 학생증 좀 보여 주세요.
A : 여기 있습니다.
B : 1주일 내에 이 책들을 반납해 주세요.

해설 도서관에서 책을 빌리며 이루어지는 대화다.

어휘 • student ID card 학생증
• return 돌려주다, 반납하다

12 정답 ②

해석 이것은 그날 중에 그들이 한 일, 먹은 음식, 만난 사람들, 어떻게 느꼈는지에 관해 말해 준다. 대부분의 사람들은 이것을 쓰는 것은 매우 사적인 것이라고 느낀다. 그들은 이것을 다른 사람들에게 보여 주고 싶어 하지 않는다.
① 컴퓨터, ② 일기, ③ 취미, ④ 애완동물

해설 일기(diary)를 설명하는 글이다.

어휘 • tell 말해 주다
• during that day 그날 동안
• keep 기록하다, 유지하다
• private 개인적인, 사적인
• others 다른 사람들

13 정답 ②

해석 A : ② 이곳에서 얼마나 일하셨나요?
B : 이 회사에서 10년 동안 일했습니다.
① 어떻게(교통수단) 직장에 가나요?
③ 당신의 회사와 어떻게 연락할 수 있나요?
④ 여기서 회사까지 얼마나 머나요?

해설 10년 동안 일했다고 했으므로 근무기간을 묻는 How long이 적절하다.

어휘 • work 일하다
• company 회사
• get to work 직장에 가다
• get in touch with ~와 연락하다
• how far 얼마나 먼

14 정답 ①

해석 A : 실례합니다. 여기서 병원 가는 데 얼마나 걸리나요?
B : ① 버스로 5분 걸려요.
② 학생들은 입장료가 없어요.
③ 그 병원 짓는 데 5년이 걸렸다.
④ 비가 오면 우산을 가져가.

해설 병원 가는 데 얼마나 걸리는지 묻는 질문에 버스로 5분 걸린다는 ①이 적절하다.

어휘 • take 시간이 걸리다, 가져가다
• get to ~에 가다, 도착하다
• hospital 병원
• entrance fee 입장료
• in case ~하는 경우에 (대비해서)

15 정답 ①

해석 A : 무엇을 도와드릴까요?
B : 지난달 이 전화기를 샀어요. 그런데 작동이 잘 안 되네요.
A : 문제에 대해서 말씀해 주세요.
B : 버튼이 고장인 것 같아요.

해설 전화기 버튼 고장에 관한 주제의 글이다.

어휘 • buy – bought 사다
• work 작동하다

• problem 문제
• button 버튼
• out of order 고장 난

16 정답 ①

해석 담당자에게, 난 토요일에 당신 웹사이트에서 치마를 주문했어요. 어제 도착했어요. 난 빨간 것을 주문했는데, 파란 것을 받았어요. 나는 주문한 색으로 교환하고 싶어요.

어휘 • order 주문하다
• skirt 치마
• website 웹사이트
• arrive 도착하다
• receive 받다
• exchange 교환하다
• correct 옳은, 정확한

17 정답 ④

해석 학교 수영장
• 모든 학생에게 개방
• 개방시간 : 오후 2시~오후 5시
• 샤워룸과 사물함(락커) 사용 가능
• 음식은 반입이 안 되지만 음료수는 허용됨.

해설 음료수는 허용된다.

어휘 • swimming pool 수영장
• student 학생
• open hour 개방시간
• locker 락커, 사물함
• available 이용할 수 있는
• drink 마시다, 음료수
• allow 허락하다
• be allowed 허락되다

18 정답 ③

해석 한국 의사 Tom Park는 가난한 사람들을 돕기 위해 병원과 학교를 지었다. 그는 질병으로 고생하는 환자들을 치료했다. 그는 또한 어려운 사람들에게 신발을 줬다.

해설 신약 개발에 관한 내용은 언급되지 않았다.

어휘 • build – built 짓다
• hospital 병원
• treat 치료하다
• patient 환자
• suffer from ~으로 고생하다, 고통받다
• disease 질병
• in need 어려운, 힘든

19 정답 ①

해석 취업 면접 전에 긴장해 본 적이 있나요? 심호흡을 하는 것은 긴장을 푸는 데 도움이 될 수 있습니다. 면접 질문을 연습하는 것 또한 도움이 됩니다. 연습은 당신에게 긴장감을 줄일 수 있는 자신감을 줍니다.

해설 면접에 앞서 긴장감을 줄이는 방법에 관한 글이다.

어휘 • nervous 긴장한, 불안한
• job interview 취업 면접
• breathe 숨을 쉬다
• breathing 숨을 쉬는 것
• relax 긴장을 풀다
• practice 연습, 연습하다
• practicing 연습하는 것
• question 질문
• helpful 도움이 되는
• give 주다
• confidence 자신감
• reduce 줄이다
• nervousness 긴장감

20 정답 ③

해석 어제는 아빠 생신이었다. 난 어제 다음 3가지를 했다. 첫째, 아침에 그를 위해 식사를 준비했다. (둘째, 오후에 나는 세차를 했다.) 마지막으로, 나는 저녁에 아빠에게 생일 케이크를 사 드렸다.

해설 first, second, finally 순서가 자연스러우므로 ③이 적절하다.

어휘 • following 다음의
• prepare 준비하다

21 정답 ①

해석 모든 사회는 사람들이 따를 것이라고 예상되는 예절 규칙들을 가지고 있다. 우리는 우리가 말하고 행동할 때 조심할 필요가 있다. 예절은 우리가 다른 사람들을 존중하는 데 도움을 준다.

어휘
- society 사회
- rule 규칙
- be expected to ~할 것이라 예상되다
- careful 조심하는
- respectful 존중하는

22 정답 ①

해석 나는 몇 가지 이유로 온라인 쇼핑을 선호한다. 첫째, 나는 집을 나설 필요도 없다. 내가 필요한 것은 컴퓨터나 내 스마트폰만 있으면 된다. 둘째, 나는 다양한 온라인 쇼핑몰에서 가격을 비교해서 돈을 절약할 수 있다. 마지막으로, 나는 내가 원하는 어떤 것이든 문 앞까지 배달시킬 수 있다. 얼마나 쉽고 편리한가!

① 편리한, ② 맛있는, ③ 비싼, ④ 예의 바르지 못한

해설 온라인 쇼핑이 쉽고 편리하다는 내용이다.

어휘
- prefer 더 좋아하다, 선호하다
- several 몇몇의
- reason 이유
- don't have to ~할 필요가 없다
- save 절약하다
- compare 비교하다
- various 다양한
- deliver 배달하다

23 정답 ②

해석 오늘날, 토마토는 세계에서 가장 흔한 음식 중에 하나다. 토마토 하나만 제공되거나 피자와 스파게티 같은 당신이 가장 좋아하는 음식과 함께 제공된다. 여기에 다양한 토마토 요리법이 있다.

해설 마지막 문장으로 봐서 이어질 내용은 다양한 토마토 요리법에 관한 내용이 적절하다.

어휘
- tomato 토마토
- common 흔한
- be served 제공되다
- favorite 가장 좋아하는
- dish 음식, 접시
- such as ~와 같은
- spaghetti 스파게티
- various 다양한
- recipe 요리법

24 정답 ③

해석 몇몇 연구는 긍정적 사고에 몇 가지 이점이 있다는 것을 알아냈다. 그중 하나는 긍정적 사고가 다른 사람들과의 관계를 더 좋게 해주는 데 도움을 줄 수 있다는 것이다. 게다가, 긍정적 사고는 스트레스를 처리하는 데 도움을 줄 수 있다. 또한, 더 오래 살 수 있게 도움을 줄 수 있다.

① 예를 들면, ② 하지만, ③ 게다가, ④ 대신에

해설 긍정적 사고의 이점을 추가해서 나열하고 있으므로 in addition이 빈칸에 적절하다.

어휘
- find – found 발견하다, 알아내다
- several 몇몇의
- benefit 이점, 혜택
- positive 긍정적인
- relationship 관계
- others 다른 사람들
- deal with ~을 다루다, 처리하다
- stress 스트레스

25 정답 ①

해설 긍정적 사고의 이점에 관한 글이다.

PART Ⅶ 2024년 기출문제

제1회 정답 본문 246~251p

01 ②	02 ①	03 ②	04 ④	05 ③
06 ①	07 ①	08 ③	09 ③	10 ①
11 ④	12 ①	13 ②	14 ③	15 ④
16 ③	17 ②	18 ④	19 ④	20 ②
21 ④	22 ③	23 ②	24 ④	25 ③

01 정답 ②

해석 저는 레스토랑에 전화해서 예약을 할 것입니다.

해설 reservation 예약

① 변경 change

③ 취소 cancellation

④ 칭찬 praise

02 정답 ①

해석 "느리고 꾸준한 것이 경주에서 이긴다."는 것을 명심할 필요가 있다.

해설 keep in mind 명심하다

② 사용하다 use

③ 정돈하다 tidy up

④ 참여하다 participate in, join

어휘 • steady 꾸준한

03 정답 ②

해석 운전 중에는 휴대전화를 사용하지 마십시오.

해설 운전하는 동안 : while [접] ~ 동안에, ~ 반면에

① 대신에 instead, instead of

③ 만약에 if

④ 처음에 at first

04 정답 ④

해석 뭔가를 할 거라고 말하기는 쉽지만, 실제로 하기는 어렵다.

해설 easy – difficult [반의어 관계]

④ rapid 빠른 – quick 신속한 [유의어 관계]

① heavy 무거운 – light 가벼운 [반의어 관계]

② noisy 시끄러운 – silent 조용한 [반의어 관계]

③ painful 고통스러운 – painless 고통이 없는 [반의어 관계]

05 정답 ③

해석 모금 콘서트

• 언제 : 4월 17일, 저녁 6~9시

• 어디서 : Chidren's Hospital의 로비

• 가벼운 간식이 제공될 예정입니다.

모든 모금액은 Chidren's Hospital에 기부될 것입니다.

해설 출연진에 대한 언급은 없다.

어휘 • light 가벼운

• offer 제공하다

• donate 기부하다

06 정답 ①

해석 • 내 가방 좀 들어 줄래?

• 우리 학교는 다음 주에 음악 축제를 개최합니다.

해설 가방을 들다, 축제를 개최하다(hold 1. 들다 2. 개최하다)

어휘 • like 좋아하다

• meet 만나다

• walk 걷다

07 정답 ①

해석 • 나는 그가 정직한지 아닌지 모르겠다.

• 너는 지금 떠나지 않으면 버스를 놓칠 것이다.

해설 if는 부사절(조건절)을 이끌어 '만약 ~한다면'으로 해석되며, 명사절을 이끌어 '~인지 아닌지'로 해석될 수 있다.

어휘 • honest 정직한

• miss 놓치다

• leave 떠나다

08 정답 ③

해석 • 너의 몸의 대략 60~70%가 물로 구성되어 있다.
• 정원은 아름다운 꽃으로 가득 차 있다.

해설 consist of ~로 구성되어 있다
be full of ~로 가득 차다

어휘 • about 대략

09 정답 ③

해석 A : 나 지금 너무 힘든 시간을 보내고 있어.
B : 걱정하지 마. 무슨 일이 있어도 널 위해 여기 있을 거야.
A : 고마워. 너의 응원이 나에게 전부를 의미해.
B : 천만에. 어려울 때 친구가 진짜 친구야.

해설 in need 어려움에 처한, indeed 정말, 진정한
어려운 상황에 처했을 때(필요할 때) 옆에 있어 주는 친구가 진정한 친구라는 의미이다.

어휘 • have a hard time 힘든 시간을 보내다
• no matter what 무엇이더라도
• support 응원, 지지

10 정답 ①

해석 A : 30분이나 기다렸는데 어떻게 된 거야?
B : 미안해, 근데 나 2시에 만난다고 생각했었어.
A : 아니, 그 시간은 야구 경기가 시작되는 시간이고, 그래서 우리는 30분 일찍 만나기로 했던 거야.
B : 아, 깜빡했다. 기다리게 해서 미안해.

해설 마지막 말에 I'm sorry로 보아 미안함을 알 수 있다.

어휘 • happen 발생하다
• be supposed to ~하기로 되어 있다
• totally 완전히

11 정답 ④

해석 A : 너 우리 티켓 구했어? 우리 자리가 어디야?
B : 어디 보자. J11, J12.
A : 좋아. 들어가기 전에 간식을 좀 사자.
B : 좋은 생각이야.

해설 좌석 번호를 묻고 간식을 사자는 말을 통해 영화관임을 알 수 있다.

어휘 • seat 좌석

12 정답 ①

해석 연구에 따르면 꽃은 우리의 기분에 긍정적인 영향을 미친다고 합니다. 참가자들은 꽃을 받은 후 우울감과 불안감이 덜하다고 보고했습니다. 또한, 그들은 더 높은 즐거움과 전반적인 만족감을 보여주었습니다.

해설 꽃이 기분에 긍정적인 영향을 미친다는 연구의 결과가 있으므로 참가자들이 우울감과 불안감이 덜해지는 것(기분이 긍정적인 영향)은 꽃을 받고 나서이다.

어휘 • study 연구
• show 보여주다
• positive 긍정적인
• effect 효과
• mood 기분
• participant 참가자
• report 보고하다
• depressed 우울한
• anxious 불안한
• receive 받다
• In addition 게다가
• sense 감각
• overall 전반적인
• satisfaction 만족감
• moods 기분
• participants 참가자
• studies 연구

13 정답 ②

해석 A : 말하기 대회가 내일이에요. 저 발이 너무 차가워요.
B : 죄송한데, 다시 한번 말해주시겠어요?
A : 저 발이 너무 차갑다고요. 내일이 너무 긴장돼요.
B : 아, 그렇군요. 걱정 마세요. 분명 잘할 거예요.

해설 빈칸의 질문 뒤로 A가 같은 말을 반복하고 있으므로 다시 말해달라는 요청의 ②가 알맞다.
① 기분이 어떻겠니?, 어떻게 해 드릴까요?
③ 오늘 날씨는 어떤가요?

④ 대회는 어디로 가야 하나요?

어휘 • feet 발
• nervous 긴장한
• sure 확신하는

14 정답 ③

해석 A : 한국의 어떤 점을 가장 좋아하시나요?

해설 한국의 좋은 점을 말하는 ③이 알맞다.
① 그것이 많은 사람들이 생각하는 것이다.
② 커피보다 차를 더 좋아하기 때문입니다.
④ 당신이 선택한 모니터가 만족스럽지 않습니다.

어휘 • lots of 많은
• prefer A to B B보다 A를 선호하다
• delivery 배달
• be satisfied with ~에 만족하지 않다

15 정답 ④

해석 A : 요즘 허리 아랫부분이 너무 아파요.
B : 더 악화되기 전에 어떻게 해야 할 것 같아요.
A : 통증을 줄일 수 있는 방법이 있나요?
B : 글쎄요, 바닥 말고 의자에 앉으세요. 그리고 부드럽게 걷고 스트레칭을 자주 해보세요.

해설 허리가 아픈 사람 A가 통증을 줄일 수 있는 방법을 묻고 B는 그에 대한 답변을 하고 있으므로 대화의 주제는 ④가 알맞다.

어휘 • lower 더 낮은 쪽의
• hurt 아프다
• should ~해야 한다
• get worse 악화되다
• tip 방법
• reduce 줄이다
• floor 바닥
• stretch 스트레칭하다

16 정답 ③

해석 저는 제 자신에 대한 자신감이 없는 것이 걱정돼요. 친구들은 항상 자신들이 무엇을 하고 있는지 알고 있는 것처럼 보이지만, 저는 제가 옳은 일을 하고 있는지 확신이 서지 않아요. 저는 자신감을 키우고 싶어요. 제 문제에 대한 해결책을 좀 알려주실 수 있는지 궁금합니다. 저는 당신이 도와줄 수 있기를 바랍니다.

해설 '문제에 대한 해결책을 좀 알려주실 수 있는지 궁금하다.'는 말로 보아 ③ 조언을 구하고 있다는 것을 알 수 있다.

어휘 • confidence 자신감
• seem to ~인 것 같다
• wonder 궁금하다
• whether ~인지 아닌지
• solution 해결책

17 정답 ②

해석 Central 배드민턴 센터
오픈 시간
• 월요일~금요일, 오전 10시~밤 9시
우리가 제공하는 것
• 초급자들만을 위한 수업
• 하루에 4시간까지 무료 주차
적절한 신발과 옷이 필요합니다.

해설 초급자들만을 위한 수업만 개설되고 상급자를 위한 수업은 없다.

어휘 • provide 제공하다
• beginner 초급자
• up to ~까지
• proper 적절한
• require 요구하다, 필요로 하다

18 정답 ④

해석 쌀은 세계의 주요 농작물 중 하나입니다. 쌀이 도입되고 재배된 이후로, 대부분의 아시아인들의 주식이 되었습니다. 사실, 아시아 국가들이 전 세계적으로 쌀을 가장 많이 생산하고 소비합니다. 요즘, 아프리카 국가들도 쌀 소비가 늘고 있습니다.

해설 아프리카 국가에서 소비가 감소하지 않고 증가(increase)하고 있다.
① 세계의 주요 작물 중 하나이다.
Rice is one of the major crops in the world.

② 대부분의 아시아 사람들의 주식이다.
Rice has been the main food for most Asians.
③ 아시아 국가에서 가장 많이 생산한다.
Asian countries produce the most rice worldwide.

어휘
- crops 농작물
- cultivation 경작, 재배
- consume 소비하다, 먹다, 마시다
- consumption 소비, 소모

19 정답 ④

해석 외국에 가면 사람, 언어, 관습이 자신과 다른 곳에 있는 자신을 발견할 수 있습니다. 문화적 차이에 대해 배우는 것은 유용한 경험이 될 수 있습니다. 그것은 당신이 현지인들을 더 잘 이해하도록 도울 수 있습니다. 그것은 또한 당신 자신과 당신 자신의 문화를 더 이해하도록 도울 수 있습니다.

해설 외국에 나가서 겪는 문화적 차이를 배우는 것이 현지인을 이해하고 더 나아가 자신의 문화까지 이해할 수 있는 유용한 경험이 된다고 말하고 있으므로 글의 주제는 ④ 문화적 차이를 배우는 것의 유용성이다.

어휘
- abroad 해외에, 해외로
- custom 관습
- different from ~와 다른
- own 자신의
- cultural 문화적인
- difference 차이점
- useful 유용한
- local 현지의

20 정답 ②

해석 프랑스에서 저녁을 먹는 것은 가족, 친구들과 함께 즐기기 위한 것이기 때문에 오래 지속된다. 프랑스 사람들은 이 과정을 서두르지 않는다. 저녁을 빨리 끝내려고 하는 것은 예의가 없다는 뜻으로 해석될 수 있다.

해설 프랑스에서는 저녁을 오래 지속해서(last a long time) 먹는다고 했으므로 이 과정을 서두르지(rush) 않는 것이 내용의 흐름에 알맞다.

어휘
- last [동] 계속되다, 오래가다
- be meant to ~하기로 되어있다
- process 과정
- interpret 해석하다, 이해하다
- sign 의미, 징후
- impolite 무례한, 예의 없는
- enjoy 즐기다
- serve (음식을) 제공하다
- warn 경고하다

21 정답 ④

해석 인생에서, 여러분이 한 어떤 선택에 대해서도 책임을 지는 것이 중요합니다. 만약 여러분의 선택의 결과가 여러분이 원했던 것이 아니라면, 그것 때문에 다른 사람들을 비난하지 마세요. 여러분의 선택을 책임지는 것은 여러분이 그 결과로부터 배우는 데 도움이 될 것입니다.

해설 당신이 했던 선택의 결과로 다른 사람을 비난하지 말아야 하며, 그 결과를 통해 당신은 배울 수 있다는 내용이다. 이를 통해 선택에 '책임'을 지는 것이 중요하다는 것을 말하고 있음을 알 수 있다.

어휘
- important 중요한
- result 결과
- blame 비난하다
- in charge of ~을 맡고 있는, 책임을 지는
- learn 배우다
- conflict 갈등
- desire 욕구, 갈망
- help 도움

22 정답 ③

해석 온라인 수업을 듣는 것은 좋을 수도 있고 나쁠 수도 있습니다. (①) 만약 여러분이 온라인 수업을 듣는다면, 여러분은 대면 의사소통의 부족에 대해 걱정할 수 있습니다. (②) 온라인 수업을 듣는 것은 여러분의 선생님들, 반 친구들과 강한 관계를 만드는 것을 어렵게 만듭니다. (③ 반면에, 그것에는 큰 장점이 있습니다.)

여러분은 언제, 어디서든 자유롭게 온라인 수업을 들을 수 있습니다. (④) 컴퓨터를 켜기만 하면, 여러분은 공부를 시작할 수 있습니다.

해설 제시된 문장은 상반되는 내용을 연결하는 역접 연결사 On the other hand(반면에)로 문장이 시작되며 '장점'(advantage)이 언급되어 있다. 그러므로 온라인 수업의 단점(대면 소통 부족, 관계 만들기의 어려움)을 말하는 문장들이 끝나는 부분인 (③)에 들어가는 것이 올바르다.

어휘
- advantage 장점
- lack 부족
- face-to-face 대면
- communication 소통
- course 강좌
- relationship 관계
- be free to 자유롭게 ~하다
- turn on 켜다

23 정답 ②

해석 개를 산책시키는 것은 공원에서 흔한 활동입니다. 그러나 더 많은 사람들이 이렇게 하면서 공원에서 문제가 발생하고 있습니다. 이러한 문제를 피하기 위해 개를 산책시킬 때 이러한 지침을 따르십시오.

해설 마지막 문장에서 이러한 지침을 따르라고 했으므로 이어지는 문장에서는 이러한 지침들에 대한 설명이 이어질 것임을 알 수 있다.

어휘
- walk 산책시키다
- common 흔한
- activity 활동
- with+목적어+Ving 목적어가 V 한 채로/하면서
- arise 발생하다, 생기다
- avoid 피하다
- issue 쟁점
- follow 따르다
- guidline 지침

24 정답 ④

해석 여러분은 신발과 양말이 함께 진열되어 있다는 것을 알아차렸나요? 그것들은 전략적으로 서로 함께 배치되는 물품들입니다. 일단 신발을 사기로 결정했다면, 양말도 한 켤레 사는 것은 어떠세요? 가게에 물품을 배치하는 것은 무작위가 아니라는 것을 기억하세요. 물품을 배치하는 것은 고객들이 쇼핑을 하는 동안, 명확하지 않은 방식으로, 제안을 하는 것처럼 보입니다.

해설 가게의 물품 배치(arranging)는 판매를 늘리기 위한 전략적 제안(suggestion)이다. 신발과 양말이 함께 진열되어 있는 것이 무작위(④ random)가 아니라 전략적인 진열이라는 예를 제시하고 있다.

어휘
- notice 알아차리다
- display 진열하다
- item 물품
- strategically 전략적으로
- place 배치하다
- each other 서로
- once [접] 일단 ~하면
- a pair of 한 쌍의 ~
- arrange 배열하다
- suggestion 제안
- customer 고객
- obvious 명백한
- while [접] ~ 반면에, ~ 동안에
- accurate 정확한
- enough 충분한
- positive 긍정적인

25 정답 ③

해설 상품을 진열하는 것은 판매를 위한 전략이라는 주제이다.

제2회 정답 본문 252~256p

01 ②	02 ④	03 ③	04 ③	05 ②
06 ②	07 ①	08 ①	09 ②	10 ④
11 ③	12 ①	13 ④	14 ④	15 ③
16 ④	17 ③	18 ③	19 ②	20 ①
21 ②	22 ①	23 ②	24 ①	25 ①

01 정답 ②

해석 나는 그에게 배울 수 있는 기회를 가지게 되어 행운이다.

해설 opportunity 기회

① 갈등 conflict

③ 법칙 law, rule

④ 인기 popularity

02 정답 ④

해석 많은 사람들이 에너지 음료의 건강상의 위험에 대해 알고 있다.

해설 be aware of ~을 알다, 인지하다

① 걷다 walk

② 놓다 put, place

③ 묻다 ask

어휘 • health 건강

• risk 위험

03 정답 ③

해석 해변으로 가는 우리의 여행은 폭풍우 때문에 취소되었다.

해설 due to [전] ~ 때문에

① 게다가 moreover, besides, furthermore

② 대신에 instead, instead of

④ 반면에 on the other hand, whereas, while

04 정답 ③

해석 정원의 모든 꽃들이 아름답지만, 저는 이 빨간 장미를 정말 좋아합니다.

해설 flower – rose [꽃 – 장미 '전체와 부분'의 관계]

③은 북쪽 – 남쪽 '반의어 관계', ①, ②, ④는 '전체–부분'의 관계이다.

① 색깔 – 회색 ② 스포츠 – 농구 ④ 언어 – 영어

05 정답 ②

해석 위대한 마술쇼

오면 정말 놀라움에 감탄할 것입니다!

• 날짜 : 8월 17일, 오후 2~5시

• 위치 : The Grand 호텔

• 티켓 : 2만 원

* 호텔 뒤에 주차 공간이 있습니다.

해설 관람 연령에 대한 언급은 없다.

어휘 • be amazed 놀라다

• date 날짜

• location 위치

• there be ~가 있다

• parking 주차

• area 구역, 지역

06 정답 ②

해석 • 디저트로 아이스크림을 주문하겠습니다.

• 책들을 알파벳 순서대로 넣어 주세요.

해설 order 〔다의어〕 1. 주문하다 2. 순서 3. 질서

① drive 운전하다, 몰다

③ respect 존경하다

④ work 일, 작품, 작동하다

07 정답 ①

해석 • 그녀는 시험에 합격할 수 있다고 믿는다.

• 그는 조용하고 빠른 차를 구매했다.

해설

(1) 접속사 that : 'she can pass the exam' 문장 앞에 붙어 문장을 명사절로 만드는 접속사 that

⇨ 그녀는(주어) 믿는다(동사) 시험에 합격할 수 있다고(목적어–명사절)

(2) 관계대명사 that : 선행사 a car을 수식하는 문장을 이끄는 관계대명사 which를 대신하여 that이 쓰인 형태. 관계대명사 뒤에 주어가 생략되고 바로 동사

(is)가 나온 걸로 보아 '주격 관계대명사'임을 알 수 있다.

⇨ 그는(주어) 조용하고 빠른 차를(목적어) 구매했다(동사).

어휘 • believe 믿다
• pass 통과하다
• exam 시험
• quiet 조용한
• fast 빠른

08 정답 ①

해석 • 프랑스는 에펠 탑으로 유명하다.
• 그는 친구들에게 전화를 걸어 도움을 청했다.

해설 be famous for ~로 유명하다
ask for ~을 요청하다

어휘 Eiffel Tower 에펠 탑

09 정답 ②

해석 A : 아! 내 손만 한 거미가 있네!
B : 손만 한 거야? 정말?
A : 응, 엄청 커!
B : 어디 보자. 보는 게 믿는 것이다(백문이 불여일견이다).

해설 Seeing is believing. 백 번 듣는 것보다 한 번 보는 게 낫다.

어휘 • as big as …만큼 큰
• huge 거대한
• let me check 확인해 보자, 어디 보자

10 정답 ④

해석 A : 드디어, 내가 좋아하는 밴드를 보기 위해 티켓을 예매했어요!
B : 대단하네요! 콘서트는 언제 하나요?
A : 금요일이에요. 그들이 라이브로 공연하는 것을 빨리 보고 싶어요.
B : 정말 운이 좋네요. 즐기세요!

해설 A의 마지막 말로 보아 신나고 행복한 심정을 느낄 수 있다.
I can't wait to V : V가 기다려지다
(can't wait라고 해서 실제로 '기다릴 수 없다'라는 의미가 아닌 것에 주의한다.)

어휘 • finally 마침내
• awesome 굉장한, 대단한
• perform 공연하다

11 정답 ③

해석 A : 짧은 머리 스타일 좀 보여 주시겠어요?
B : 네. 여기 사진 몇 장이 있습니다. 마음에 드는 것이 있으신가요?
A : 이거 마음에 드네요. 제 머리를 이렇게 잘라 주실 수 있나요?
B : 물론이죠, 바로 시작할 수 있어요.

해설 헤어스타일을 고르고 머리를 자르는 것과 같은 표현으로 보아 ③ 미용실임을 알 수 있다.

어휘 • here are 여기 ~가 있다
• like [전] ~와 같이
• absolutely 전적으로, 틀림없이
• right away 바로, 즉시

12 정답 ①

해석 운동은 건강한 몸무게를 유지할 수 있습니다. 운동은 칼로리를 태우고 근육을 키우는데, 이것은 전반적인 건강에 중요합니다. 이것은 또한 당신이 더 에너지가 넘치고 생산적인 상태라고 느끼게 만들어 일에 더 집중할 수 있게 도울 것입니다. 활동적인 상태를 유지함으로써 많은 건강 문제를 예방할 수 있습니다.

해설 건강한 삶과 에너지 있는 일상에 도움을 주는 이것(it)은 처음에 언급한 '① exercise 운동'임을 알 수 있다.
② heart 심장
③ problem 문제
④ stay 유지하다, 머무름

어휘 • exercise 운동
• maintain 유지하다
• healthy 건강한
• weight 무게

• burn 태우다
• muscle 근육
• overall 전반적인
• energetic 에너지 넘치는
• productive 생산적인
• active 활기찬, 능동적인
• prevent 예방하다, 막다

13 정답 ④

해석 A : 얼마나 자주 외식을 하니?
B : 자주는 아니고 일주일에 한 번 정도. 너는 어때?
A : 거의 매일 외식을 해. 이것이 내 스케줄상 더 쉽거든.
B : 응, 알겠어.

해설 빈칸의 질문 뒤로 B가 자주하지 않고(not often) 일주일에 한 번(once a week) '빈도'를 대답하고 있으므로 '빈도'를 묻는 질문 ④ How often do you eat out '얼마나 자주 외식하니'가 알맞다.
① 이 근처에 식당이 있니
② 어떤 종류의 음식을 먹니
③ 쉬운 요리법은 어디서 구할 수 있니

어휘 • often 자주
• once a week 일주일에 한 번
• eat out 외식하다
• almost 거의
• easier 더 쉬운

14 정답 ④

해석 A : 내 의사소통 능력을 어떻게 향상시킬 수 있을까?
B : 한 가지 방법은 ____________ 것이다.

해설 의사소통의 능력을 개선하는 방법은 ④ 정기적으로 사람들과 말하는 것을 연습하는 것(practice speaking with people regularly)이 알맞다.
① 과일과 야채를 더 먹다
② 엄마를 위해 베이킹 소다를 사다
③ 손을 따뜻하게 하기 위해 장갑을 끼다

어휘 • improve 개선하다, 향상시키다
• communication 의사소통
• skill 능력, 기술
• practice 연습하다
• regularly 규칙적으로, 정기적으로

15 정답 ③

해석 A : 차를 마시는 것의 이점들을 알고 있나요?
B : 물론이죠. 긴장을 풀고 스트레스를 줄이는 데 도움을 줄 수 있어요. 차 마시는 거 좋아하세요?
A : 네, 좋아해요. 소화에도 도움이 된다고 들었어요.

해설 긴장을 풀고, 스트레스를 완화하고, 소화에도 좋은 차 마시기의 이점에 대해 이야기하고 있다. 대화의 주제로 ③ 차를 마시는 것의 장점이 알맞다.

어휘 • benefit 이점
• sure 확신하는, (대화) 물론이지
• relax 긴장을 풀다
• reduce 줄이다
• digestion 소화

16 정답 ④

해석 저는 아래층에 살고 있는데 최근에 귀하의 아파트에서 많은 소음을 듣고 있습니다. 밤에 잠을 잘 수가 없습니다. 특히 늦은 시간에는 소음 정도를 낮춰 주세요. 그렇게 해 주시면 정말 감사하겠습니다.

해설 소음으로 밤에 잠을 잘 수가 없어서 소음을 낮춰 달라는 말(please keep ~)로 보아 ④ 요청하고 있다는 것을 알 수 있다.

어휘 • downstairs 아래층의
• noise 소음
• lately 최근에
• level 정도, 수준
• especially 특히
• during ~ 동안
• greatly 아주
• appreciate 감사하다

17 정답 ③

해석 브레이크댄싱 클럽
저희와 함께 몇 가지 동작을 배워 보세요!
• Margaret 홀에서 매주 화요일 오후 5시

• 춤 경험은 요구되지 않습니다(춤 경험이 없어도 됩니다).
• 운동화를 가져오세요.
• 더 많은 정보를 원하시면 dancer@email.com으로 이메일 보내 주세요.

해설 운동화는 개인이 가져와야 한다.

어휘
• learn 배우다
• move 움직임, 동작
• experience 경험
• require 요구하다(be required 요구되다)
• bring 가져오다
• sneakers 운동화
• information 정보
• email 이메일 보내다

18 정답 ③

해석 파라다이스 리조트는 태국에 위치하고 있습니다. 리조트는 바다 옆에 있어 수영과 낚시를 즐길 수 있습니다. 또한 다채로운 해양 생물을 관찰할 수 있는 다이빙 장소도 많습니다. 리조트에는 세계 각국의 다양한 요리를 즐길 수 있는 레스토랑이 있습니다. 파라다이스로 놀러 와요!

해설 다이빙 장소가 많다는 내용이 있으므로 '③ 다이빙은 안전상의 이유로 금지된다.'는 일치하지 않는다.

어휘
• resort 리조트
• be located in ~에 위치해 있다
• ocean 해양
• fishing 낚시
• dive 잠수하다
• spot 장소, 지점
• observe 관찰하다
• colorful 다채로운
• marine 해양의
• various 다양한
• dish 요리
• paradise 낙원

19 정답 ②

해석 키가 더 커 보일 수 있는 팁을 알려 드릴게요. 먼저 헐렁한 옷은 피하세요. 많은 분들이 큰 옷을 선호하시겠지만, 그 옷들은 여러분의 키를 작아 보이게 할 수 있습니다. 두 번째로, 비슷한 색깔을 입으세요. 다른 색깔을 입는 것은 여러분의 몸을 분리시켜 키가 작아 보이게 할 수 있습니다.

해설 키가 커 보일 수 있는 '옷 입기' 방법을 소개하고 있으므로 이 글의 주제는 '② 키가 커 보이게 옷을 입는 방법'이다.

어휘
• tip 조언
• avoid 피하다
• loose 헐렁한
• clothes 옷
• prefer 선호하다
• appear ~하게 보이다
• similar 비슷한
• divide 분리하다
• cause 야기하다, 발생시키다

20 정답 ①

해석 영화 제작은 신중한 계획과 팀워크를 요구하기 때문에 어려울 수 있다. 적절한 장소를 찾고, 배우들과 일정을 잡고, 예산을 관리하는 것은 모두 어려운 일이다. 촬영 중 날씨와 기술적인 문제도 지연의 원인이 될 수 있다.

해설 Film-making은 difficult tasks(어려운 과업들)을 포함하며 careful(신중한) 계획과 팀워크가 요구되기 때문에 '① challenging(어려운)'이 알맞다.
② selfish 이기적인
③ independent 독립적인
④ wearable 착용할 수 있는

어휘
• film 영화를 찍다, 영화
• require 요구하다
• plan 계획하다
• find 찾다
• location 장소
• manage 관리하다

• budget 예산
• technical 기술적인
• cause 야기하다, 발생시키다
• delay 지연

21 정답 ②

해석 3D 프린터란 무엇일까요? 그것은 보통의 프린터와 비슷하지만 조금 다릅니다. 첫째, 잉크는 넣지 않고 플라스틱이나 금속 같은 다른 재료를 넣습니다. 다음으로 소프트웨어를 사용하여 종이를 출력하는 것이 아니라 장난감, 심지어 집과 같은 실제 제품을 출력합니다. 대단하지 않습니까?

해설 보통 주제 문장 뒤에 'First~', 'Next(Second)~'의 주제를 뒷받침하는 구체적인 내용이 이어진다. 'First~', 'Next~'로 일반 프린터와 3D 프린터의 차이점이 예시로 열거되고 있으므로 주제 문장의 빈칸에는 보통의 프린터와 비슷하지만 조금 '② different(다른)'가 알맞다.

① common 흔한
③ frequent 빈번한
④ wrong 잘못된

어휘 • printer 프린터기
• normal 보통의
• put in 넣다
• material 재료
• plastic 플라스틱
• metal 금속
• software 소프트웨어
• not A but B A가 아니라 B
• print out 출력하다
• product 상품
• amazing 놀라운

22 정답 ①

해석 새해 첫날, 친구와 저는 마을 근처에 있는 산을 오르기로 계획했습니다. (① 그런데 예상치 못하게 폭설이 내렸습니다.) 폭설 때문에 우리는 산에 오르지 못했습니다. 위험할 수도 있었기 때문입니다. (②) 결과적으로, 우리는 실내에 머물렀습니다. (③) 우리는 매우 실망했지만 다시 도전하기를 바라고 있습니다. (④)

해설 제시된 문장은 상반되는 내용을 연결하는 역접 연결사 However(그러나)로 문장이 시작되며 '예상 밖의 폭설'(heavy snow fell unexpectedly)이 언급되어 있다. 그러므로 산행을 계획했다는 문장과 산에 오르지 못했다는 문장 사이인 ①에 문장이 들어가는 것이 가장 적절하다.

어휘 • heavy snow 폭설
• unexpectedly 예상 밖에
• climb 오르다
• stop A from B A가 B하지 못하게 막다
• could have v-ed ~할(일) 수도 있었다
• as a result 그 결과, 결과적으로
• stay 머무르다
• indoor 실내에
• disappointed 실망한

23 정답 ②

해석 오늘날, 개, 고양이, 토끼와 같은 반려동물들은 주인의 마음속에 특별한 자리를 차지하고 있습니다. 많은 사람들이 반려동물과 많은 시간을 보냅니다. 어떤 사람들은 그들에게 많은 돈을 씁니다. 반려동물은 주인에게 큰 의미가 있을 수 있습니다. 여기에 몇 가지 이유가 있습니다.

해설 마지막 문장에서 '반려동물은 주인에게 큰 의미가 있으며, 여기에 몇 가지 이유가 있다'는 말로 보아 ② 반려동물이 주인들에게 중요한 이유의 내용이 이어질 것을 알 수 있다.

어휘 • such as ~와 같은
• hold 지니다, 보유하다
• place 장소
• owner 주인
• spend 시간/돈을 소비하다
• mean 의미하다
• here are 여기에 ~가 있다
• reason 이유

24 정답 ①

해석 인간은 사회적 존재입니다. 우리는 혼자 살 수 없고 다른 사람들의 지원이 필요합니다. 우리는 협력해서 일을 해야 합니다. 우리가 팀으로 일할 때, 우리는 더 성공할 수 있습니다. 헬렌켈러(Helen Keller)는 "혼자서는 아주 적은 일을 할 수 있습니다. 함께라면 아주 많은 일을 할 수 있습니다."라고 말한 적이 있습니다. 우리 중 누구도 우리 모두만큼 똑똑하지 않습니다. 이 점을 염두에 둘 때, 저는 우리가 더 나은 사회를 만들 것이라고 확신합니다.

해설 인간은 사회적 존재(social being)라고 말하며 혼자가 아니라 함께 협력(cooperation)하는 것에 이점(more successful, can do so much)을 강조하고 있다. 이를 명심한다면 더 나은 사회를 '만들 수 있다(build 건설하다, 만들다)'고 말하는 것이 문맥상 가장 알맞다.

② forget 잊다

③ submit 제출하다

④ trick 속이다, 속임수를 쓰다

어휘
- social 사회적인
- being 존재
- support 도움, 지지
- in cooperation 협력하여
- successful 성공적인
- keep ~ in mind ~를 명심하다
- society 사회

25 정답 ①

해설 alone(혼자)보다는 'we'(우리), -social being(사회적 존재), support from others(다른 이들로부터의 지지), in cooperation(협력하여), as a team 팀으로서)를 강조하며 협력의 중요성을 말하고 있다.

EBS 교육방송교재

2025

고졸 검정고시 **영어**

정답 및 해설

인터넷강의 검스타트 www.gumstart.co.kr

EBS 교육방송교재

고졸 검정고시

- 최신기출 완벽분석
- 시험에 꼭 나오는 핵심 이론 정리
- 적중률 높은 문제 구성

EBS 교육방송교재

2025
고졸 검정고시

영어

검정고시 합격을 위한 최적의 교재!

인터넷강의 검스타트 www.gumstart.co.kr

EBS 고졸 검정고시 영어

발행일 2025년 1월 5일 | **편저** 엄석호 | **발행인** 최현동 | **발행처** 신지원
전화 (02)2013-8080 | **팩스** (02)2013-8090 | **등록** 제16-1242호
주소 07532 서울특별시 강서구 양천로 551-17, 813호(가양동, 한화비즈메트로 1차)

ISBN 979-11-6633-424-5
ISBN 979-11-6633-444-3(SET)
정가 20,000원